FOR2

FOR pleasure　FOR life

FOR₂ 66

我是一個正常人嗎

兩世紀以來對於正常人的追索，以及正常人為何不存在

Am I Normal? The 200-Year Search for Normal People (and Why They Don't Exist)

作者　　　莎拉‧查尼 Sarah Chaney
譯者　　　官妍廷
責任編輯　陳孝溥
封面設計　許慈力
排版　　　宸遠彩藝
印務統籌　大製造股份有限公司

出版　　　英屬蓋曼群島商網路與書股份有限公司臺灣分公司
發行　　　大塊文化出版股份有限公司
　　　　　臺北市 105022 南京東路四段 25 號 11 樓
　　　　　www.locuspublishing.com
　　　　　TEL：(02)8712-3898　　FAX：(02)8712-3897
　　　　　讀者服務專線：0800-006689
　　　　　郵撥帳號：18955675　　戶名：大塊文化出版股份有限公司
　　　　　法律顧問：董安丹律師、顧慕堯律師
　　　　　版權所有　翻印必究

總經銷　　大和書報圖書股份有限公司
　　　　　新北市 24890 新莊區五工五路 2 號
　　　　　TEL：(02)8990-2588　　FAX：(02)2290-1658

初版一刷：2024 年 5 月
定價：新臺幣 520 元
ISBN：978-626-7063-71-2
Printed in Taiwan

兩世紀以來對於正常人的追索，以及正常人爲何不存在

我是一個正常人嗎

AM I NORMAL?

THE 200-YEAR SEARCH FOR NORMAL PEOPLE
(AND WHY THEY DON'T EXIST)

SARAH CHANEY
莎拉・查尼——著　官妍廷——譯

給莎迪和小柳，你們是最了不起、最不正常的人。

目錄

008 前言 我是正常人嗎？
016 第一章 正常人簡史
051 第二章 我有個正常的身體嗎？
091 第三章 我有正常的心智嗎？
128 第四章 我的性生活正常嗎？

172 第五章 這是種正常的感受嗎？
212 第六章 我的孩子正常嗎？
253 第七章 我們的社會正常嗎？
280 後記 非比尋常
287 謝誌
290 量表及問卷
304 註釋

前言

我是正常人嗎？

表面上看來，這看似是個再簡單不過的問題。你可能就會時常這樣問自己：我的身材在正常範圍內嗎？我在其他人面前哭泣是正常的嗎？那讓我的狗舔我自己的臉呢？月經量大？和陌生人發生性行為？在大眾運輸上感到焦慮？吃完飯後覺得飽到不行？諸如此類的無數問題正勾勒並說明了我們的生活。這些問題幫助我們處理與其他人的關係，並讓我們得以確認何時需要外力協助，再進一步決定是要尋求朋友的建議，或直接去看醫生。

這些問題也顯示了「正常」這個概念有多複雜。

在我們問自己是否正常時，這意味什麼？即便拿出現在上一段文字的問題來看，也都代表不同的意義。有時候我們是想知道自己是否大約落在平均值上，或至少略高或略低於平均值，這可能會讓我們看起來更符合社會的期待。比方說，我可能會希望自己略高於平均身高，而略低於平均體重。

在其他方面，我們也想知道自己是否健康。我的血壓正常嗎？如果我覺得身體有某個部位在痛，這會不會是個健康警訊？如果你的孩子會夢遊，這可能是個正常現象——這不代表兒童夢遊的情況很普遍，而是因為夢遊並不代表不健康（二〇〇四年一份美國睡眠調查顯示，僅有百分之二的學齡兒童每週出現數次的夢遊活動）。

然而，在大多數情況下，在我們問自己是否正常的時候，我們只是想知道自己是不是和其他人一樣。我是個典型的人類嗎？我對不同情況的反應，是不是和其他人一樣？我的長相、衣著和談吐看起來和其他人一樣嗎？如果我更像大家一點，那我的人生會不會更輕鬆一些？

這些問題可能會大大影響我們對生活的思考。小時候我既害羞又拘謹，戴著一副厚厚的膠框近視眼鏡，穿著祖傳手織毛衣，大部分的時候我都埋頭猛看書，幻想一個更美好、更神奇的世界。一九九〇年代初我開始唸中學時，我已經被同儕當成怪人了。他們以前都叫我「詭異女菲比」，這是澳洲電視劇《家有芳鄰》（*Neighbours*）中那個戴著眼鏡的少女，她父親是位喪禮禮儀師，她還養了一條寵物蛇來嚇跑學校同學。到了十六歲時，我對世界充滿無法遏止的怨懟，在學校時成天戴著一副大耳機，這樣就不會有人過來和我攀談，同時我也在學校每張課桌上刻下狂街傳教士樂團（Manic Street Preachers）的歌詞。

看完我的故事，你是否覺得似曾相識？如果是的話，那我可能到頭來還是個正常的青少年。但我和大部分的青少年一樣，從來不覺得自己是個正常人。就像許多遭受霸凌的年輕人，我接受了加諸在我身上的邊緣人標籤，我把這個標籤當作是自己的身分認同（至少我認為是這樣），也頑固地放大我的缺點，好拉開我和他們的距離。我那時候認為，乖乖地把背包背帶掛在兩邊肩膀上，或把長襪拉好才能保暖這些事情看起來很蠢，所以我堅持不那樣做。我也不想要化妝、不聽流行音樂，但我會在每個星期三埋頭研究新一期的《新音樂快遞》（NME）或《旋律創作者》（Melody Maker）雜誌，聽著整個學校其他人都沒聽過的樂團。

儘管如此，我內心深處還是渴望融入正常人的生活。如果我喜歡的樂團進入了排行榜前十名，我會相當有成就感，原來別人也會和我一樣喜歡同樣的事物！想變得正常是一個神祕而模糊的理想，這個理想陪伴我度過剛成年的那段時光，因為我害怕不適應環境、害怕被拋棄、害怕孤單，我還覺得如果我或我周圍的事物可以神奇地改變，那我就能免於這些恐懼。可能一直要到我快要三十歲時，我才真正質疑我所認為的「正常」是什麼意思。

如果你挑了這本書，可能就是因為你也有過類似的恐懼，或者問過自己類似的問題。那麼，害怕與眾不同究竟是否正常？人們是否一直擔心會以這種方式達成某種人生目標呢？我們什麼時候接納自己和其他的人不同，但又會在什麼時候害怕和其他人不一樣呢？到底誰可以決定怎樣才是正常的？

在接下來的篇幅中，我將會說明這種擔心自己是否正常的歷史有多晚近才開始。當然，在某些情況，人們會透過周遭的人來評斷自己，有的時候也會批評其他社會適應不良的人。然而，這種普世的衡量價值只出現在過去兩百年的歷史中。歐洲和北美洲的科學實踐透過醫學、生理學、心理學、社會學和犯罪學等學科，並隨著迅速崛起的統計學而建立標準的評斷。正常這個概念和我們的法律、社會結構以及健康觀念息息相關。但在一八〇〇年以前，英文中「正常」（normal）這個詞甚至跟人類行為毫無關係，「Normal」是數學術語中「直角」之意思。

十九世紀時，統計學在歐洲及北美日漸普及，啟發科學家開始對人類進行各種測量，他們首先要找到其中的平均值，再歸納出一套標準。這些標準的確立，需要對人類生活大量進行標準化，而標準化的功能就是在設下正常情況和正常人的定義，這也隱含了誰最具有人性，而誰又最具價值的暗示。舉例來說，許多國家實施義務教育，並從而區分出學習較為緩慢的孩童，而全民健康保險和職災補助計畫的建立，則需要人們進行醫療檢查，並對健康標準設下愈來愈詳細的規範。嬰兒體重量測診所也為大眾建立長期以來兒童發展的觀念，智力測驗開始建立正常智商的範圍值，工廠和其作業環境也促成理想勞工條件和標準產量的概念。西方國家因殖民擴張，將科學家送往世界各地進行測量並設下定義，將家鄉人口和其他地方的人口做比較，但幾乎都是以有利白人的方式進行比較。本書聚焦歐洲及北美，僅是因為「正常人」的概念誕生於此，而假設這些標準適用於世界其他的方的前提，也僅僅只是假設而已。

這些研究人員所創造出的正常人科學，也是一個涉及整體社會「他者化」的敘事。他們所得出來的定義與西方對於人的「正確」方式相對立。這些試圖對人類進行量測並將其標準化的科學家、醫生和學者們絕大多數是富裕的西方白人男性，也是異性戀者（至少他們在公開場合皆如此表態）。他們傾向維持現狀（他們的成功都必須歸功於社會現狀），並在社會發展的進程中排擠其他群體。當他們想要改變時，通常也是有利於受過教育的專業人士。這並不代表他們有意為之，也不意味這些男性從不支持弱勢族群。這些人之中，有些人自稱社會主義者；有些人支持女權運動，譴責帝國侵略，或主張同性戀應該合法化。

然而，這群人中的大多數人也認為，他們身處於社會階層的頂端只不過是事物發展的自然秩序而已。他們相信自己出生時就已經在人類進化的最高層次，所以他們發揮慈善之心，設下一個標準，好來幫助其他人提升，並到達較高的層次。當時為殖民主義辯護的論點是，殖民者以西方規範指導被殖民者（如果用當代話語來說，則是殖民者不擇手段地在殖民地強加西方規範），從而改善他們的生活。例如在印度，有數十萬人民遭英國軍隊殺害；而在英國政府出口印度產品以獲取商業利益時，有數百萬人死於饑荒。同時，在印度公立學校中，殖民者教師驕傲地說明他們是如何鍛鍊出一個「真正的」（或正常的）男子漢，並使用英國的運動及服飾和殖民者的形象來定義這個正常的形象。[1]美國曾有政策「透過寄宿學校系統消除原住民的部落文化」以讓原住民「融入並同化」，這項政策一直要到一九三四年才遭廢除。[2]在十七、十八世紀，許多殖民地政府讓其國民和殖民地人民保持距離，但隨著十九世紀的發展，正常化成為殖民統治的核心。

過去這些例證現在看來似乎有點誇張，對今日來說的我們也有諸多謬誤之處。但回顧過去，有多少人因為「正常人」觀念的改變而遭殺害、監禁、經鑑定為癲狂之人，或遭放逐於社會之外等，這僅是一個警世的思考嗎？還是我們能從這段歷史中獲得更多的反思和啟示呢？我相信肯定是有的。雖然我們仍不斷修正並擴大我們對於正常、自然或理想的定義，但大多數的人卻從未停下來思考，這些概念是否真正存在。我們只是假設有正常的概念，就像一個無形的自然法則，就算我們的父母或祖父母告訴我們的概念稍微不夠精準，但它仍舊存在。

然而這種所謂的正常人可能並沒有想像中普遍。二〇一〇年，三位北美行為科學家提出，今日的科學規範是來自全球人口的其中一個分支來定義，跟十九世紀的科學家所研究的群體極為相似，然而他們可能是世界上相當少數的「不正常人」（WEIRD，即西方、受教育、工業化、富裕、民主，由 Western、Educated、Industrialised、Rich、Democratic 字首組成）。「不正常人」只佔世界人口的百分之十二，但在心理學研究的樣本卻佔百分之九十六，在醫學研究案例中則佔百分之八十。[3]這些人口都假定為白人，儘管其中有些人不是，因為就科學和醫學而言，白人應該是個中立的類別，[4]這個「正常人」的科學則是承襲自維多利亞時代的科學傳統。

但如果藥物和醫學治療是專為這類「不正常人」（以及白人和男性）設計的時候，我們要如何期待這些方法能為所有人帶來最好的結果？[5]疾病在男性和女性身上的症狀不同，在不同膚色的人也有不同的臨床表現。一直到一九九〇年前，在人體進行的藥物測試，仍是以男性受試者為大宗。這對研究人員來說，成本更低，研究也更容易進行，因為男性賀爾蒙波動較小，而女性波動較大。但問題是，這些藥物和治療方法一旦進入市場，不一定適合女性患者。艾莉森·麥格雷戈（Alyson McGregor）博士的《性事》（*Sex Matters*）一書中就曾記載，有些處方藥可能會在女性患者身上出現預料之外的副作用，而因此撤出美國市場。舉例來說，一直到助眠劑使蒂諾斯大量開立且普及後，才將女性的建議用量減半，因為醫事人員意識到女性對該藥物的代謝速度大多比男性緩慢。[6]這些婦女醒來時仍十分昏沉，在開車上班的途中，藥物仍在身體中發揮作用，帶來安全上的隱憂。但為什麼沒有人早點發現這個問題呢？

雖然有些科學家「經常認為」WEIRD研究的結果可以涵蓋世界上其他百分之八十八的人口，但有些人則認為，WEIRD可能是「最不具代表性的人口，無法概括人類的特徵」。[7]那麼，我們的歷史是如何讓我們持續以這個極為小型的族群樣本，發展出「正常」的標準呢？

歸納規範和標準的過程備受爭議，透過爬梳這段歷史，我希望能鼓勵讀者除了要質疑我們理所當然認為正常的東西，還要質疑為何自己願意用這種判定標準來定義自己。我想邀請你們思考，「正常」此一概念是如何滲透到我們的生活之中，又對我們帶來怎樣的影響。我希望你會從這本書得到啟發，並獲得內心的解放。

擔心自己很普通或許是件再正常不過的事，但這不該阻礙我們對這個想法提出質疑。

第一章 正常人簡史

大自然出的錯

我們所知的正常人歷史起源於一八〇一年的新年，由義大利牧師、天文學家朱塞佩·皮亞齊（Giuseppe Piazzi）展開。他在尋找火星和木星之間的一顆行星時，在天空中發現了一顆新的恆星。皮亞齊以羅馬農業女神克瑞絲（*Ceres*）之名命名這顆小行星，亦名穀神星，接著並追蹤這顆星運行的軌跡，一直到二月十一日，這顆行星太靠近太陽而消失時才結束觀察。十月時（在還沒發明網路的時代，新聞消息都流傳得比較慢），二十四歲的德國數學家卡爾·高斯（Carl Gauss）讀到了皮亞齊發表的數據。

雖然皮亞齊無法測量出足夠的數據來找出穀神星運行的軌道，但數學家高斯用了數學公式得出一個平均值，把這些平均值繪製成圖表時，就得到了一個概略的鐘形曲線圖，曲線的中央峰值高起呈現圓渾的弧形，兩端則低平，像是拖了兩條長長的尾巴。高斯宣稱，穀神星將出現在這條曲線的正中心。等到下一個晴朗的夜晚，穀神星現身，證明這位年輕數學家計算出的結果正確。這位德國觀星者的名字很快就和鐘形曲線連在一起，時至今日，有時候甚至也會把這樣的曲線稱為高斯分布。* 最開始，鐘形曲線被稱為「誤差曲線」。[1]

幾世紀以來，天文學家已經認知到，在他們的領域中，有可能會出現測量錯誤的狀況。他們也透過大量的測量來解決這個問題。而微小的誤差比大幅度失準的狀況更為常見，正是因為這一點，才造就高斯繪製出的鐘形曲線。你可能曾經想要自己安裝一個陽春的書架或其他東西，也在牆上鑽孔之前一遍又一遍地檢查你測量出的鑽孔位置。我不管檢查了多少次，最後總是無可避免地出現幾毫米的落差。但天文學家和業餘木匠努力測量出最準確的數值，這又和人類生活的規範有什麼關係呢？

我們把這種牴觸、碰撞歸功於一位相當活躍的比利時統計學家，一七九六年出生於根特的阿道夫．凱特勒（Adolphe Quetelet）。布魯塞爾有條街就是以這位科學家命名，前比利時皇家天文台即座落於此條街上，這也是凱特勒曾住過四十年的故居。我在幾年前曾造

---

* 有些人也想將此結果歸功給法國數學家皮耶–西蒙．拉普拉斯（Pierre-Simon Laplace），他們會稱此曲線為高斯–拉普拉斯分布（Gauss-Laplace distribution），拉普拉斯在將近三十年前就提出使用誤差曲線來預測事件的結果。

訪此處，想當然耳，在前天文台樓舍值勤的志工不免要猜想，為何會有人對著他們的辦公室不停拍照。凱特勒廣場只是條普通的城市街道。十分不起眼，也不足為奇。將尋常事物理想化的凱特勒，想必會對這樣的發展感到十分欣慰。

年少的阿道夫·凱特勒在比利時動盪的局勢中成長，這也驅使他對理解人類社會產生莫大的熱情。在這位統計學家的童年時期，根特是由拿破崙（Napoléon Bonaparte）帶領的法蘭西第一帝國所統治，但在他十九歲那年，拿破崙一世戰敗，比利時荷語區城市被併入尼德蘭聯合王國。一八三〇年時，比利時爆發獨立革命，天文台幾乎被當成軍火庫使用，因而打亂他剛起步的天文學家職業生涯。[2]這場革命運動讓凱特勒棄天文學而走上社會研究的道路，但他仍帶著天文學家的方法進行研究。

比利時革命運動爆發後五年，凱特勒在一八三五年出版他最出名的著作《論人及其能力的發展：社會物理學論》（*On Man and the Development of His Faculties, or Essay on Social Physics*）[3]。凱特勒在這場起義之後，想在人類社會中尋找集體秩序，他便使用天文學家歸納出的誤差曲線，應用在各式的人類測量數據中。鑒於這兩種數據類型差異太大，他也不清楚這使否可行。準確定位一顆行星的正確位置和測量人類身高完全是兩回事。沒有「真正的」身長高度，只有基於一定人口中最常見的身高所得出的平均值。我們必須牢記一點，在天文學中所謂的真實或錯誤的背景脈絡意味著，我們最初對人類正常值的理解就

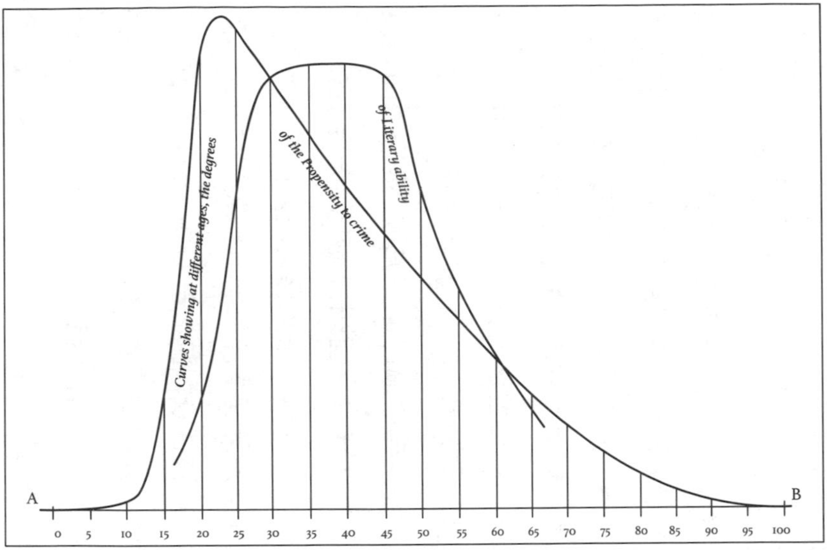

圖 1.1 凱特勒在一八三五年出版的社會物理學著作中使用的圖表，顯示一個（人口基數中識字能力的）大致常態分布和另一個相當歪斜的曲線，這應詳細說明了當時不同年齡層的犯罪傾向。

是正常值是**正確**的數值，也是平均數值。那些不符合理想正常值的人，就成為誤差，但這些誤差和天文學家無關，而是造物主或大自然中出現的錯誤。

一張簡單的圖表造就了科學上對於常態的執著。時至今日，在社會及生命科學中，仍普遍使用鐘形曲線；你可能也依稀還記得曾在學校學過。但鐘形曲線的由來也明確顯示，判讀常態分布（normal distribution）的功能和原先設計的用意差異有多大。畢竟，有很多人類測量數據的變因跟定位行星無關。拿身高當作例子。在英國，男性平均身高為一百七十五公分，而女性平均身高為一百六十一公分。[4]大約有百分之九十五的成人男性身高落在一百六十二公分及一百八十五公分之間，而成人女性的身高則是落在一百五十公分及一百七十三公分之間。當然，百分之九十五的人口仍**遠不及**所有人口。英國有超過三百萬的身高落在平均數值以外，而三百萬人就超過巴貝多、汶萊、吉布地、盧森堡和馬爾他等地加總的人口數。若是跨性別者的平均身高值呢？所有性別流動或非二元性別的人都會消失在這類研究中；而這只是一般的統計方法偏好特定人口定義方式的其中一例。

鐘形曲線的形態和限制，也取決於接受測量的群體樣本。如果我們混和所有性別，那就會得到不同的結果。[*5]如果再把種族或年齡等變因納入考量，也會改變結果。地心引力更是另一個因素，我們早上一起床的身高，也會和晚上睡前的身高有些微差距。畢竟，連太空人在外太空時，脊椎伸展和放鬆的差異都能讓他們的身高出現高達五公分的落差。

我們很快就會發現，像正常身高這種看似基於事實的衡量標準，並不像是表面上看起來那麼簡單。儘管如此，人們仍經常使用鐘形曲線以用來總括一定範圍內的人口特徵。當初創造鐘形曲線的高斯在透過望遠鏡觀察星象時，從未想像過有天人們會將這個曲線拿來當作人類屬性的衡量標準，更不用說拿來當作衡量正常與否的尺規了。

一般人

所以人們如何會開始思考自己「正常」與否，他們又為何會開始這樣思考呢？大約在一八二〇年以前，是沒有人使用「正常」這個字眼來形容自己或他人，也沒有科學家或醫生以這個標準來理解人類人口。「常態」這個概念是數學中，用來形容角度、等式和方程式的術語。人沒有常態，線條和算式才有。

也許已經出現一些徵兆，暗示我們「正常」的意義已經出現改變。幾年前我為了追查早期對於「正常」的科學研究造訪根特，我發現我當時就住在「師院街」（Normaalschoolstraat）上，原文字面上的意思是「正常學校街」。我理所當然地和路牌自拍合照。第一所「正常學校」（師範學院）於一七七一年在維也納開設，二十年後世界上最知名的巴黎師範學院（Ecole Normale in Paris）也隨之成立。人們將這些學校視為模範教育的榜樣，一直到今天，歐洲大陸和美國的「正常學校」通常指的是培育教師的學校。一八六五年，美國伊利諾州的「正常鎮」（Normal）因鎮上的師範學院而得名。其他大多

* 你可能會認為這會導致一個有兩處明顯峰值的圖表（即雙峰分布）。但如果你有大量的人體樣本，往往會出現不同型態的常態分佈。

數名為「正常」的城鎮，都是出於這個原因，光在美國就有四個名為「正常」的城鎮。正常學校的畢業生可能體現一種塑造下一代的理想方式，而正是這個概念開始推動「正常」一詞發展出日後的定義。

凱特勒提出一個「平均人」（*l'homme moyenne*）的概念。基於他的統計分析，他認爲平均人最能代表整體人類。我們可能會對平庸的性質不以為然，但對凱特勒來說，普通平庸才是完美。「每種性質只要是在適當的範圍內，本質上都很好，」凱特勒如此宣稱，「只有在極端偏離平均值時，才會變壞。」[6]

為了定出平均值，他需要足夠的樣本數量，而一支軍隊就能提供他一個完美的試驗場。這位比利時統計學家利用已經公布的數據，列出五千七百三十八名蘇格蘭士兵的胸圍。凱特勒宣稱，這些士兵的胸圍大小變化在圖表上呈現出的曲線，與對同一個人做出五千七百三十八次稍有誤差的測量所形成的曲線一致。*從這個對比來看，這些真實的蘇格蘭士兵就成為誤差曲線上的錯誤。他們不僅與平均值有所偏差，更是理想人類的不完美複製品，「就如同受測的胸部都是依據同一型態、同一個人來塑造的。」[7] 誤差曲線已經成為一種自然法則，而不僅僅是針對機率的統計測量。任何偏離正常值的情況基本上都被視為錯誤，這是對造物主所設計的完美人體形態的偏離。（凱特勒和後來倡導正常值的人不同，他並非無神論者。）

凱特勒對於美學理想和社會研究的理解在他對藝術及雕塑的興趣中出現交集。他將蘇格蘭士兵稱為「活體雕像」，他們不同的尺寸就像是古代博爾蓋賽角鬥士雕像的上千個尺寸略有誤差的複製品（約公元前一百年的雕塑）。[8]在他的科學論文中，這位統計學家也從古希臘到文藝復興的藝術觀點，描述了他對人體的研究。他對人體形態的興趣正是受到文藝復興藝術家達文西（Leonardo da Vinci）和米開朗基羅（Michelangelo）的影響，此外，他也受到德國藝術家及版畫家杜勒（Albrecht Dürer）關於人體比例的著作所啟發。[9]凱特勒檔案中的筆記也包含將埃及木乃伊和十九世紀的比利時人與麥迪奇維納斯進行比較的研究。

然而，文藝復興藝術家往往追求多樣性也追求完美（達文西在早期創作生涯的速寫作品中包括「許多老婦人的脖子；許多老先生的頭顱」），[10]在凱特勒的年代，科學上對於完美和藝術理想的痴迷在尋找平均值的過程中交融在一起。這種想法意味著，殘敗雕像所體現的古代理想和統計知識皆滲透到了日常生活之中。古羅馬雕像〈觀景殿的阿波羅〉（Apollo Belvedere）現存於梵蒂岡博物館，現在只能偶爾在周圍簇擁的人群縫隙中窺見。當代裁縫師會使用這座雕像作為模型，以進行服裝打版。[11]真實的人體往往很難達到這個

* 凱特勒對他的數據並不謹慎，而且顯然他有幾處的錯誤是複製原始資料時造成的。關於這個主題得更多資訊，請見：Stahl, 'The Evolution of the Normal Distribution', *Mathematics Magazine* 79, no. 2 (2006): 108-10.

體格標準。

雖然凱特勒曾宣稱平均值的人只是反映了自然界的法則，後世的歐洲人仍對於現實生活和古典理型（ideal）中身高、體形和外表之間的差異感到擔憂。他們帶著恐懼聲明，正常人不再是一定人口基數中的平均值（假設他們曾經是），而是**應該**存在但卻很少見的人。凱特勒曾提出「平均人」理想身材的概念也伴隨完美的道德心智，所以後世作家常把怪異的身體解讀為道德敗壞、愚蠢和疾病的象徵。

凱特勒藉著將人類特徵繪製成誤差曲線，不只將統計學對於平均值的研究帶入社會現象的領域中，更根深蒂固地建立了一個觀念——任何偏離鐘型曲線的現象都是某種異常狀態。他的「平均人」是首次出現的「正常」人類概念。平均人這個概念有些矛盾；這個概念同時反映了自然現實，同時也是人類努力追求的理想，必須在身體和心智上達到完美無瑕，並且反映健康狀態的完美表現。

健康普查

和正常相反的概念是什麼？這可能要取決於前後文的背景脈絡。如果我們所說的正常指的是平庸，那其反義詞就是極端或卓越傑出。當正常指的是普通現象，那反義詞則可以是不尋常或是奇異。然而，在醫學術語中，正常的反義詞則是病態。如果正常意味著健康，那不正常一定就是生病了。

這個相對的概念一直到一八二〇年代才真正進入醫學領域，並在醫師之間成為一個理解健康或罹病的常見方式。根據歷史學家彼得．克萊爾（Peter Cryle）和伊莉莎白．史蒂芬斯（Elizabeth Stephens）表示，一直要到二十世紀，「正常」才成為一個常見的日常用語，在當時，正常作為統計上的平均值和作為健康上的理想狀態的概念已經融合。[12]正常／病態這樣的二元觀念就此型塑了人們對於健康和心理狀態、性和兒童發展等觀念。

這或許也是「什麼是正常的」這個問題最讓我們困擾的地方。我們也許會想，如果我們不正常，是不是代表我生病了。對人口健康和疾病的關注或許也是十九世紀初期統計學急劇增加數據蒐集的主要原因之一。在阿道夫．凱特勒向世人發表「平均人」的概念幾年之前，對於數字的著迷首見於歐洲霍亂大流行時期，這場疫情幾乎摧毀了整個歐洲。

一八三二年九月十五日，霍亂襲擊蘇格蘭貿易小鎮登菲斯，此地距離英國邊界約二十五英里。這種由霍亂弧菌引發的疾病可以經由遭汙染的水源傳播開來，導致急性腹瀉的症狀，往往會嚴重到致命。起先，這場瘟疫似乎在「歹戲拖棚」，每天僅有一例死亡的個案。當地報社編輯威廉．麥克道沃（William McDowall）在三十五年後發表他對小鎮的歷史紀錄，並表示當時的死亡人數「在一萬多的人口中，是很高的死亡率，但當時的居民並未因此感到恐慌。」[13]這是第一次有人將死亡率和「常態」人口數拿來做比較，可見人們對霍亂疫情實際死亡人數的理解已有別於過去其他的疫情。

麥克道沃出生於一八一五年，爆發霍亂時，他可能已經是個青少年，也清楚記得疫情爆發後社會上的恐慌氛圍，所以才會在他的書中形容得繪聲繪影。我們可從他書裡得知，在九月二十五日那天，當局公布了十四例確診個案和九例死亡個案，「所有人都覺得瘟疫真真切切地出現在你我周圍，社會上充斥著草木皆兵的恐懼情緒。」高中校園關上了大門，大街小巷都有靈車的蹤影，教堂人去樓空，因為人們擔心會從一旁的墓園中遭受感染。到了十月三日，「死亡無情地襲擊這個小鎮」，讓小鎮籠罩在「無止盡的喪禮陰霾之中」。到了疫情尾聲，共有八百三十七個霍亂確診病例，其中超過一半（四百二十一位）的患者死亡。然而，從當時棺木製作的數量來推斷，麥克道沃認為死亡人數接近五百五十人，也就是超過該鎮居民人口的百分之五。

就疫情嚴重的程度來看，登菲斯鎮的情形並不罕見。惟其特別之處在於對疫情的統計數據。在整個歐洲，各地都有對於霍亂死亡案例的報導，哲學家伊恩．哈金（Ian Hacking）稱之為「雪崩式的公開數據」，這也成為一八二〇到一八四〇年間的時代徵候。[14]從人口普查到犯罪、教育、癲狂和疾病的紀錄，人們在這段期間大量使用統計數據，也增加了對統計數據的理解。

但這不是史上第一次對於死亡率的紀錄。在十七世紀初期，倫敦每週出版的死亡名單就向當地居民報告該城市中每週因不同原因死亡的人數（死因從「腹部絞痛」到「長寄生蟲」等，包羅萬象），也因此標記出鼠疫的爆發。然而，到了十九世紀，整個歐洲開始用全新的規模蒐集統計數據。英國和法國首先在一八〇一年進行全國性的人口普查。到了一八二〇年代，法國和比利時便建立了量化的社會研究傳統。英國則稍晚在一八三二年成立國家統計局。[15]現在，死亡或出生率的變化可以和人口的「正常」情況來做比較。

能夠收集這些數據的龐大官僚系統，是正常概念出現的關鍵。「平均人」出統計數字分析**以及**大量的人口數據定義。如同二〇二〇年新冠肺炎疫情爆發初期所發生的情形，當時每個國家記錄數據的方式並未統一，但是數據本身的重要性已經是普遍的共識。這在十九世紀以前根本是天方夜譚。

當然，在統計數據盛行的時代，凱特勒並非是唯一在平均值或普通現象中看出端倪的人。一八二〇年代，法國醫生家法蘭索瓦-約瑟夫-維多·布魯賽（Francois-Joseph-Victor Broussais）的講座每每吸引大批群眾參加，他在講座中介紹了正常健康情況和疾病之間的差異。這位革命家及自由主義者眉飛色舞地告訴台下的觀眾，個人感染不會無故發生，所有的疾病皆肇因於對身體組織的過度刺激或刺激不足。[16]哲學家奧古斯都·孔德（Auguste

Comte）後來說道，「在布魯賽以前，病態遵循的是一套和正常狀態完全不同的規則，因此，對其中一個狀態的探究與另一者無關。」[17] 在布魯賽之後，人們將正常和病態視為一個健康狀態上的連續的光譜——只是程度（degree）上的差異，而非兩種不同的型態（kind）。不久後，鐘形曲線就呈現了這樣的觀念。

雖然對當時的民眾來說，這些新型醫療系統的宏大主張聽起來極其現代化，也未免有些爭議，但他們建議的治療方法卻是人們熟悉且古老的方法。這位法國醫生甚至因為深信放血的力量而得到「醫學吸血鬼」的稱號。到了一八二〇年代，放血療法在法國風靡一時，甚至連時尚界也以此為設計元素：繡有水蛭圖案的洋裝被稱為**布魯賽長袍**。[18] 從現代的角度看來，我們或許會認為布魯賽醫生是個庸醫，但他確實相信這些吸血生物具有療效。他也時常為自己放血來治療各種小病，為了治療他的消化問題，一次就會使用五、六十隻的水蛭來為自己放血。

雖然布魯賽醫生因為這種水蛭放血法而聞名，還成為許多漫畫描繪的主題，但他的新興醫學體系卻沒有跟著廣為人知。在法語世界外，這位醫生的政治立場讓人們對他的醫療學說產生其他可疑的聯想，在談起他的水蛭放血法時，人們都認為這是法國大革命腥風血雨的遺毒。[19] 儘管有些法國和比利時科學家接受了布魯賽醫師對正常健康狀態的概念，布魯賽的影響只限於這兩個國家。一直到奧古斯都．孔德參與其中，這個概念才在歐洲傳播開來。

奧古斯都．孔德和凱特勒是同輩之人。他在一七九八年一月十九日出生於法國南方海岸的蒙彼利埃，比這位比利時統計學家小了兩歲。革命政治也對孔德產生深遠的影響。孔德在其哲學論述中處理的其中一個問題，就是要如何在後革命時代進行社會重整。他甚至提出了一種新型世俗形式的宗教：實證主義。[20]

孔德聲稱布魯賽的醫學系統具有普世的意義，就像凱特勒對天文學家的誤差曲線做出的貢獻。一八二八年，孔德讀了布魯賽新出版的《論刺激與瘋狂》（*On Irritation and Madness*），並公開宣布他支持布魯賽的觀點，疾病的狀態確實源自於支配健康狀況同一原則的強度偏差。這個觀點不僅適用於體內疾病狀態，孔德更表示，這個理論適用於**萬物**。

孔德因為私人的因素對這個理論感到興趣：他不久才從一次精神病發中康復。根據孔德的傳記作者所述，一八二六年四月十二日，孔德的朋友和同儕在他的公寓門外等著入場參加為期一年的系列講座中的第四場，布魯賽也在其列。[21]等候良久，百葉窗仍未拉起，大門也仍然緊閉，人群漸漸散去，認為這位哲學家只是生病了。在接下來的一週裡，幾位朋友都接到這位哲學家的來信，但信裡面卻是一些不著邊際的雜亂筆記。最後，孔德的妻子卡洛琳（Caroline）（年輕哲學家在前一年二月和這位前洗衣婦結婚）在蒙莫朗西郊區找到她的丈夫，這裡正是他在巴黎最喜歡的地區。當時他正要放火燒掉他住的旅館房間，

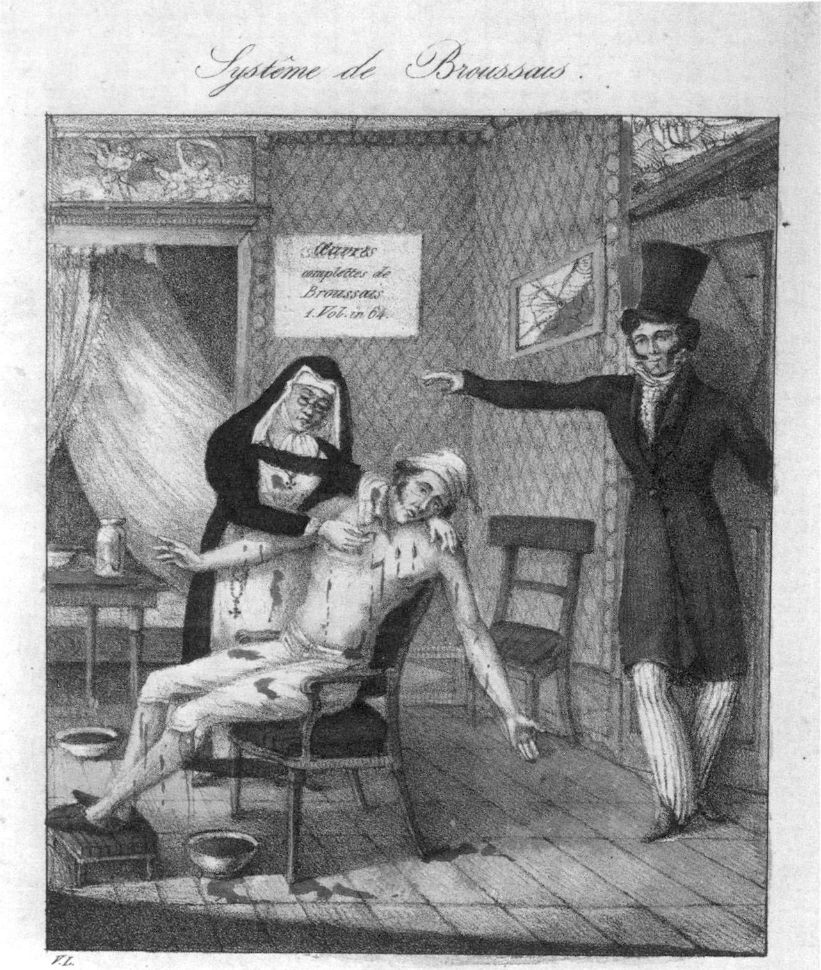

圖 1.2 一幅布魯賽要求護理師再為病人敷上五十隻水蛭的諷刺漫畫，病人抗議他的血已經被吸到一滴不剩（未載明日期，約為一八三二年後創作）。

卡洛琳認為他的丈夫瘋了。四月月十八日，孔德被診斷出罹患狂躁症，旋即被送入一家私人精神療養院。

年輕哲學家在療養院中注射了鎮靜劑，並接受隔離。他的情緒容易激動，為了安撫他的心情，醫生開了讓他泡澡和洗冷水澡的處方，醫生甚至在他身上使用了水蛭放血療法。儘管用了當時最先進的治療方法，在十二月二日，孔德仍因醫院對他的病況束手無策而讓他出院。在回家的途中，他告訴前來接他的妻子和朋友，巴黎的奧斯特利茲橋就是土耳其的金角灣。一行人中有個人跳出來糾正他，結果挨了孔德一拳。回到家中後，孔德把自己關裡來，變得不愛說話，被困在各種幻想之中。有次孔德在晚餐時間和妻子與母親發生口角，他便試圖用餐刀割喉自刎。卡洛琳當時做出一個不尋常的決定，她清掉家中所有和精神病有關的物品，解僱了精神醫師派來的看護，並移除窗邊所有的鐵柵欄。她更吃下孔德所服用的藥物，這樣一來，她的丈夫就不會認為自己受到妻子的差別待遇。卡洛琳聲稱，哲學家丈夫的病情立刻有了起色，六週後她更認為先生已經完全從精神疾患中痊癒。

如果事情真有那麼簡單就好了。事實上，孔德大概花了將近兩年才康復，一八二七年初還經歷了重度憂鬱，也再度試圖自殺。[22]大約在這個時候，孔德寫下討論布魯賽療法的論文，申論他透過「個人經驗」得到的深度觀察。[23]而正是這種經驗讓他支持布魯賽的論點，也就是正常和不正常，只是程度上的差異，而不是兩種不同的狀態。

這個思維上的轉變代表什麼？對孔德來說，不見得只有健康狀態能夠分為正常或病態。任何人類行為、傳統、習俗、信仰或觀念也可以用同樣的尺度來衡量。雖然在此之前，人們肯定會嘲笑或迴避身邊那些不符合社會期待的人，但反常的行為等同於疾病的想法讓順應社會的需求更加緊迫。這也意味著（即便這不是孔德的意圖），造成這些需求的社會壓力是不會改變的。

社會期待不斷變化。你可能已經看到社群媒體上流傳的謎因圖，列出維多利亞時期進入精神療養院的各式原因，從念太多書到對愛情絕望都有；在這些圖中，當時醫生將這些情況判斷為憂鬱、妄想或狂躁等異常心理狀態的根本原因，而非疾病本身的症狀。儘管那些迷因圖內容偏頗，誤導讀者，但確實顯示了一個時代中的社會規範如何解讀這些異常行為。當時人們認為，學習（尤其是研讀醫學文件或古籍）對女性來說是非常危險的作法，身為研究醫學史的女性，我一直認為這個看法十分可笑。在一八九八年，伊迪絲．柯頓（Edith Cotton）拒絕戴帽子出門，這個舉動被認為是精神病的徵兆，因為當時出門戴上帽子才是正確合宜的行為。[24]此外，在艾米．多雷爾（Amy Dorell）的母親於一八八一年去世後，年輕的艾米開始「不斷地上教堂」並「一直在讀聖經」，這種行為在宗教佔據大部分生活的古代或其他社會中可能會是正常的行為。[25]想當然耳，維多利亞時代晚期的醫生也曾討論過古怪和癲狂之間的區別，幸虧有布魯賽和孔德的貢獻，他們從未懷疑這兩者的相互關聯；兩者只是健康曲線中的不同區段。[26]

但在這個古怪及癲狂、健康與病態的光譜上，不僅只凸顯個人的差異。大約在同個時期，因為正常人的概念（以及能被人們所接受的行為和信仰）延伸到了整個群體或社會，關於正常的歷史走入了更為駭人的篇章。正因為正常人的故事是一個將不正常的人排除在外的故事，並經常透過階級、種族、性別和宗教信仰的路線劃分，因此科學家致力於「確立或完善社會學法則」，先理解人類的道德和智性功能，再加以控制。[27]

正常人的極限

一八九九年十二月二十日，作家威廉・康諾（William Corner）在《泰晤士報》（*The Times*）上喜見一則招募義勇軍前往南非參戰的募兵廣告。儘管康諾的年紀，「比我願意承認的年紀還大上許多，超過英國陸軍部可接受的年齡上限」，他仍立刻前去登記參軍。[28]經歷一些行政上的小問題（包括辦公家具尚未到位，而必須關閉一個辦公室）後，康諾終於得到了面試機會。接著是一連串的體檢、步槍射擊和騎術測驗。康諾後來通過測驗成為了第六二四三號二等兵，他後來撰寫了第三十四連米德爾賽克斯帝國義勇軍歷史，並提到

「有些優秀的人依舊遭到淘汰，這十分可惜，因為醫生、射擊手或馬術專家都不可能萬無一失，而且對於現役士兵的資格，軍方也有很多截長補短的標準。」他總結道，「這樣的作法讓一個願意為國家服務的人十分為難。」[29]

威廉・康諾的健康檢查當然也包括身高和胸圍測量。在戰事爆發期間，募兵條件往往會寬鬆一點，畢竟需要募集更多的新兵，這可能就跟康諾超過年齡限制還能被錄取是一樣的情況。一八六一年，募兵的身高條件是一百七十二公分，但到了一九〇〇年，這項限制降低為一百六十公分。[30] 即便如此，就像康諾提到的，並不是每個人都能符合這項要求。

有些評論家認為，這證明了工業城市生活讓勞動者的體格退步。經常持相反立場的記者阿諾・懷特（Arnold White）曾報導，在一八九九年十月至一九〇〇年七月間，曼徹斯特有一萬一千人想要報名參布爾戰爭。足足有八千人當場被刷掉，而獲錄取的三千人中，只有不到一半的人「達到軍方所要求的中階肌力和胸圍標準。」[31] 像這樣的例子就顯露，「城鎮居民特有的**體格**為發育不良、窄胸和容易倦怠」。[32]

懷特並沒有提供數據來源，這些數據從那時起已受到質疑，甚至當時的讀者也沒有全然採信。他在政治界是眾所週知的麻煩製造者，他還在《效率與帝國》（*Efficiency and Empire*）一書中詳盡地描述他的反猶立場和優生學觀點，十分令人不快。[33] 然而，英國男性參與布爾戰爭的身體狀況所引起的關注，也導致了議會的質疑，政府機構也對此展開調查。體格退化的威脅，尤其是窮人的體格退化，加劇了幾十年前就開始的道德恐慌，這顯示了十九世紀中期以來，人們如何將身材尺寸和身形的變化用來說明或解釋對於社會的各種擔憂。

因為科學家開始擔心作家威廉・葛雷格（William Greg）所謂的「天擇在人類上的失靈」，對於退化的恐懼在進入二十世紀之際已然蔓延至整個歐洲。[34]正如達爾文（Charles Darwin）所指稱，人類具有「適應新生活條件的巨大能力」，不管是建造住所、製作衣物或發明工具及武器，葛雷格認為，在人類身上，天擇無法像在其他物種上一樣發揮作用。[35]他還說道，動物生病或受傷時，終將一死，但人類擁有提供治療的醫生及醫療院所。動物找不到食物時，也難逃一死，然而人類卻可以相互扶持。達爾文的結論是，這樣的特性證明了人類在道德上的優越性，有助於物種的精神性演化；但其他科學家則持有不同的意見。不過大多數科學家都同意的是，文明正在改變人類的身體和精神常態。

從法國醫生班尼迪克・墨黑爾（Benedict Morel）關於身體、智力和道德特徵遺傳性的論文（一八五七）到匈牙利外科醫生、評論家馬克思・諾道（Max Nordau）對於知識和藝術世界的抨擊（一八九二），退化儼然成為十九世紀末的流行詞彙。體格退化的議題最常出現在討論勞動者體格衰退的時候，例如布爾戰爭的爭議，大多數人也會將退化和現代城市生活連想在一起。人們通常以身高和體重做為退化的徵候，然而其他無數的身體特徵也扮演類似的角色。在《倫敦人的退化》（*Degeneration of Londoners*）這本書中，蘇格蘭外科醫生詹姆斯．坎特利（James Cantlie）說明了倫敦人如何因充滿霧霾且擁擠不堪的生活環境而變得面色蒼白、憔悴、發育不良並感到痛苦。在這種陰暗、汙濁的環境中，有個二十一歲的男人只長到一百五十五公分，胸圍僅有七十一公分，比凱特勒描述的蘇格蘭士兵兼柏赫斯角鬥士的理想體格少了整整三十公分。這個小夥子的頭很小，臉色「蒼白如蠟」，眼距也很窄，有明顯的斜視，看起來呆若木雞。（如果坎特利在今日倫敦的早上八點搭地鐵，肯定會被周圍蒼白臉龐呈現出的退化呆板樣嚇壞。）

退化的身體也在維多利亞時代的小說中無處不在。在羅伯特．史蒂文森（Robert Stevenson）的名作《化身博士》（*Strange Case of Dr Jekyll and Mr Hyde*）中，受人敬重的哲基爾（Jekyll）博士喝下了自己調製的藥水，誘發出他性格中的原始狀態，而擁有原始人格的海德（Hyde）不管在身體或心理上都有別於哲基爾醫生。海德「面色蒼白且矮小」，貌似坎特利筆下中的年輕倫敦人，也「給人一種殘疾畸形的印象，但又說不出哪裡不對勁」。[36] 雖然海德的出現是出於哲基爾錯信科學進展的必然性，但他也是這個城市的產物。哲基爾醫生住在倫敦的醫學重地，位於西敏區內寬闊的卡文迪什廣場，在一八八九年查爾斯．布斯（Charles Booth）繪製的倫敦貧窮地圖中，這條街道標上了最富裕的黃色。[37] 但醫生卻將海德的住所安排在附近的蘇活區，也是倫敦西邊最髒亂的區域。維多利亞時期的大眾認為不良習氣、城市和身體的衰退是環環相扣的，套一句歷史學家茱蒂絲・瓦克維茨（Judith Walkowitz）的話，倫敦成為了「可怕的喜悅之城」。[38]

維多利亞博物學家法蘭西斯・高爾頓（Francis Galton）的研究中，退化的科學和正常的科學相衝突。高爾頓是查爾斯・達爾文的表弟，也是最早將誤差曲線稱為「常態分布」的科學家（一八七七年），此外，他在科學領域中還有其他諸多貢獻。[39]他發展並普及許多具影響力的統計學理論，建立了心理統計學測驗，對指紋研究的發展也有貢獻。他更創造了優生學一詞。高爾頓自稱的「種族科學」可以透過鼓勵「適者」（也就是他和他的富人朋友）多生孩子，並勸「不適者」（勞動階級、有色人種和所有不符合體格或精神健康標準的人）減少生育下一代，或甚至阻止某些特定人士繁衍後代以改良國家血統。這並不是一個不受重視的發展項目，優生學的觀念在十九世紀末和二十世紀初已經充斥在西方科學和醫學中的大部分領域。至少在一九五〇年以前，備受尊崇的倫敦大學學院仍設有國立高爾頓優生學實驗室（Galton Laboratory for National Eugenics，在一九五〇年代以後才改名）。*

* 二〇一八年，倫敦大學學院著手調查該校的優生學歷史，因為根據媒體披露，自二〇一五年以來，倫敦大學學院一直在舉行有關優生學和智商的祕密研討會。最後，調查的結果導致要更改高爾頓演講廳的名稱，以及和高爾頓門徒卡爾・波爾森（Karl Pearson）有關的教室，但遺憾的是，除此之外並沒有太多的改變。安娜・法札克萊，「委員會認為，倫敦大學學院優生學調查力有未逮」，《衛報》（*Guardian*），二〇二〇年二月二十八日。

這兩件事情不能分開來談。高爾頓對統計學、常態、身分和遺傳學的興趣和他對優生學的關注及推廣密不可分，只不過我們經常忽略這一點。倫敦美術館在二〇一四年舉辦福爾摩斯（Sherlock Holmes）特展時（這個展覽大致來說相當不錯），最後一個展間展出了一系列高爾頓收藏的科學設備。說明牌上寫著（我用我的話重述）：「法蘭西斯·高爾頓是一名倫敦的科學家，與此同時，夏洛克·福爾摩斯也在同個城市中偵破犯罪案件。這些設備有可能是夏洛克·福爾摩斯使用過的物品。」大多數的參觀民眾從來沒聽過高爾頓的名字。如果他們離場後還記得高爾頓是誰的話，他們可能會想著：「他真是個天才！」然而，他們不會想到高爾頓的指紋技術是如何用在推進殖民統治，也不會想到優生學在全世界對所有被認為是「異類」族群的人帶來毀滅性的影響。

除了平均數以外，高爾頓也對變異感興趣。[40] 他將甜碗豆種子分發給幾個朋友，並按照其母株的大小進行分類，以測量遺傳對於身高的影響。他在一八八四年國際健康博覽會中設立了一個臨時人體測量室，參觀民眾只要付一點小錢就能測量他們的身高、握力、視力和其他各種特徵，這也便於他蒐集成千上萬參觀民眾的體格數據。他將常態分佈的概念應用於無數的人類特質和特徵，應用範圍之廣甚至超越了凱特勒所做的研究。[41] 其實高爾頓非常肯定，遺傳和天才兩者密不可分，並宣稱從他對「天分」的研究所歸納出的常態分佈，和使用工業家和社會改革者查爾斯·布斯的數據所得的社會階層分布完全吻合。高爾頓說，如果階級和才能一樣（這是讓人瞠目結舌的荒謬說法），那維多利亞時代的社會結構不但順應自然，（沒錯，你猜對了）還相當正常。儘管高爾頓的子弟兵卡爾・波爾森在年輕時表明過他的社會主義和女權主義信念，他仍同意「靠打零工餬口的貧困之人」也是那些最沒有才能的人；而從「公民價值的角度來看……也是不受歡迎的人。」[42]再重述一次，對於正常的標準可能會導致我們純粹只用偶然的證據，並過於輕率地認定誰有或沒有資格成為人類。

高爾頓對於正常人的研究也並不是都以統計學為主。我一直對他的「合成」照片非常感興趣。一八七八年，在演化心理學家賀伯・史賓賽（Herbert Spencer）的協助下，高爾頓提出報告表示，他找到一種從一群「在大多數方面都相似的一組人中，提取典型特徵」的方法。[43]這個方法是仰賴一八七〇年代漫長的攝影曝光時間。高爾頓會拍攝八張同樣尺寸的肖像照片，並將他們一前一後擺放在一起，讓眼部大致在同個位置。如果每一張照片的曝光時間大概是八十秒，那高爾頓會每隔十秒就移開一張照片，讓每張照片都只是短暫的曝光。當印版沖洗出來時，照片將顯示一張「不代表任何人，而是描繪一個假想人物，擁有特定男性群體平均特徵」的照片。[44]平均人的樣貌已經漸漸清晰可見。

但高爾頓早期的人像照片都取自暴力罪犯，他希望這些合成照片能夠凸顯出他們的「犯罪特質」。和他同時代的義大利犯罪學家切薩雷・龍布羅梭（Cesare Lombroso）對這些特徵的描述包括雙頰鼓起、鼻樑扁塌、頭骨多稜角和眼眶凹陷，「再加上鷹勾鼻，常常讓這些罪犯看起來像隻猛禽。」[45]讓高爾頓驚訝的是，這些合成照片不但沒有凸顯出這些特徵，反而還淡化了這些特徵的奇異之處。罪犯的「特殊反派特徵」消失了，所以「潛藏在他們之下的共通人性反而凸顯出來」。雖然我們可以將這結果理解為世上並不存在典型的罪犯外型，但高爾頓並不放棄遺傳生物學的研究。對高爾頓來說，這些合成照片代表的「並不是罪犯，而是容易犯罪的人」；這並不是每個人的平均值，而是特定不正常的人的平均值。[46]高爾頓認為，他合成的照片支持這樣一個觀點，也就是存在某種「一般的」犯罪特徵，所以我們能夠從身體上的特徵辨識出有犯罪傾向的人。從精神病患到肺結核患者，許多其他「類型」的人也是如此。這些族群的異常特徵或心智會出現在這種合成的面相上。

但對法蘭西斯．高爾頓還有他的支持者來說，什麼**才是**正常的？彼得．克萊爾和伊莉莎白．史蒂芬斯的研究提出，我們必須謹記，在高爾頓開始用鐘形曲線呈現常態概念之前，他已經有相當具體的想法了，[47]這是我們一次又一次看到的趨勢。高爾頓和其他科學家同儕在計算常態值之前，就把那些看似不正常的數據刪除了。長久以來，兒童一直是讓統計學家頭痛的問題，因為隨著時間推進，他們會用近乎惱人的趨勢成長。但女性也是如此。高爾頓對他所收集到有關女性的數據進行「轉化」，好拿來和男性做比較，例如女性

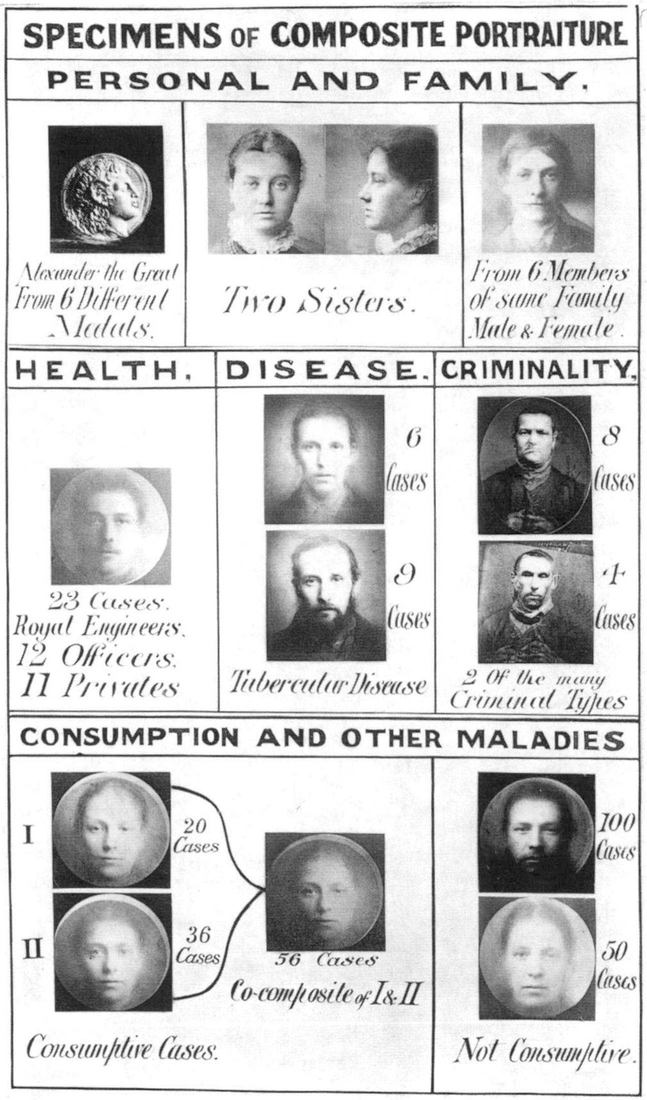

圖 1.3 高爾頓在一八八三年發表一系列合成照片，意圖呈現典型疾病與罪犯的樣貌。當時普遍認為肺癆（肺結核）是種遺傳性疾病。

的身高必須使用他所設計的方程式增加，以使這些數據符合他的鐘形曲線。

這種調整不只是用於比較的統計工具而已，這還造成了某種偏差的標準，也就是男性成為生物學上的正常標準，而女性的數據則需要依照男性數據來調整，以符合這種標準。當然，白人男性也是其他種族所要參照的標準。在維多利亞時代晚期，白人中產階級男性專業人士成為新的平均人代表。因為正常人的標準仍只以男性為準，所以這個平均人可能是位醫生、科學家、作家、銀行家、貿易商、律師或商人。從統計學上來說，他並不是最常見的類型，但仍會將他當作用來判斷其他人理想健康值的基準。正因為他有錢又有閒，才能夠接受詹姆斯·坎特利的保健處方，騎自行車或在草地上打網球，以免成為像都市裡的海德先生那樣的人。他也可能像精神病學家喬治·薩維奇（George Savage）那樣加入阿爾卑斯山俱樂部，好讓朋友們稱讚他是個「充滿活力的登山者，縱情於攀登峭壁、在荒野中運動……在雪地和結冰的路面上滑雪。」[48]

相反地，某些社會階層和族群「未能」達到中產專業人士理想的身高、體重或胸圍，而大部分的人都將之理解為一個社會問題。許多維多利亞時代的人並不認為發育遲緩是由環境和其他情形造成，而是因為生物遺傳和敗壞的道德導致。因此，根據優生學理論，我們必須阻止某些人生育下一代。雖然英國有許多醫生、科學家、政治人物和其他時事評論者都大力主張實行結婚許可證制度，但英國卻從未實施此項制度，儘管如此，在美國和歐洲在進入二十世紀後的幾十年間，仍出現了強制實施婚姻限制和絕育的法律規定。一九〇七年，印第安納州通過全世界第一部強制絕育法，意圖防止生理和精神上遭判定「不合格」的人孕育下一代。[49]

這種對生理衰退的強烈關注，與對種族和階級的歧視及焦慮密不可分。科學家也將「退化」的英國白人和所謂的原始人種相比較。他們根據頭骨的尺寸和形狀，以及身高、體重和生理特徵將種族和階級進行等級劃分。[50]維多利亞時代的作家將非洲命名為「黑暗大陸」，並認為倫敦東區是與非洲平行的雙胞世界。[51]英國救世軍創始人威廉·布斯（William Booth）曾寫道，「今年夏天，史丹利（Henry Stanley）爵士記敘『最黑暗的非洲』的故事吸引了文明世界的注意力」。在今天看來，他的用字遣詞令人驚駭，但在當時，大部分布斯的白人讀者卻不假思索地照單全收。布斯談到了剛果盆地的「林中荒野」時，他提到「在黑暗、陰濕的空氣中，充斥了燠熱沼澤的蒸溽濕氣，人類成為矮小的侏儒，又殘暴的像是食人族，他們在此蟄伏生存，直至死亡。」[52]布斯認為探險家亨利·史丹利爵士這些貶抑的描述是理所當然，並得出此結論：「既然有所謂的最黑暗的非洲，那是不是也有一處是最黑暗的英格蘭？」[53]對布斯還有其他傳教士來說，宗教是解決這種「不文明」環境的「出路」。當今人們對史丹利爵士最大的印象或許是他那句「我想你就是利文斯通（Livingstone）博士？」而不是他在比利時殖民非洲中部時的角色，他當時認為，國際貿易就是文明力量的展現。對高爾頓和他同時代的人來說，科學當然是種正常化的重要工具。

雖然高爾頓的優生學理論幸好已經受到質疑（但發生時間比你想的還要再晚很多），但白人、男性、順性別*的刻板標準和階級觀念仍深植於諸多科學及醫藥領域，以及我們至今仍在使用的各種圖表和測量中。我們仍然可以在網路上或社群媒體動態消息中看到這些觀念帶來的負面態度和刻板印象。有些我們未經思考就接受的標準，其實是建立在十九和二十世紀初期嚴重扭曲的研究之上。好比說，標準的體重和血壓數值是在二十世紀上半葉由美國保險公司收集來的統計數據，而這些公司的保戶大都是富有的美國白人。一直到最近，人們才意識到ＢＭＩ值代表的健康指數會因體形而不同：亞洲人在歐洲白人「正常」的體形標準值下，可能會有更高罹患糖尿病和心臟病的風險，而若是擁有較大體形的黑人婦女，其健康問題的風險可能來的更低。[54]

現在，高爾頓的收藏被儲放在相當不起眼的檔案櫃中，可能跟你辦公室放文具的櫃子差不多。高爾頓相關的文件和照片檔案收藏於倫敦大學學院圖書館的特別典藏，這個典藏櫃裡有些無法歸檔的零碎雜物，包含高爾頓過世時辦公桌上的物品、和他重大發現相關的設備以及各種瑣碎的個人雜物。

後來這個儲藏櫃裡又加入了其他更為駭人的物品，說明了優生學留下的遺毒。有個瘦長的金屬罐上只貼著一張標籤，寫著「歐根・費舍爾（Eugen Fischer）教授的髮色圖」。在罐子裡面有三十束不同的合成頭髮，每束頭髮上都整齊地貼上一個號碼，這就是費舍爾的髮色測量表。德國科學家費舍爾在一九〇八年將這種測量法用在納米比亞，以測量殖民統治下混血人種的相對「白人比例」。他的研究採用了極端的優生學方法。他建議防止異族通婚，並支持在當時的德屬西南非對赫雷羅人和納馬人進行種族滅絕。一九一二年，所有德國殖民地都因為費舍爾的建議而禁止異族通婚。阿道夫・希特勒（Adolf Hitler）從費舍爾推廣的優生學得到部分靈感，並寫下了自傳《我的奮鬥》（*Mein Kampf*），而他的著作則成為反猶的紐倫堡法案的科學根據，導致猶太人大屠殺。這位科學家後來在一九四〇年正式加入納粹黨。[55]

由於費舍爾在一九〇八年就在使用這個髮色測量法，當時高頓剛剛去世幾年，所以他可能是把這個寄給卡爾・波爾森，而不是寄給高頓。** 然而，該測量儀顯示了優生學在二十

* 編按：順性別（cisgender）者為性別認同與出生時指定性別相同者。例如：若一個人的性別認同是女性，並且出生時被指定為女性，則這個人就是順性別女性。

** 波爾森和費舍爾當然也有通信往來。一九三二年，費舍爾寫信給波爾森，恭喜他獲頒魯道夫・魏修獎章，並詢問費舍爾的一位同事是否能前往英國為優生學教育學會進行一場演講。費舍爾寫給波爾森的信，一九三二年十月，收藏於倫敦大學學院特藏中心（PEARSON/11/1/6/21）。

世紀應用的程度。當《衛報》在二〇一八年宣布倫敦大學學院正在對優生學進行研究調查時，也報導了學校一位講師的反對意見，也就是把高頓「和納粹聯想在一起，是多愁善感之人可怕的毀謗」。[56]但高頓的收藏則顯示了高頓門徒和納粹科學家的關聯，這些人之間明顯少於六度分離。

第二次世界大戰後，倫敦大學學院仍保留國家優生學實驗室。歐洲和北美洲部分地區也保留優生絕育計畫，目的是防止「不正常」的人生兒育女。從其中僅舉一例：捷克共和國於一九七一年**開始**對羅姆女性進行強制絕育，最後一個已知案例是在二〇〇七年。[57]

維多利亞時期的博學家法蘭西斯．高頓和納粹科學家歐根．費舍爾或許是非常不同的人，進行完全不同的研究。但他們的故事，以及帶給後世的影響，在在顯示了「正常人」的概念有多麼危險以及這個概念擁有的力量。高頓和費舍爾都利用他們對身體和心智分類的興趣來決定誰是正常人，以將那些不符合這些標準的族群邊緣化（或是更糟糕的手段）。最邪惡的是，他們甚至提出如何有意識地將人類調整為符合菁英白人理型的建議，這就是所謂正常人的歷史中，最令人戰慄的一章。

我正常嗎？

我在一九九七年離開學校時大大鬆了一口氣。我終於可以逃離青少年時期在這個小鎮裡霸凌我的人，還有那些乏味無趣、一味從眾的同儕。我搬到倫敦讀大學，這是一個神奇的城市，對我來說，大家都可以做自己喜歡的事情，沒人會有意見。我就像是闖入森林裡的小白兔，對於周圍繽紛多元的事物感到驚嘆。身為一個白人異性戀女性，我當然也對周圍許多種族歧視、恐同、殘障歧視和跨性別恐懼的諸多現象視而不見。有時候，我無疑是在毫無自知的情況下助長了這些現象。我不瞭解殖民主義或優生學的遺毒，也對種族主義規範繼續形塑社會結構的方式一無所知。我個人對正常人的概念幾乎是天真又以自我為中心的。我甚至不認為自己是女權主義者。

我當時以為，倫敦就是一個可以讓你可以成為自己喜歡的樣貌的地方；一個五光十色卻又讓你舒服地當一個無名小卒的城市。每個人都可以找到自己想要的東西，在川流不息的人群中也能得到足夠的安全感。我仍鍾愛倫敦，倫敦仍讓我找到像家一樣的安身之所，這是我在肯特郡小鎮從來沒有過的感受。但在我搬進東倫敦南伍德福德一棟大廈後，我在浪漫的期待中被「實際的艾克薩斯人」粗暴地打醒；我和我的同學都對此有痛苦的同感。我和其他十二個十八、九歲的女孩們住在同一層樓。因為某些原因，我曾以為她們會比我在學校的同學更好相處。但我錯了。她們不但愛說閒話，還會一邊嘲笑別人一邊咯咯地笑，有時候會當著你的面嘲笑，有時候是關起門來，在學生宿舍薄薄的牆後大講別人壞話。即便是不在小團體裡面的人看到我，也會停下交談，用責難的眼神瞪著我。「妳太**安靜**了！」她們這樣反覆對我說。這就像個殘酷的斥責，一個我格格不入的警告。我從來不敢鼓起勇氣說出我內心想講的話：「安靜又怎樣？」

愚蠢的是，我知道這些濃妝豔抹、喜歡膚淺八卦的女孩們之中，也有人和我一樣擔心是否能融入其中。我隔壁房的鄰居在和朋友嘻嘻哈哈挖苦別人之後，會在深夜向她的男朋友訴苦。我隔著薄牆聽見她的哀號，「我討厭這裡！」下個學期，她就退學了。到了那年年底，我發現這個我原本以為很受歡迎的小團體，其實有很多人不喜歡她們。也許她們畢竟並不是理想的典範？

但知道這些事情並沒有減少我的恐懼。成為正常人的想法如此根深蒂固，欺負我的人也有和我一樣的煩惱，而那些我以為的「正常人」並不特別受歡迎，但就算在我理解這些事情後，我依然擔心害怕。即便我擁有拒絕改變自己的力量，我仍保留了「糾正」自己的想望。

我們對正常的理解，介於我們對於個人特質的渴望和融入群體的需求之間。融入群體會讓我們找到自己的價值，即便這不見得總是行得通，而且有時候有損我們的身心健康。

新的意識正在抬頭，告訴我們那些賴以成長的規範並不像我們曾經深信的那樣具有普世意義；但如果這些意識仍不足以破除我們對正常的信仰與追求，或許關於正常的歷史可以辦得到。

如果在我還是個害羞的十八歲少女時，有人告訴我，以前的人並沒有把世界分成正常和不正常，我肯定會十分震驚。一個十七世紀的康沃爾漁夫可能會把自己拿來和當地的漁夫、他的家人或鄰居相比較，但他肯定不會擔心自己在某種總體的正常人量表上是否進入標準值域。在短短兩世紀以前，人們甚至根本不會用正常這個詞來描述人類特徵或經驗，瞭解這個道理就會減少一些這個概念的權威性。

多年來，隨著我閱讀更多關於醫學和科學的歷史、殖民主義和性別、酷兒理論和身心障礙社會模式的知識，我逐漸收斂我對正常人的想法，不再那麼偏頗。我也意識到，儘管我過去遭受過負面經驗和焦慮，我仍擁有許多特權。因為我投胎時的運氣，我在成長過程中比許多人更為接近西方世界中所謂的常態，即便我在英國南部富裕地區一所菁英公立學校中感到格格不入。

正常既是個個人議題，也是個政治議題。要批判「正常人」的概念，最好從理解我們在其中的地位開始，仔細審視我們成長過程中的期望和設想，以及這些期望和設想如何深深嵌在在我們的體制、法律、政治和社會中的互動模式。這就是我試著在這本書中處理的問題。

但誰最終有權決定誰才是正常人呢？凱特勒、布魯賽、孔德、高頓、波爾森和他們的科學家同儕們都曾聲稱沒有人能做出這樣的決定。他們認為自己是在客觀冷靜地記錄這些已經存在的事實，不管這些事情是上帝規劃的藍圖還是自然法則或演化科學。然而他們收集這些統計數據的方式，以及用來分析數據的基礎都仰賴人類的解讀。他們蒐羅了某些標準，也摒棄了某些標準，以創造他們僅以富裕的西方白人男性為基準的所謂的科學規範。

儘管這些十九世紀科學家的想法和研究方法已經將正常人的概念內化成人類生活和行為的準則，但實際上，正常身體、正常的健康或正常的人類類型，過去**並沒有**明確的答案。這些事物的確立，都是基於社會的期待和態度，而這些期待和態度會隨時間和不同文化的推移出現巨大的變化。正如本書接下來呈現的，這些規範的變化方式讓我們一次又一次回到這個問題：「正常」這個概念是否真的存在？

第二章 我有個正常的身體嗎？

我一直痛恨買鞋。

不只是因為我很難能找到可以放進我大腳的鞋子（光想就很難），也因為鞋店店員聽到我的尺碼後無可避免的反應，從驚嚇萬分到難以置信都有。在我還是青少年時，我總會低聲下氣地詢問店員，「請問這雙鞋有九號的嗎？」總會有人驚訝地反問我：「妳穿九號？」是的，我有雙大腳，在英國穿九號，歐規四十三號、美規十一號尺碼。所以在我青少年時期，我大部分都穿著同一雙中性運動鞋或馬汀大夫靴，一直穿到鞋子開口笑為止。

我到現在還是痛恨買鞋。

這個問題持續困擾我二十五年左右，不過讓我驚訝的是，這段時間內我遇過穿同樣大鞋碼的女性數量之多。但經過這些年，商店裡的尺寸並沒有因此增大；大街上少數廉價鞋店會有九號鞋，而英國大多數的女性鞋款只出到八號，即使我們的腳顯然不斷長大。足科學院在二〇一四年的一項調查證實，自一九七〇年代以來，英國人的平均鞋碼已經增加了兩個號碼，男性的平均尺寸從八號增加到十號，而女性平均尺寸從四號上升到六號。[1]這表示大號鞋碼比五十年前更加常見。如果我們假設英國的鞋碼分布與美國人一致，那麼英國女性（百分之九十五的女性人口）的「正常」尺寸會在三號和九號之間。[2] 所以九號鞋碼很正常。

簡單拿鞋碼舉例就說明了幾件事情。首先，正常的身體是由常見的概念形塑，也是由一系列的文化因素和期待塑造（包含鞋店決定要銷售哪些尺碼的鞋子）。這兩種意義上的正常都會影響我們對於腳部尺寸的看法，但文化期待的影響甚大。畢竟，如果十幾歲時的我很容易買到鞋子，在我和店家詢問我的鞋碼時，如果沒有表現的驚訝，我可能永遠不認為自己的腳異常巨大。所以消費者選擇的歷史，在形塑我們對於正常身體的觀念中佔了很大的比重。在大家還自己製作衣服的時候，要不要把自己的尺碼拿來和其他人的尺碼相比，就沒那麼重要了。

第二個問題是關於我們身體尺寸和形狀變化所引起的擔憂，這些擔憂被用來說明或證明對整體人口更廣泛的恐懼。英國廣播公司（British Broadcasting Corporation，簡稱BBC）一則關於鞋碼調查的文章中，原本在討論大腳尺碼，卻話鋒一轉，跳到了所謂的「肥胖流行病」。文章引述足科學院羅蘭．瓊斯（Lorraine Jones）所言：「腳愈來愈大是因為國人身高愈來愈高，體重也愈趨增加。」BBC將其解讀為「我們的腳藉由變得更大更寬來補償身體的功能」。但我們並不清楚這項調查是否針對身高、體重或鞋碼也進行了量測，這份報告也沒有給出明確的證據來證明其中關聯。大腳就這樣被媒體解讀為身體健康狀況下降的徵兆，但這忽略了足科學院這份研究的重點，這份研究主要關注人們因穿不合腳的鞋子而對足部有所傷害。這樣的關聯在正常身體的歷史中反覆出現。我們已經看到，身體的不同部分被解讀為種族的退化或民族衰落的證據，同時也被用來證明殖民擴張的正當性，或支持種族主義和性別歧視的文明等級制度。

最後，還有醫學在我們與自己身體的關係中所扮演的角色。我們同時會覺得自己是身體的一部分，又覺得自己和身體有所區別。誠如法國哲學家保羅・瓦樂希（Paul Valéry）所言，我們對別人提到身體的時候，好像「它是個歸屬於我們的東西；然而對我們自己而言，它卻不完全是個東西；而且我們歸屬於它的成分要大於它歸屬於我們。」。[3]我第一次讀到這段話是在醫學史家栗山茂久先生（Shigehisa Kuriyama）關於希臘醫學和中醫分歧的精采歷史分析，這顯示不同的醫學傳統中如何以非常不同的方式來解讀和理解我們的身體。在西元一、二世紀，希臘醫生看到的是肌肉結構，而中醫看到的卻是一個針灸經絡和穴位系統。栗山先生告訴我們，中文裡甚至沒有一個特定的名詞來指稱「肌肉」。

這並不代表哪一種傳統才「正確」。在大多數人的身體表徵上，這兩種模式都無法從外部由肉眼看出。實際上，在當時的醫學領域中，**不去**區分不同類型的肉體是很常見的。當然希臘醫學是個例外，他們的解剖學根植於描繪飽滿裸體男性的藝術傳統，甚至在解剖學上沒有肌肉的地方也可見起伏的線條。[4]因此，觀看自己身體的方式就像我們判斷我們所見是否正常一樣，這都和歷史與文化有緊密的關聯。

美貌的神話

一九四五年九月，《克里夫蘭誠懇家日報》（*Cleveland Plain Dealer*）以「妳是典型的女人諾瑪嗎？」（Are you Norma, Typical Woman）為標題，發起了一場競賽。參賽者須遞交身體部位的尺寸，包含身高、體重，乃至胸圍、臀圍、腰圍、大腿、小腿和腳部的尺寸。這項競賽的目的是要找到最符合性學專家羅伯特．狄金森（Robert L. Dickinson）和雕塑家亞伯拉罕．貝爾斯基（Abram Belskie）在一九四二年創作的女性塑像。[5]狄金森和貝爾斯基兩人聯手創作的男女雕像〈諾曼與諾瑪〉（Normman and Norma），既綜合了統計學上的平均數值，也是一個理型的身體。他們的身體是根據成千上萬美國男男女女的測量數據打造而成，所以他們應該足以代表美國人的正常體格。但這兩座雕塑都是基於一組精挑細選的樣本：年齡在十八至二十歲，身體健康的美國人，而且令人吃驚的是，這些樣本幾乎是白人。這對雕塑在對外展示時，說明牌上甚至寫著「美國本土白人」，這個動作進一步強化了正常的美國人和白人之間的關聯，同時將歐洲殖民前的美國原住民從歷史中抹去。[6]這項比賽最終吸引了將近四千名婦女參加，但卻沒有一個人能精準符合諾瑪的身材。冠軍瑪莎．史基摩（Martha Skidmore）充其量只是數值最接近諾瑪的人。雖然諾瑪呈現了美國人的平均體形**以及**理想身材，但事實證明，諾瑪這個人完全是虛構的。[7]遺憾的是，這個啟示卻沒有顛覆人們對女性美貌的理想。

早在諾瑪出現之前，我們對女性外表的要求就比要求男性嚴格許多。十九世紀，在精神病院稽查員造訪伯利恆皇家醫院時，若他們見到衣衫不整的女性患者，通常會將此狀況評為不合格。這不表示男性住民衣衫不整的比例較低，只是因為他們沒有用同一套標準來評判男性的外表；在當時的英國，同樣是披頭散髮或不戴帽子出門，和男性相比，人們往往認為這更能顯示女性的精神狀態或性格。

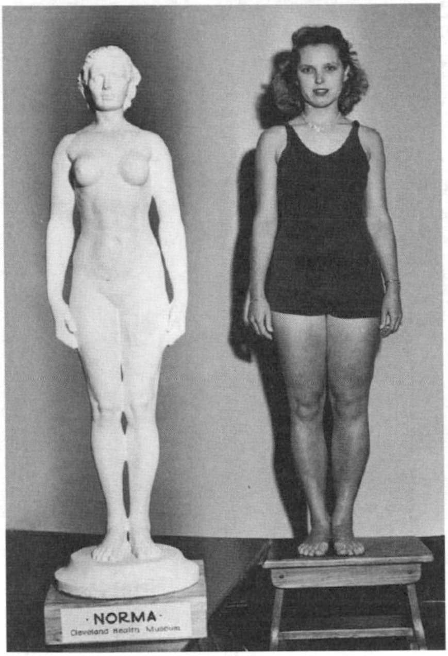

圖 2.1 瑪莎．史基摩是一九四五年「諾瑪」明星臉比賽獲勝冠軍，她與綜合平均身材的雕塑「諾瑪」合影。

在我的記憶中，我一直都

有意識到這種雙重標準。在一九八〇年代長大的我，知道我的男性朋友並不用面對那些加諸在女孩身上的社會期待。三歲時，我堅持自己不叫莎拉，而叫馬克。我透過這種方式作為對社會期待的抵抗。我當時最喜歡的衣物是一條紫色的領帶，但後來被我朋友保羅偷走了。在上小學前，我和我最好的朋友約定，除了不得不穿上討人厭的校服外，我們永遠不會穿上裙子或洋裝。我也很氣學校老師，因為她每次都要班上「強壯的男生」幫她搬教室裡的東西，但我們那時明明才六歲，班上有很多也一樣強壯的女孩。八歲的時候，我被告知，因為我是個女孩，所以不適合在學校踢足球，那種挫敗感又更內化了。我愈來愈希望自己**可以是個**男孩。到了十幾歲的時候，我更把房間裡的鏡子面向牆壁。我穿上一層又一層的襯衫和鬆垮垮的T恤，好遮掩我所厭惡的身體，但那時是頹廢搖滾風潮的尾聲，所以也沒人注意到我有什麼不一樣。一直到我二十幾歲時，我才開始審視我人生中，性別和外表之間的複雜關係。也許並不是我的身體不正常，也許問題出在這個世界如何對待女性，或甚至出在性別這個概念本身。

從一九九〇年代以來，許多研究顯示，在西方世界中，女性對自己的身材不滿意已經成為了「常態」。[8]大多數女性會在意自己的外表，這種在意則遊蕩於符合正常值（我的衣服尺碼是否標準？）和達到理想值（我的皮膚、頭髮或牙齒是否完美）之間。當然，男性也會對他們的外表感到焦慮，許多人對外貌的恐懼甚至超出了這種二元的性別概念。對那些並非生來就是女性的女性來說，這種對外貌的期待更加棘手，而對非二元性別的人來說，社會上對性別的態度可能又更加刺眼。然而，外貌仍無可避免地和性別息息相關。

法蘭西斯．高頓有項「美容」實驗，實驗對象想當然耳是女性，而非男性。在倫敦大學學院的法蘭西斯．高頓收藏中，館方將一對「計數器」謹慎地收在地下室的收納櫃裡。在我提到高頓「令人毛骨悚然的美容手套」時，館長立刻知道我在說哪件藏品。這副時髦的皮手套經過高頓改造設計，所以他能在暗中計數：左手手套的拇指處有根針，而其他四隻手指則縫上一塊毛氈墊。高頓在毛氈墊上放了一張紙片，在用拇指上的針頭戳記在不同手指處，就可以在別人不知道的情況下記錄他所看到的事物。根據高頓的門徒卡爾．波爾森說，高頓的座右銘是「只要有機會，你就計數」，這有點像是《芝麻街》（*Sesame Street*）裡的吸血鬼。[9]

在高頓決定對全英國女性的相對美貌評分時，這對讓人起雞皮疙瘩的手套便派上用場。這位知名的統計學家開始站在各個城市的街口，只要有女性經過時，他在口袋裡的手就開始掐指記錄，看上去十分可疑。高頓對女性的美貌進行分級，從具有吸引力、平凡無奇到令人生厭。在這個完全主觀的研究基礎上，高頓企圖繪製一張英國美女地圖，不過最後終究因故從未完成。[10]儘管沒有完成這張地圖，高頓最後仍得出一個結論，也就是他家鄉倫敦的女性長相最為美麗動人，而亞伯丁婦女的長相則面目可憎。倫敦靚女的髮型、妝容和服飾比起耐風吹日曬的漁港時尚還要吸引這位天龍紳士，並不讓人意外。然而，親愛的法蘭西斯沒有被逮捕，這才真的是個奇蹟。

雖然用現在的標準來看這有點低級，但在科學領域中對女性的物化，不該歸咎於高頓的個人行為。他只是做了一件理所當然的事情。維多利亞時代的男性科學家傾向認為，女性與生俱來的主場就是在家裡生兒育女。由此一來，年輕女性主要的功能就是吸引未來的丈夫，所以她們的美貌才有演化上的價值。在達爾文的性擇理論中，他認為女性的美貌在人類婚姻中舉足輕重。他提到，「在一代又一代中，皆會挑選出各個種族的男性覺得最有吸引力的女性。」[11] 奇怪的是，這位演化生物學家對於動物王國的形容，則是恰恰相反的情況。在動物界中，雄性動物為了吸引配偶，身上會出現更多色彩或裝飾，雖然雌孔雀可以選擇讓人目眩神迷的美麗雄孔雀，但在人類的世界中，情況顯然正好相反。

儘管達爾文調整了他的理論，以符合社會期待，但他確實承認過，世上並沒有一個普世的美學標準。雖然他花了很多時間來描述世界各地認為的美麗五官和膚色，但歐洲人認為最具有吸引力的特徵則不須他再贅述，而他唯一提到的特徵，是女性的長頭髮。[12] 這一切要歸功於旅行家與社為達爾文主義者威廉・里德（William Reade），他聲稱女性的長髮在普世價值中相當受歡迎，**也同時是**性擇的結果，因為「人們持續選擇蓄長髮的妻子，所以會不斷繁衍具有秀麗長髮的女性」。[13] 或與里德沒有意識到男性也可以蓄長髮，而女人也可以剪下一頭「飄逸秀髮」；他和達爾文一樣，把長髮看作是種生物特徵，而不是社會因循的常態。男人都該牢記，「女性的優雅外貌、柔和的膚色、優美玲瓏的曲線和駿馬勻稱的身形及速度、花園中的華麗花朵以及果園水果的香甜，都是由我們所創造」。[14] 培育出如此完美的女性和駿馬的男人啊，幹的好。

雖然這些作者對女性之美的描寫相當虛無，但他們所舉的例子都立基於殖民時期形成的種族等級差異制度。例如，達爾文認為塌鼻子沒有吸引力，文化史學家桑德・吉爾曼（Sander Gilman）將這種觀念追溯至十八世紀晚期的人類學研究。[15] 十八世紀荷蘭解剖學家佩圖斯・坎珀（Petrus Camper）開發出一種以鼻子指標線條和臉部角度來衡量美貌的理論。前者是一條從前額到鼻子再到上唇的線條。後者則是一條從下巴延伸出去的水平線，這兩條線會相交。根據坎珀認為，當這兩條線相交呈一百度角時，會得到最美麗的臉龐。[16]

同樣的，這和古典藝術有關，羅馬雕塑的角度為九十六度，而古希臘雕像則有完美的一百度角（雖然坎珀本人對這些雕塑是否真的貌美如花也帶有幾分懷疑）。十八世紀的歐洲人沒有那麼漂亮，他們的角度大約只有八十度。即便如此，這項研究聲稱提出一個科學根據，證明歐洲白人是現代世界中最美麗的種族；在其他種族之中，這個角度甚至更小。

雖然達爾文提出各個文化中不同的審美標準，但他和同時代的人大多還是跟據種族五官特徵劃分出不同等級。大眼睛、鵝蛋臉、高鼻樑、櫻桃小口和清晰分明的下巴線條代表漂亮美麗的五官，因為這和西方文明有關，但矛盾的是，這些特徵也「證明」西方白人女性起其他人更為美貌。西歐世界再次成為評斷一切的常態基準。

這不僅是審美理想的問題，對維多利亞時代的人來說，美貌也相當重要，因為他們相信知面即知人心。根據瑞士作家、哲學家和神學家約翰·拉瓦特爾（Johann Lavater）在一七七五年提出的面相學中，臉部特徵確實可以顯露出個性。到了十九世紀後期，人們則認為面部特徵顯示遺傳因素和個人特

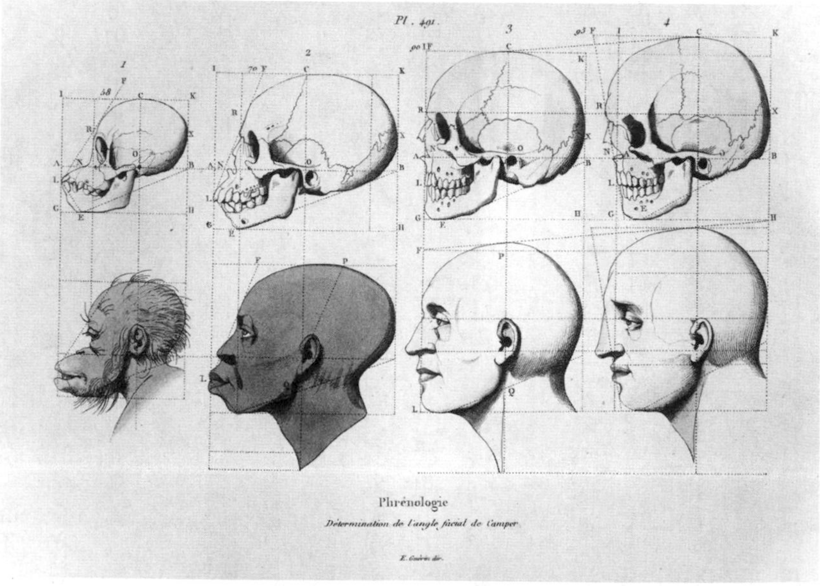

圖 2.2 在格林（Guerin）的自然史及自然現象圖解辭典中，將佩圖斯·坎珀的臉部「美貌」角度描述為種族歧視的演化分級，約一八三〇年。

質。例如美國面相學家山謬・威爾斯（Samuel Wells）提出許多其貌不揚的女性肖像，揭示了對種族和階級的嚴苛批判。

在威爾斯的書中，受歡迎的漂亮女性代表是丹麥的亞歷珊德拉公主（Princess Alexandra），她在一八六三年嫁給維多利亞女王的長子，和具有凱爾特人血統的普通人「莎莉・麻金」（Sally Muggins）的臉龐呈現鮮明的對比。佛羅倫斯・南丁格爾（Florence Nightingale）也有西方女性的理想美貌，她則和刻板印象中的虛構愛爾蘭人「布里姬・麥克壯漢」形成對比。南丁格爾在肖像中，眼睛被畫得更寬、臉頰更圓，比她真實的鼻子還要更筆直，這和麥克壯漢女士的塌鼻子、瞇瞇眼和凹陷的雙頰相比，確實是女性理想的面孔。但和南丁格爾不同的是，麥克壯漢女士「生活在地窖中，內心也同樣幽暗無光」，她「既粗魯草莽，不修邊幅又無知野蠻」，每一種可見和不可見的質感都和美貌相反。[17]

貶低愛爾蘭人外貌的不只有威爾斯一個人。英國作家和社會改革者查爾斯・金斯利（Charles Kingsley）在一八六〇年七月造訪愛爾蘭時寫道：「在那長達一百多英哩的可怕國家中，長得像黑猩猩般的人在我腦海裡揮之不去，深深困擾著我」。儘管金斯利對他們的外貌有諸多嫌惡，他仍表示，愛爾蘭人在英國統治下「更加快樂、過得更好，吃得更好、住得也更好」。[18]然而，我們又再一次把所謂的體格次等的人和富強殖民者「仁慈」統治的正當性聯結在一起（這便宜行事地忽略英國在當時大饑荒中的失能和不加聞問，大饑荒讓許多愛爾蘭人陷入貧困和飢餓）。金斯利繼續以不加掩飾的種族歧視口吻說，如果那些「黑猩猩」是黑人，「人們不會那麼在意」。

自維多利亞時代後期以來，我們對美貌和和正常外表的想法，以及兩者之間的關聯，已經改變很多。大多數的人都不認為自己像駿馬一樣受人育種，也不追求完美的絕對角度，或許還認為坐在雙層公車的上層，或剪短髮一點問題也沒有，但維多利亞時代的「新女性」做出這樣的行為卻是驚世駭俗。關於美貌的文化觀也產生變化。一九九九年，印度成為世界上出產最多美女的超級大國。在一九九四年至二〇〇〇年間，有五位印度女性獲得了「環球小姐」和「世界小姐」的桂冠，南亞地

圖 2.3 在山謬・威爾斯的《新面相學》（*New Physiognomy*, 1867）中，用漫畫素描的手法畫出佛羅倫斯・南丁格爾，並以貶抑的方式和「布里姬・麥克壯漢」相對照。

區也出現了新興的美容產業。[19]

然而，今日的審美標準仍在頌揚白人的體形和身材。印度模特兒為了追求「骨感白人的標準」，變得更加纖瘦。[20]在世界整容之都——南韓，美白保養品和整容手術儼然已成為一筆大好生意，年輕女性們都紛紛將她們的臉部漂白成「理想」的白皙膚色。而在整個西方世界，女性透過化妝、整容手術或減肥節食來改變自己身材的比例仍高於男性。事實上，研究證明這種情況在有色人種的女性之間更為明顯，而且一代比一代更加在意自己的外貌。[21]當黑人女學生因為頂著一頭自然蓬鬆的捲髮（而沒有把頭髮燙成像白人一樣的柔滑順直髮絲）而被學校遣送回家時，這赤裸地提醒我們殖民主義遺毒仍持續將西方外貌視為理想的標準。[22]兩個世紀以來的科學種族主義將白人婦女設定為審美標準，這種文化習俗至今仍深植人心，我們往往也是下意識地持續這樣思考。

肥胖與健康

幾年前，我和一個精神健康藝術團體進行一項合作計畫，想透過觀眾導覽的方式，重新詮釋科學博物館中的展示物件。我一直記得幾個當時聽到的故事。有個叫做彼得的先生，在一個介紹營養和健康的展間裡分享他的故事。彼得說他曾經是個馬拉松跑者，但開始服用抗憂鬱藥之後，他的體重增加了很多。現在，連路上的人都會因為他的外表而批評他。「你**真的**需要吃這個嗎？」有天，彼得在等搭火車回家的空檔打開一條巧克力，但一個素未蒙面的路人卻這樣魯莽地問道。「你該減肥了吧！」當他氣喘吁吁走到月台上時，又有人這樣對他說。

彼得一席話彷彿當頭棒喝，因為我也注意到抗憂鬱藥物對我身材的影響。回首過往，我可能光從我在照片裡的樣子，就能說出拍照當時正在服用的藥物。體重突然增加、臉部看起來水腫？那就是美妥平（mirtazapine）。體重迅速下降、皮膚發疹長斑？那就是憂得樂（reboxetine）。當我的家庭醫生第一次開美妥平給我，要緩解我的失眠症狀時，他對這樣藥物會增加體重的副作用相當不以為然，他說，「如果妳有運動、飲食也健康的話，這不會有影響。」我用虔敬的心繼續我從十九歲就跟著做的運動影片（我就是這樣一成不變的人）並進行倫敦年輕人那種若有似無的均衡飲食。但我還是胖了十二公斤。抗精神病藥物對體重的影響甚至超過抗憂鬱藥物。奇怪的是，儘管我有這些知識，但一直到我聽到彼得的分享，我才真的想到，原來體重也可能跟個人意志力以外的因素有關。肥胖汙名普遍存在於西方社會，我在這之中成長，竟然沒有真的注意到這件事。

你可能會問，肥胖跟正不正常有何關係？啊，方方面面都有關係，但也一點關係都沒有。在過去兩百年中，西方社會對於體形碩大的人，在態度上已有很大的轉變。在十八世紀，肥胖並不常見，但卻令人嚮往（因為這是富裕的象徵）。如今，我們對發胖已見怪不怪，只是人人都不想變胖（因為是不健康的徵兆）。在這兩種情況下，「肥胖」很正常，但也不正常，這取決於你要如何定義這個用詞。我們對纖瘦的態度也不一樣了。對維多利亞時代的女性來說，大家都渴望擁有盈盈一握的細腰，甚至不惜穿上緊身馬甲來營造曼妙身材，當時的人也認為消瘦的臉龐代表此人患病或貧困。時至今日，纖瘦結實才是象徵成功的理想身材，也是一個無法企及的神話，彷彿精明高效的女強人光靠魄力就能存活，甚至可以不需要進食！

現在當我們討論「正常體重」的時候，我們會想到的通常都是理想體重，而不是普遍的體重。但我們實際上要如何判斷怎樣的體重才是最佳的狀態？對體重的研究仍可以追溯到阿道夫．凱特勒。讓人意想不到的是，目前以身高和體重的比例來判斷健康體重的身體質量指數（ＢＭＩ），竟是靠凱特勒在一八三二年設計的一個方程式來計算。幾十年以來，人們都稱其為凱特勒指數。凱特勒將體重（公斤）除以身高（公尺）的平方，好將身高和體重之間的關係量化為一個可以在人群之間相互比對的數據。他感興趣的不是肥胖問題，而是人類發展。他的檔案中有一整個文件夾，記錄了太太瑟希莉、女兒瑪麗和孫女茱麗葉（瑪麗的女兒）每年的身高和體重變化。他想知道的是，在特定的年齡中，理想的身高體重數值是多少呢？

凱特勒假設，體重隨年齡自然增加，但直到成年後的某一刻，體重會開始隨年齡耗損。即便如此，凱特勒用來獲得這個平均數值的數據之間還是有很大的落差。男性「健康體重的極限值」為四十九公斤至九十九公斤，女性閾值則是四十公斤至九十四公斤。[23]雖然這些數據和平均體重相差甚遠，但在體重及限範圍內的人都能算是「體形良好」，我們也可以因此推測這就是正常人的體重。但從現代的角度來看，凱特勒的研究對象並非都是健康的人。如果假設最高的女性體重也最重（雖然不一定是這樣），身高一百七十三公分的女性BMI值就會來到三十一，名義上已經是個肥胖之人了。但如果凱特勒沒有歸納出這樣的結論，那他的公式和健康體重之間的關聯又從何而來？

一直要到一九七二年，也就是一百多年以後，有一群研究人員才開始推廣凱特勒發明出的指數計算公式，並在推廣過程中將凱特勒指數更名為身體質量指數（BMI）。[24]這個新名字也改變了這串公式的目的。凱特勒的方程式只是為了要比較和判讀大量的數據，而不是要評量每個人的身材。透過使用「身體質量」這樣的措辭，美國生理學家安賽爾·凱斯（Ancel Keys）和他的同事成功將這個公式扭轉為用來描述個人身材的數值。從那時候開始，儘管健康的範圍不斷在變化，這種測量方法成為測量身體健康最普遍的方式，儘管健康狀態的標準不斷浮動，但人們還是喜歡瘦一點。推行計算BMI值初期，一般認為健康的數值介於 20-30kg/m^2 之間。但今日卻大量下降為 18.5-25 kg/m^2。

這裡出現了些變化。身體質量指數從一八三二年對人口的描述性量測，到了一九七二年卻變成健康體重的指數。中間發生了什麼事？正常的體重和體重與健康之間的關聯，到底是由誰來決定？不斷變化的文化期待在這之中扮演很重要的角色。艾米·法洛（Amy Farrell）所撰述的肥胖羞恥文化史顯示，早在我們將超重和健康問題連在一起前，已經有許多關於肥胖人士的負面形象。但事實上，情況恰好相反。維多利亞時代末期，人們已經認為超重是不健康的現象，過去加諸在胖子身上的懶惰、貪婪、未開化的刻板印象已被納入新的醫學觀，用來解釋身體的健康狀況。[25]

現在，肥胖往往和貧窮導致的不良飲食有關。雖然這似乎也顯示，健康食物較為昂貴，但懶惰的沙發馬鈴薯的負面刻板印象也仍深植人心。就像九〇年代英國喜劇演員哈里·恩菲德（Harry Enfield）主演的《死老胖夫婦》（*Wayne and Waynetta Slob*），劇中的肥胖夫妻就整日穿著沾滿食物污漬的衣服，癱在沙發上鬥嘴。在十九世紀末，負面的刻板印象更多是針對中產階級新貴的不正常體態。這些暴發戶因為無法妥善管理新獲得的財富，所以身材也逐漸往橫向發展，或是說，至少身材保持健美苗條的上流社會人士是這樣看待他們的。[26] 然而，醫師卻持相反意見，他們將體重的增加定義為人類生命中的自然現象。肺結核這類的疾病時常導致體重下降，所以體重增加往往被視為健康的象徵。美國醫生塞拉斯·米契爾（Silas Mitchell）在一八七七年首次出版了臭名昭著治療神經疾病的休息療法，他為這本書下了相當吸睛的書名《製造脂肪與血液的方法》（*Fat and Blood and How to Make Them*）。米契爾聲稱，「增加體脂肪幾乎等同於增加血液量」，也等同於健康的程度。他提出的療法就是強制臥床休息以及喝下大量的牛奶，並透過增加脂肪與血液來治療神經疾病。[27]

因為體重的負面態度加劇，中產階級人士也愈來愈擔心自己的體形。飲食專家威廉·班廷（William Banting）利用大眾對肥胖的擔憂，在一八八〇年推廣了他自創的飲食方針。班廷曾如此抱怨：「只要一個胖子吃得好、喝得好也睡得好，沒有任何病痛，也沒有特別的臟器疾病，那些醫療能人就會對胖子失去批判能力。」[28]雖然醫生認為一個人只要沒有病理症狀，就是健康的狀態，班廷卻不同意。「班廷飲食法」在維多利亞時代晚期的英國風靡一時。一百多年後問世的「阿特金飲食法」有點類似維多利亞時代的「班廷飲食法」，主要食用肉類，不過比起後繼的飲食法還能多喝一點紅葡萄酒。

隨著二十世紀到來出現的新興飲食產業，更善加利用了人們對於正常外表的迷戀。十九世紀末開始出現了大量的減肥藥和減肥療法，在一九二〇年代更造成新一波熱潮，而將當時纖瘦、平胸的女性身材視為常態。這些產品的廣告更加強調消費者需要保持苗條身材。一八七八年的廣告「艾倫愛減肥」（Allan's Anti-fat）警告大眾：「肥胖是不正常的狀態。」而這則廣告主打一種美國蔬食療法，聲稱可以防止身體將食物轉化為脂肪。[29]同樣地，一九一四年的廣告「神奇塑身衣」則向消費者掛保證，該產品能夠「改善異常的體形」。廣告說道：「如果你很胖……如果你的身形異常，你就需要一件神奇塑身衣。」[30]到了兩次世界大戰之間，醫學界也開始同意這樣的觀念。「任由身材像西瓜一樣膨脹，並不是自然界中萬物之靈該有的樣子。」美國醫學博士威廉・海伊（William Hay）在一九三六年就曾如此告誡大眾。他更說道：「肥胖萬萬不可，胖子會被當成相當不正常的人。」[31]肥胖儼然成為了一種

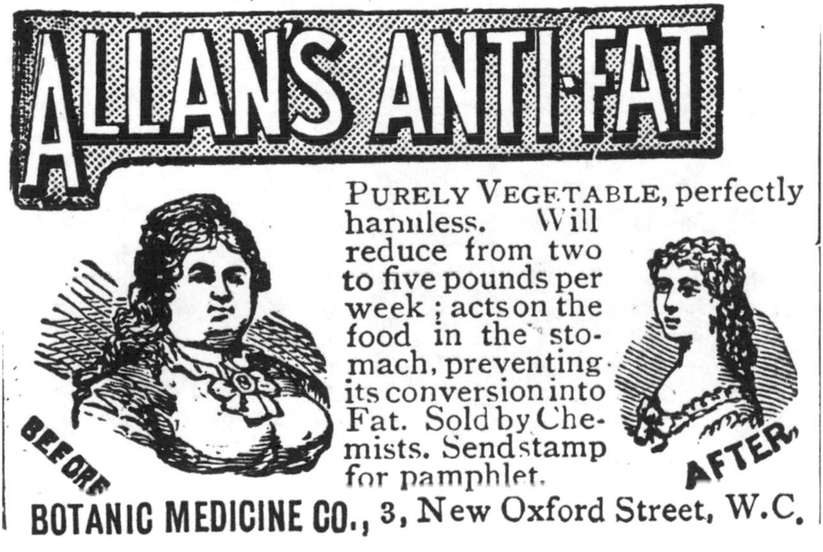

圖 2.4 十九世紀晚期附上前後對比照的「艾倫愛減肥」廣告，從減肥前的大媽樣到減肥成功的少女形象，這似乎也暗示了減輕體重可以看起來更加氣質端莊。

定義不健康的異常身體的新方式，而不再被視為疾病。

這種對肥胖的厭惡是建立於種族和階級之上。「我們國家的女人有瘦得皮包骨嗎？」美國時尚雜誌《哈潑時尚》（*Harper's Bazaar*）在一八九六年提出這樣的問題，並總結道，美國白人的苗條才是種正向的特徵，因為只有「非洲野人」才渴望長成「厚實、肥胖和腦滿腸肥」。[32]社會學家莎賓娜・史特林（Sabrina Strings）在其著作《懼怕黑人身體》（*Fearing the Black Body*）中認為，在十八世紀及十九世紀初，「種族科學」的分類系統以生理差異來劃分歐洲人和非洲人的身材，大多也強調體形的不同。人們將這些和體形及體重有關的說法拿來合理化對非洲人的奴役，並將所謂的貪吃描繪為理性的對立面。

法國博物學家朱利安-約瑟夫・維雷（Julien-Joseph Virey）在一八三七年聲稱，黑人「看起來很愚蠢；他們只知道要吃好吃的，不管什麼時候都在進食，也變得沒有能力思考」。[33]維雷堅信人類學的「多重起源說」（polygenism），也就是人類種族來自不同的起源，這種看法在十九世紀初期的科學界相當普遍。然而即使「單地起源說」（也就是人類來自一個共同的先祖）主導演化科學的發展，但像維雷這樣的多重起源論者區分當代種族的說法仍廣受大眾歡迎。十八世紀的旅人將某些特定族群描繪為身材苗條，到了十九世紀初期，當人們強調「肥胖」是種「未開化」的特徵時，同樣一群人又會被說成是胖子，例如南非的「霍屯督人」（荷蘭殖民者對科伊科伊人的貶稱）即為一例。[34]由此可知，當我們判斷一個人的胖瘦時，評判的標準並不是這個人實際的身材和身形，而是由其所屬族群來判定，並且與種族、階級、權力和支配權有同等關係，而非體重計上的數字。

但醫生要如何認定肥胖的極限呢？從一開始，肥胖從來就是一個比較值。當正常體形的概念第一次出現時，是透過當時迅速起飛的保險業所製作的表格，這個身體數值圖表示根據同一族群的平均體重來計算。當然，保險公司關注的是財務結果，而不是個人的健康狀況。他們的體重、身高和血壓對照表是為了要排除死亡風險較高的人成為保戶，並確保不太可能向保險公司索賠的人能有較低的保費。很多經判定為健康高風險的人**並沒有**比低風險人的更早死亡，但只要保險公司能賺錢，這些都不重要。由於這些公司樂於蒐集大量的數據，這些數據就成為了醫學指南所依據的統計數據。但在當時，早期的正常體重對照表是依照各身高的平均體重值，或應該說，是購買壽險的保戶身材平均值，而這些保戶絕大部分都是白人。

美國第一份體重對照表是由大都會保險公司於一九一二年製作，當時的醫生、護理師和營養師就沿用了幾十年。體重計在一八九一年於市面上銷售，大約在表格發表的同時，家家戶戶開始購入體重計。[35] 大都會保險公司在一九四二到四三年發表新數據時，他們是根據四百多萬名保戶的壽命，將平均體重轉化為他們目前所稱的「理想」體重。但大都會保險公司的研究人員遇到了一個問題。他們得出的數據並不符合常態分布。[36] 其實是在他們不將這些數據依照性別、年齡和身高分類，並取消三種不同身形尺寸的分類後，這些數據才不符合常態分布。這正表示常態分布的觀念有多根深蒂固，只有在數據符合這個模型時才具有說服力，就算這代表要改變數據分類才能符合這個模型！但我們從來就不知道，普通人（或他們的醫生）應該如何認定身形的大小。人們會落在以實際數據區分出的類別中，而不是用類別來限定數據範圍。而不管某些族群是不是在研究範圍內，他們都應該符合這些數據範圍，這基本上就代表，美國黑人和西班牙裔美國人都是必要符合從白人身形中所推導出的平均數據。

從一九五〇年代開始，因為正常體重和正常血壓值之間的關聯，醫學界對體重和健康的關注大大增加。這是由於美國精算師協會在其於一九五九年發表的《體形與血壓研究》（*Build and Blood Pressure Study*）中大大了強調這一點，並就此影響整個西方世界。這項研究是依據四百九十萬份保單內容，調查肥胖情形、高血壓和高死亡率之間的連結。這並不是第一次大家把這幾項因素聯結在一起，事實上，這項研究在引言中即指出，這項研究是在假設這些因素相互有關聯，和近年來因肥胖和高血壓而死亡的人數不斷增加的背景下進行。[37] 這項研究產生的數據影響了往後幾十年人們對健康體形的概念。雖然已經有這份研究報告，但超重的定義仍是以數據平均值來計算。超重指的是體重比平均值高出百分之十的人，而嚴重超重則代表超出平均值百分之二十的人。

身體質量指數是對所有人進行一種簡單且客觀的方式計算，無關平均數值。凱斯認為這有助於我們擺脫「令人反感」和「令人憎惡」的肥胖，並強調肥胖持續出現的負面聯想。[38]但大家也都知道，BMI數值判讀不出橄欖球員等運動員的身體狀況，因為這種簡化的算式無法區分脂肪和肌肉的比例。黑人的肌肉量和骨質密度往往也比白人還高，這些都是BMI算式未納入考量的地方。[39]BMI數值無法計算出我們的健康程度或健康狀況，這仍和前身凱特利數值一樣，不是衡量健康的可靠依據。由大都會保險公司表格定出的標準來看，即便有些超重的人死亡率確實比較高，但也不代表所有超重的人都比纖瘦的人容易死亡。同樣的，即使有些BMI值較高的人並不健康，但也不代表每個超過BMI正常值的人都不健康。二〇〇三年有項研究指出，黑人女性的BMI數值要在超過三十七之後，才有較高的死亡風險。[40]這種白人理想苗條身材的作為正常標準的歷史，揭示了每個年代的人如何因為體形不符合某些文化上的刻版標準而遭汙名化。

小於零號

活到現在，我不斷聽朋友哀號合適的衣服有多難買。有個朋友買不到過膝長靴，因為她的小腿偏粗。另一個朋友則要買到比她腰圍大上兩號的長褲，否則褲管永遠太短。有的朋友則抱怨商店街上服飾店賣的衣服永遠是袖子太窄或胸圍太小，「根本是專門做給還沒發育的少女穿的！」當一件衣服由不同尺寸的部位組成時，我們還能找到合身的尺寸，真是個奇蹟。

消費社會的興起更加惡化了我們符合「正常」尺寸的挑戰。在十九世紀末之前，大部分的人都自己做衣服，或找裁縫量身訂做。一八八〇年代的倫敦，解剖學家的女兒珍奈特·馬歇爾（Jeanette Marshall）把大部分的時間都花在縫紉上，她不是在為舞會和晚宴製作禮服，就是在修改禮服，或是加上裝飾。[41] 即便到了一九一八年，維吉尼亞·吳爾芙（Virginia Woolf）也曾抱怨過她的妹妹凡妮莎（Vanessa）不重視維吉尼亞和羅傑·佛萊（Roger Fry）在查爾斯頓的演出，因為她「幾乎整晚都沉默地坐在那，就著燈光縫製一件洋裝」。[42]

大眾市場販售販售現成的服裝，而消費者的體形必須符合這些服裝，而不是服裝符合消費者體形。這種現象來自於制服的起源，首見於需要大量制服的軍隊中。軍官們因為這些制服尺寸不合而感到萬分沮喪。美國上校喬治·克羅根（George Croghan）在一八三一年八月一份報告中反映：「我想在此重申（誠如我過去反覆提出的建言），公發給士兵的褲子尺寸大都太短或太小。」[43] 即便如此，成衣還是帶來相當的便利性，並讓男士大衣和西裝更方便購買，而這些服裝的尺寸通常是根據同一支軍隊的統計數局而定。到了一八四七年，巴黎有二百三十三家不同的成衣製造商。而由亨利・布克（Henry Brooks）在一八一八年於紐約成立的服飾品牌，則在一八四九年推出了成衣西裝。

根據歷史學家羅伯特・羅斯（Robert Ross）的說法，這些服飾的流行都要歸功於市場行銷策略。[44]在一八六〇年一份促銷廣告中，倫敦摩斯父子公司是其中一間聲稱自己是「倫敦第一家，或世界上第一家建立成衣系統的公司」。這個廣告目的是要吸引現代生活的快步調，並將成衣西裝和科技進步的形象連結起來：「在這個時代，服飾製作就像鐵路旅行一樣快速。」伊萊・摩斯聲稱，百分之八十的英國男性都在購買成衣，但他或許有些誇大了（其實他原話說的是「百分之八十的英國人口」，但畢竟當時只有男性才被納入常態）。[45]

西式服裝就此席捲全世界。羅斯表示，在一八八〇年至一九五〇年間，「幾乎半個非洲大陸都換上了新的服飾」。[46]而獅子山、迦納和奈及利亞中的都市居民從一八六〇年代就開始向倫敦裁縫購買西裝和長外衣，成衣服飾在這些國家更能滿足與日俱增的需求。在其他地方，西裝也取代了傳統服飾。一八七二年，日本政府強制要求男性政府官員穿上西式服裝（不久後，企業和校園也採用了這項規定），而建立土耳其共和國的凱末爾・阿塔圖克（Kemal Ataturk）也在一九二五年宣布：「文明且具國際化的服裝才配得上我們的國家，我們也將穿上這襲新衣裳。」[47] 目前不僅西裝有固定的尺寸範圍，這也成為全球公定的標準。

有趣的是，不同國家的女性仍舊穿著不同的服裝。即使世界上愈來愈多男性穿著三件式西裝，日本女人仍穿著和服，紗麗在印度依舊普遍。而在歐洲，一直到二十世紀中期之前，許多女性仍在穿自製或定製的服裝。有項研究顯示，在一九四四年的切斯特，許多女性仍在為自己製作洋裝或針織衣物，或是付錢請裁縫師定製。[48]

此時諾瑪再次出現，這個在一九四五年由美國人平均身材製作出的雕像，是按照美國家政局在一九四〇年蒐集一萬四千六百九十八名美國白人公民的身材尺寸所創造出來，當時收集數據的目的是要為女性成衣製定一套標準化的尺寸系統。[49] 這項調查挑選出五十八個尺寸，卻遲遲無法決定哪些數據可以用來建立尺寸系統，最後他們聚焦在「體重、身材、胸圍、腰圍和臀圍」。這並不是說其他數值沒有變化，但畢竟「不方便為衣著完整的女性測量大腿圍」。[50] 胸圍、腰圍和臀圍成為女性服製尺寸的關鍵數據，直至今日都仍是如此。如果妳們曾像我一樣，不得不購買腰圍寬鬆的褲子，只為了能將大腿套進褲款，看到這裡妳大概也會對著個決定感到扼腕。

從一九五〇年代開始，量產服裝成為常態，諾瑪的尺寸被一項更大型的美國女性研究所取代，這項研究建立了一個從八號到三十八號的系統，並針對不同的體形進行調整（就像體格與血壓的研究一樣，我們在這些年以來，已經神祕地失去這種不同體形的概念）。這不僅代表女性的身材在每個階段都必須符合一套特定的平均數值，而且還為正常體形設定了一個最大極限，這個極限值其實就是妳可以買到的最大尺寸。雖然尺寸號碼的選用相當隨意，但由於女人們已經很習慣解讀這些數字，成衣製造商就意識到，如果消費者能夠買到較小的尺寸，那他們的產品就會更受歡迎。因此，同一尺寸出現了愈來愈多不同的號碼，不同的廠商之間也有很大的差異，讓真正的標準尺寸逐漸成為過去式。

當然，每個國家也都有不同的服裝尺寸系統。我還記得在二〇〇〇年代初期，當時的「零號」風潮席捲媒體時，我相當困惑。當時女性虛弱的身體形象和日益加劇的飲食失調現象，都被歸咎於零號服飾，尤其是在烏拉圭模特兒露賽兒・拉摩斯（Luisel Ramos）在二〇〇六年因節食而死於伸展台上。由於英國商店街上的服飾店最小的尺寸為八號（偶爾也有六號），我實在是不清楚零號是怎麼來的，也不理解怎麼可能有人的身材這麼瘦小。我後來才發現，零號其實就是英國偶爾出現的六號。英國女性的十四號尺碼在美國通常是十號，在德國是四十號、在義大利是四十六號，在韓國則是六十六號。而對於現在流通於全球的服飾品牌，沒有人知道S號、M號、L號到底要怎麼挑選！

最後，我們應謹記諾瑪的教訓。雖然她所呈現的統計數據可能來自於第一個依照標準化服裝尺寸得出的平均數，但始終沒有一位女性符合這個平均數值。一件十四號的上衣同時是要製作給每個人穿，但也沒有人完全符合這個尺寸。那麼，妳完全適合這個尺寸的機率又有多大呢？

額外的魅力

一八九九年一月六日，倫敦奧林匹亞展覽中心舉辦了一次「憤慨集會」活動。活動召集人是安妮．瓊斯（Annie Jones），安妮除了是維吉尼亞第一家族的成員外，也是巴納姆（Barnum）和貝禮（Bailey）製作《戲王之王》（*Greatest Show on Earth*）的表演者。《戲王之王》在一八九七年開始於歐洲巡迴演出，這場演出已經是第二次來到倫敦舉行。演出以動物表演、雜技、空中飛人、馬術表演以及當時正流行的怪胎秀為宣傳賣點。安妮．瓊斯準備了一系列的決議，反對外界將其形容為一場「畸形人類和專業表演者」的演出。瓊斯女士抗議道，「怪胎是在形容嚇人的東西。」這個措辭用在人的身上意點意義也沒有。瓊斯的重點是，如果像她這樣長出鬍子的女性會讓人心生恐懼，那蓄鬍的男性不也一樣令人驚駭？但卻沒有一個像她一樣留有柔順鬍鬚的男性覺得自己長得驚世駭俗！新聞報紙報導，參加集會的人都相當支持這項訴求。

這些表演者主張，怪胎這個詞是種羞辱且不公道的稱號，因為「無論這是幸或不幸，比起其他人，我們擁有更多或更少的四肢、更多或更少的毛髮、更多或更少的身體部位或精神特徵」。安妮．瓊斯認為，這些特徵並不可怕，只是「個人額外的魅力或行動時的助力」。此外，「在許多人看來，我們之中有些人確實更為進化，是高人一等的族群，因為我們擁有很多普通人沒有的特徵」。[51] 怪胎只是一個觀點不同的問題。

在「怪胎的逆襲」（報紙上這樣形容這個活動）後一週，這個團體再次召開會議，並票選出替代的稱號。他們提出了將近十二個選項，不過「奇蹟」、「珍品奇物」這類的稱號都只得到一票。大家很喜歡「人類奇蹟」，但是「奇才」則以二十一票領先。[52] 這兩個詞都反映了表演者主張的特徵。但這兩個詞可能在當時更為接近「怪胎」這個詞的意思。《戲王之王》的廣告將表演團體稱為「鼎鼎大名的奇妙怪胎陣容」。這群「怪胎」的命運就和這場巡迴馬戲中演出的大象一樣，被當成自然界的奇景怪談來展示。

怪胎秀的全盛時期從一八四〇年代一直持續到二十世紀。身障史學家羅絲瑪莉．嘉蘭－湯森（Rosemarie Garland-Thomson）曾解釋，有些人並非生來就是個怪胎。怪胎是「普通人」透過舞台展演、服裝、推銷員滔滔不絕的話術、精心安排的鋪陳和專家說法創造出來的。[53] 異常的身體和正常的身體一樣，都是環境和周圍人群態度下的詮釋。先天差異和自我妝點其實並無二致，「獨臂奇人」和「紋身小姐」都一樣奇怪。殖民主義和日益普及的演化論讓民族性成為十九世紀後期怪胎秀中的關鍵結界[54]：從「埃及雜耍者」、「旋轉的苦行僧」和「搖頭晃腦的蘇丹人」再到喜歡讀「俄語冒險故事」的狗臉男孩喬喬（費鐸．傑夫堤丘，Fedor Adrianovich Jeftichew）。[55]即使這些人物設定完全是杜撰的，但這些設定幾乎和外表一樣重要。在世界雜耍馬戲團中，「來自尤卡達的雙胞胎」皮普和佛利普（Pip and Flip）其實是在喬治亞州出生的珍妮和艾維拉．斯諾（Jenny and Elvira Snow）。[56]

隨著演化論逐漸確立地位，廣告海報開始將這些奇才以人類和猿猴之間「失落的連結」的形象呈現，這也是達爾文主義的一個主流說法。由《戲王之王》共同製作人巴納姆表演的雜耍節目「這是啥？」被認為是人類的祖先，由巴納姆在非洲某個不知名的地方所發現。至少從一八七七年開始，這個角色是由一個有學習障礙的美國黑人扮演。[57]像這樣的展演利用科學種族主義，聲稱有色人種的演化程度低於白人。這些演出展示了愈來愈多探險家、傳教士和科學家運送到美國和歐洲的非西方人，也更加剝削他們，有些奇才也是遭受奴役的非裔美國人。*有個叫做奧塔．本加（Ota Benga）的剛果姆巴提人在一九〇四年聖路易斯世界博覽會上亮相後，甚至被展示在布朗克斯動物園的猴子館中，和另外一隻訓練有素的猩猩杜宏被關在一起。非裔美國人社群首領抗議展示奧塔．本加是種族主義的展現。但是，大多數人也很介意自己和這個未開化的非洲「男孩」的區隔，他跟受過教育的美國黑人非常不一樣。[58]

奧林匹亞憤慨的大會顯示，有些表演者重新認識自己的不同。但到了二十世紀初，科學觀點開始主導話語權，觀眾有時會讚美奇才和表演者，有時他們被消費的不同之處僅僅成為有待處理的醫學異常。正常人的標準範圍變得愈來愈狹隘刻板，托德．布朗寧（Tod Browning）在一九三二年拍攝電影《怪胎》（*Freaks*），發行商後來加上一段驚悚的引言：「再也不可能有人拍攝這樣的故事……因為我們有了現代科學和畸形學，這些技術正迅速將這些自然界的錯誤從世上消滅。」[59]

身體上的差異成為「被整修的物品」或被隱藏的東西。在人們驚艷於大銀幕上的《怪胎》時，美國街頭卻愈來愈少看見殘疾的人，他們被迫關在家裡，或因為所謂的「醜陋法」而裝上看起來笨拙不自然（但視覺上合理）的義肢。法律針對的正是身體上的差異。

歷史學家蘇珊．施維克（Susan Schweik）曾圖解這類法律史，從一八六七年開始跨越美國各州和各城市，到一九七四年最後一次出現在內布拉斯加州奧瑪哈市的逮捕紀錄，這些法律史有時候離奇到讓你以為是都市傳說。[60]最後這個案件相當晚近，有名警察逮捕了一位無家者，只因為他身上有「記號和疤痕」，但該城市的檢察官提出對醜陋定義的質

* P.T. 巴納姆的第一個表演者是喬伊絲．赫思（Joice Heth），他在一八三五年買下這位表演者，並謊稱她現年一百六十一歲，曾是喬治．華盛頓的保母。

圖 2.5 巴納姆演出的宣傳單，強調「怪胎秀」建立在演化科學中的種族主義詮釋方式，一八六〇年。

疑，最後撤銷全案。[61]雖然「醜陋法」將殘疾人士的體形定義為不正常也不雅觀，但他們真正的目標是街上乞討的人。當時認為殘疾乞丐、街頭音樂家和推銷員是用他們不正常的身體和奇怪的工作方式妨害公眾。英國和德國即便沒有立法，在當地的報紙上也曾出現「有礙觀瞻的乞丐條例」。[62]

然而矛盾的是，由於工業化和戰爭帶來的雙重危害，愈來愈多人在身體上出現了不同的特徵。美國醫生及詩人奧利弗．霍姆斯（Oliver Holme）在一八六三年指出，「幾年前我們還不常看到失去下肢的人，但現在，唉！我們大多數的人都有殘疾的朋友，甚至有些家人也是這樣。」[63]隨著身體上的差異愈來愈普遍，這些差異卻更加被汙名化。一八八一年芝加哥頒布一項法令，認為由於殘疾乞丐「有礙觀瞻、是令人不悅的東西」，決定要消除街道上這些據稱會敗壞道德的人。[64]從一八六七年最早通過法規的舊金山到一九〇五年的內華達州里諾市，美國許多城市都通過這項「醜陋法」，甚至在一八九一年，賓州所有城市都通過這項法律。[65]

雖然警察並沒有依照法規嚴加取締，但有些殘疾人士卻因此失去生計。有個年輕人出生時就手腳彎曲畸形，是貧苦波蘭人移民的兒子，從小就必須依賴手足帶著他出門。到他十六歲的時候，他開始「做他似乎唯一能做的工作」，也就是在街頭巷尾兜售報紙。到此時他的生活都還尚能自理，直到政府「強制禁止殘疾人士在街上賣東西，並暴露畸形的四肢」，這完全讓他無法自行維生。*幸運的是，有個善心的藥劑師讓這個年輕人在他的藥局門口工作。一九一六年，克里夫蘭福利協會的稽查員進行訪視時，這位年輕人已經三十五歲，他仍「相貌得體」得在販售報紙，並對他的工作十分滿意，也無意求醫改善。他告訴這名稽查員，「我很滿意目前這樣的人生。」[66]

這個年輕人的體態在「斯文社會」中是相當不入流的，因為人們希望能遮掩這些殘疾。奧利弗．霍姆斯就認為，「大家可能會同情某種程度上的不幸，但這卻不容見於紙醉金迷的水晶吊燈下。」[67]不只美國才有這種情況，在十九、二十世紀，從英國到俄羅斯西部，在整個西方世界中，義肢設計時考量的美觀和功能性一樣重要。[68]只有把傷殘部位遮蓋起來的時候，人們才能接受。克里夫蘭福利協會自豪地宣稱，「（殘疾人士）的能力、職業和收入，整體上顯示了各種正常的生活方式。」[69]與其說是社會因應個人的需求，不如說是殘疾人士有責任掩飾或克服他們的「異常」。

但是，大多數人的生活並不像克里夫蘭福利協會調查得出的結論那麼輕鬆簡單。一九一一年的英國伯明罕，只有百分之二十的殘疾男性有工作，然而，他們的薪資卻十分低廉。[70]即便接受治療的可能性愈來愈高，這些殘疾人士並沒有因此得到更多工作機會。尤其在北美洲，大眾認為藥物和勤奮工作就能讓人跨越殘疾的限制，這也增加了對殘疾人士的負面觀感。其他國家更是祭出懲罰性的措施，想將異常的族群「正常化」。英國在一九七〇年代以前，並不鼓勵聽障兒童使用英國手語，甚至會懲罰使用手語的人，一直到二〇〇三年，英國手語才被列為少數族群語言。我們今天在這些負面態度和排斥行為的遺毒中生活，在英國，幾乎仍有百分之四十三的殘疾人士並未從事經濟活動，而非殘疾人士只有約百分之十五，但國家緊縮措施和社會福利削減對殘疾人士的打擊尤甚。** 這種對殘疾人士的敵意體現在第一波新冠疫情期間，英國政府對於「弱勢族群」的態度，導致殘疾族群過高的死亡率（二〇二〇年在英國死於新冠肺炎的每十人中，有六人是殘疾人士）。[71]

適應社會的要求也會是個沉重負擔。美國總統富蘭克林．羅斯福（Franklin Roosevelt）或許是殘疾人士「超越」其障礙最知名的例子。羅斯福和許多人一樣，因罹患脊隨灰質炎（及小兒麻痺）而嚴重殘疾。雖然他生前是知名的脊髓灰質炎患者，但他仍小心翼翼地掩飾自己的殘疾。這位政治家從來沒有坐在輪椅上的照片（儘管他有在使用輪椅），也會有人先祕密將他抬到不方便出入的地方，或由保鑣撐著他進場，讓他看起來像是在行走的樣子。羅斯福認為殘疾是種軟弱的表現，至少對一個政治領袖來說是如此。他認為，拐杖會助長「恐懼、反感和憐憫」，所以決心要「在人們面前表現出輕鬆的樣子，讓人忘記我是

* 目前還不清楚這項法律在克里夫蘭施行的期間，施維克在其研究中也未找到確切日期。

** 二〇一七年，一位聯合國委員對英國政府在緊縮時期未能維護殘疾人士的權利表達了強烈的關切。

個瘸子。」[72]一直到一九九四年，在他逝世後五十年，大眾才知道羅斯福的殘疾狀況。[73]

羅斯福創造的神話在美國自力更生和個人成就的理想狀態下變得更加強大，反而為美國其他小兒麻痺症患者設下了不可能實現的目標。醫生、家人和治療師都會勸其他病人以羅斯福為榜樣。「活在羅斯福陰影」下的小兒麻痺症患者必須要採取一系列的策略來掩飾小兒麻痺的樣子，也必須「看起來像個正常人」。[74]這可能會產生很嚴重的後果，不管是不使用輪椅對身體造成的傷害或是必須模仿其他人的壓力。美國高中生、小兒麻痺患者史丹利．利普舒茲（Stanley Lipshultz）會「假裝是正常人，並保持最體面的狀態」。一直到利普舒茲老了，他才意會到「很遺憾，假裝是有代價的。」利普舒茲想，「誰知道呢？看起來像『正常人』勞心又勞力，實在耗費太多精力了。」[75]

什麼才是正常的身體？

我二十幾歲的時候，曾經在一所大學的公共參與團隊中工作過一陣子，我們負責舉辦活動和訓練課程，協助學者和其他人討論他們的研究，這不是件容易的事情。在那之前，我從未真正想過公家機關和教育機構有多不友善。畢竟我也沒有必要思考這件事。我有一位使用輪椅的同事，我陪她在校園繞一圈，尋找可以用來舉辦活動的空間。我們參觀的所有空間都標示有無障礙空間，但我很快就發現，這些地方不見得真的無障礙。我們搭了員工電梯，沿著我以前從未走過的走廊上崎嶇前進，我們在路上遇到一些障礙物，他們唯一的功用可能是讓我們更加沮喪。我也很驚訝地發現，我的同事需要花大把的時間來檢查這些機構本來就該提供的服務。她不以為然地聳聳肩，展現出驚人的容忍力；她早就習慣這樣的方式。這就是她的日常。

我在搭地鐵回家的途中穿越疾速競走的通勤上班族，心裡一直掛記著這次經驗。我在想，如果要那些抱怨火車誤點兩分鐘的人走到走廊的盡頭，只為了能搭上電梯，那他們對這些多花的時間又會有什麼反應？走出地鐵站，我甚至找不到最近的坡道。但有個朋友告訴我，倫敦威斯敏斯特區對輪椅族來說是個地獄，因為那裡幾乎沒有規劃無障礙道路。你要從這個地方到另外一個地方，可能要花上一倍、甚至三倍的時間，因為你必須要來來回回穿梭才能穿越一條馬路。幾十年前已經通過英國第一部《殘疾人士歧視法案》（*Disability Discrimination Act*, 1995），這已經是首次提出殘疾社會模式過了五十年後的景況。

透過對殘疾人士的治療和理解，我們會看到用這種方式建構的「正常」身體史往往具有爭議，也相當讓人不安。在十九世紀和二十世紀初，關於殘疾的理解在怪胎秀中的「奇人奇景」和戰勝逆境的鼓舞人心故事之間擺盪。在這個時代中，「醜陋法」已經不著痕跡地融入以醫療改善健康問題的觀點之中。社會上不再有包容異己的問題，因為大家總期待每個人能克服自己不一樣的地方，或至少能遮掩奇怪的身體特徵。

雖然有些奇人（比如一八九九年舉辦憤慨大會的那群人）早就在質疑大眾對待他們的方式，但一直到很久以後，他們才會在其他地方開始質疑這些排斥。幾年前，我和藝術家和社會運動者潘妮·派普（Penny Pepper）的一場談話可以完整地總結殘疾人士所面對的社會模式。她告訴我，「有些人稱他們『有殘疾的人』，但我傾向用『弱勢族群』這樣的稱呼，因為後者傳達的訊息代表，殘疾並不是我們擁有的東西。我們是被社會**視為**弱勢。」殘疾運動者在一九七〇年代晚期提出這個想法時，殘疾人士所面對的社會模式顛覆了正常人的醫療模式，堅持認為需要改變的是社會而不是殘疾人。

其實，雖然大家都認為和其他人長得一樣、擁有同樣的功能就是正常人，但和大家一樣不見得就是最好的。愛爾蘭劇作家蕭伯納（George Bernard Shaw）在一九〇六年讓他的醫生朋友檢查視力，並判定他的視力「正常」。就在蕭伯納「自然而然地以為這就代表視力和其他人一樣」，他的醫生「趕緊向我解釋，我是一個例外的、極其幸運的人，視力才能這麼好」。蕭伯納的朋友解釋道，只有百分之十的人擁有完美的視力；另外百分之九十的人視力都不正常。[76]所以蕭伯納擁有其他人所不具備的視力。然而，我們之中會把沒戴眼鏡的人看成是不正常的嗎？[77]如果不會，那又是因為什麼原因？

完美的視力就跟完美的體格一樣，是種幾乎沒有人能達到的理想狀態。畢竟，我們沒有人是諾瑪或諾曼這樣的均質男性或女性。然而，二十世紀主流的個體價值，讓我們把自己和平均值的差異視為一種失敗。我們可能會在發現自己穿不下一條三十二吋腰圍的長褲時唉聲嘆氣，卻沒有考慮這一件衣服在各個部位的尺寸。也許我們的腰圍就是三十二吋，我們只是沒有相應的平均腿長。當一九四〇年代的軍事工程師丈量飛行員的平均腿長，他們發現在四千零六十三名飛行員中，沒有人完全符合十個部位的平均數值。[78]

所以，問題不只在衣服上。我的姊夫比普通人高很多，如果他要在外過夜，外面的床常常不夠大張。而我在疫情封城期間協助舉辦一場自助理髮課程時，就發現有位同事有豐富的自理經驗，因為多年來，她在她的家鄉威爾斯一直找不到可以處理她一頭爆炸捲髮的髮型設計師。在消費社會中，一切事物都被塑造成符合平均數的樣子，從門把高度、電燈開關的正常高度到熟食中的含鹽量。這些平均數值不僅不太可能考慮到弱勢族群的需求，甚至可能一點都不適合我們。

不過，綜觀歷史，正常和異常的身體從來就不是個人的事情。從二十世紀下半以來，身體尺寸、形態和外觀上的改變可以證明我們更大的恐懼。從身體退化到「肥胖流行病」，我們將平均身材和特殊身材視為國家和社會衰退的指標。身體說明了我們對於工業城市生活和道德淪喪的恐懼，對失敗的公共衛生和國家過度介入社會的擔憂，對底層社會、女權主義和族群融合的威脅。然而，所有對差異的恐懼都依賴於一個潛在、且經常被忽略的事情，就是我們對正常人的假設。這代表白人、中產階級、大多為男性且身心健全的身體。西方社會至今仍奠基於這種對於正常人的「理想」概念。要推翻這個概念的第一步，就是認識其存在。

第三章　我有正常的心智嗎？

我在空蕩蕩的醫院走廊站了整整十分鐘，我四處張望，從放傳單的架子掃視至院內各種指標和海報。我的目光一再被吸引回那道上鎖的門旁貼著的訪客規則。上面寫，探視時間為下午五時至晚間九時。所有訪客必須於晚間九時前離院。現在才晚上六點，還不算太晚。

最後我按下門鈴，門鈴嗡嗚聲響起，門打開了，眼前是個小接待室。玻璃屏風後面有個女人的身影，架上有本訪客登記本。我告訴那個女士我來看我朋友，她什麼也沒說就打開第二扇上鎖的門讓我進去。她並沒有要我登記姓名。

在第二扇門後的走廊又更寬了一些，但一樣平凡無奇。我不知所措，甚至有點害怕了起來。我不知道我該去哪裡，現場也沒有人能問。還好，我一往右轉，就看見我朋友向我走來。她看到我後，笑得很是燦爛，她不知道我今天會來，只是剛好在這個時間經過這裡。旁邊有個護理師陪著她，但護理師警戒地盯著我看。朋友將我擁入懷裡，問護理師我們能夠到哪裡坐著好好說話。護理師看著我的眼神又更充滿懷疑了。

「她是誰啊？」她用質問的口氣要我朋友回答。

朋友大聲回應，「莎拉是我朋友啦！」聽到朋友的解釋，護理師這才鬆一口氣，她帶我們去一個小房間，讓我們坐下來好好講話。我不知道她以為我是什麼人，才會對我這麼有敵意。

去門禁森嚴的精神病院探望朋友，整件事最奇怪的地方應該就是這個環境本身。與此相比，裡面的住民就算有任何奇怪的行為都顯得微不足道。探望朋友幾次以後，我最終得出一個結論，這些病房就是設計來把人**逼瘋**的。所有資訊都放在你無法取得的地方，不管是大門外的衛教傳單，或是貼在上鎖的員工廁所的海報，上面說明你有權見到心理健康倡導者。我朋友說服另外一個不太情願的工作人員讓我使用這間廁所。這些工作人員無法回答最基本的問題，也會拒絕借用洗衣房或借用插座充電手機這種簡單的請求。另外一個病人對著我們指向一扇窗，從那扇窗看出去，能看到走廊的另一頭是間住院室。「我昨晚一直在住院室，你不知道有沒有人看著你，也不會有人告訴你。」她沮喪地說。住民們無精打采地坐在活動室前的沙發上，或在天台花園吸菸。沒有人理會悉心貼在各處的禁菸標誌。

隻身前來的訪客如我，就成為大家爭相一睹的對象。我是那個晚上，也許是那一天或那一週唯一新鮮的事情。我和朋友坐在雜草叢生的花園裡，一個又一個的住民走過來打斷我們的對話，開始詳細告訴我們他們經歷過的故事，而這些故事參雜了真實和想像。

在我要走的時候，朋友和我又回到了門口附近呆站。玻璃窗辦公室裡的人甚至沒有往我們這裡看。我們只好問了一旁的病人怎麼離開，但她也不知道。時間一分一秒地過去，現在已經九點半了，訪視時間早就結束。我不禁心想，如果我只是站在這裡繼續聊天，我會不會就這樣加入了病房中日復一日的生活？畢竟我沒有在訪客登記簿上留下資料。也許他們永遠不會讓我離開這裡。

然後有個男人突然出現在護理站的窗口，我朋友趕緊去敲了敲玻璃窗。她問，「請問我朋友可以離開嗎？」這個人看著我良久，最後終於點頭放行。我們相擁互道再見，朋友往後站，好讓這位先生幫我開門。

在二十一世紀到精神病院探視朋友，讓我想起了一九七〇年代知名的心理學報告「在癲狂之處保持理智」。「如果理智和癲狂同時存在，我們該如何分辨？」作者大衛．羅漢森（David Rosenhan）提出這個問題。[1] 對啊，要怎麼分辨呢？我去探望我朋友的時候，病房規則和探視流程看起來都很奇怪。幾個世紀以來，「瘋人院」也一直是種社會寓言，影響社會至深，以至於在人們聽到舊伯利恆皇家醫院時，往往都會聯想到混亂和不安。威廉．賀加斯（William Hogarth）在其充滿道德啟示的油畫系列作品〈浪子的歷程〉（A Rake's Progress）最後一件畫作中，主角湯姆．浪克威（Tom Rakewell）終究被他墮落不羈的生活方式逼瘋了，最後被囚禁在伯利恆皇家醫院。人們經常認為這件畫作精準勾勒出一七三五

圖 3.1 賀加斯〈浪子的歷程〉中最後一幅版畫（第八版），呈現湯姆・浪克威（呼應標題的「浪子」）由於酗酒和墮落的生活方式被關進伯利恆醫院（一七三五—六三）。

年的伯利恆醫院。但這幅版畫和賀加斯其他的作品一樣，也帶有社會評論的意味。一名病人戴著皇冠，手握權杖，另外一個人則敬拜十字架，而有兩位貴婦人來訪。宗教、民族主義、政治和階級制度到最後可能也跟瘋人院一樣癲狂。

羅漢森的研究自一九七三年首次發表以來，已經成為心理學的經典案例之一。根據羅漢森的研究報告，八位「偽患者」在美國五個州的各間精神病院求診並要求入院治療。他們皆主訴無端聽見許多聲音，但聽不清楚聲音的內容，大多是重複聽到「空虛」、「空洞」和「重擊聲」這幾個字詞。醫院收治了這八位假病人，其中大部分的人被診斷為精神分裂症，並在醫院裡住了七天到五十二天不等。雖然這項研究要求這幾位參與者（包含羅漢森本人在內）在入院後要表現得「正常」，但沒有任何工作人員發現他們是假病人，反而是其他病人起了疑心。出院時，並不是因為醫院認為這些人的精神病痊癒，而是因為「精神分裂的症狀」得到緩解。

多年來，很多人對羅漢森的研究表示質疑，也不同意其研究結果，近來甚至還有人懷疑他是否捏造了大部分偽病人的內容。[2]雖然如此，羅漢森的研究結論啟發了一九六〇、一九七〇年代反精神醫學運動的關鍵人物，羅漢森同時也受這些人啟發。例如隆納．連恩（R. D. Laing）、大衛．庫柏（David Cooper）和湯瑪士．薩斯（Thomas Szasz）這幾位有不同背景和信仰的精神科醫師，都公開質疑精神醫學的機構和其作法。他們也針對正常性的概念進行論證。「焦慮和憂鬱都確實存在。心理上的痛苦也都存在。」羅漢森如此解釋。「但正常和異常、理智和癲狂，以及醫生由此判定的診斷可能不像大家認為的那樣實在。」[3]

雖然人們常將反精神醫學運動視為正常心智懷疑論的起源，然而大衛・羅漢森絕不是史上第一個質疑瘋狂和理智界線的人。至少在過去一百五十年中，精神科醫生、心理學家，當然還有他們的病患，一直在討論正常和異常心智的分界，以及是否真的存在這個分界。我們對心智的正常性可能還不如對身體的正常性那麼肯定，畢竟身體至少能給我們提供有形的證據來區分差異。就算身在目前神經科學和大腦掃描的年代，精神科學很少能夠提供任何疾病起源的生物學或生理學證明，這表示，今日的精神疾病（就像一八七〇年一樣），是以患者不合常理的行為和經驗來判定。那麼，我們該如何判定什麼是正常的行為，什麼才是不正常的呢？

聽見聲音

路易・博克斯（Louis Box）對環繞他的世界充滿疑惑，並因此飽受困擾。路易是一個想像力豐富的年輕作家，寄宿在伯爵府的一間公寓內。至少在他搬進去的時候，以為那是一間寄宿公寓。但現在他不太確定了。時值一八八一年十二月，路易穿過黑暗的倫敦街頭時，他的衣領被刺骨的寒風吹起，而偵探悄悄地跟在他身後。在他走過時，人們會刻意地嗅了一嗅，路易也時常聽到他們在旁說些嘲諷的話。「他今早看起來滿開心的嘛！」有天他在街角時聽到有人這樣說。「他走啦！」路易快到家時，又有另一個聲音響起。他知道這些人安什麼心。大家都認為路易．博克斯就是開膛手傑克，那位在倫敦東區犯下無數婦女謀殺案卻從未被逮到的兇手。

路易這才意識到，原來警方有付錢給寄宿公寓。路易在這裡受到各種陰謀暗算，就是為了要讓他承認他從沒犯過的罪行。這間公寓的房東是法國人，路易也很快就察覺到他絕非等閒之輩。伯爵府這處寄宿公寓的主人不是別人，正是鼎鼎大名的神經學家讓-馬汀．沙可（Jean-Martin Charcot）本人！有天，沙可以為博克斯不在附近，就向他的同夥坦承道，路易已經發現他的身分了。這下就證明了這位年邁的神經學家已經搬到倫敦，開始做起房屋租賃生意。

這正是沙可設計出的實驗，他要折磨路易．博克斯，直到他招供為止。博克斯的床上纏了一些電線，他會因此觸電。房間裡有電話，還有一個通往櫥櫃的暗門。這位年輕作家聽到沙可和警察在討論他從前的生活。有的時候，醫生會模擬血滴下的聲音，並觀察博克斯所做出的反應。有的時候，這些陰謀家會在他面前閃爍燈光，讓他看不雅的照片。路易得出結論，沙可可能曾經對他催眠，以查驗他是否有殺人傾向。

路易·博克斯的故事聽起來就像是會在一九二〇年代《少年》（*Boy's Own*）冒險故事年鑑裡面的那種奇聞漫談。然而，這是一位年輕人的真實故事，只不過這個年輕人是在一八九一年十二月住進伯利恆皇家醫院。伯利恆是英國最古老的精神病院，成立於一二四七年。在博克斯那個時代，這家慈善機構已經從倫敦主教門原址搬過兩次家，現在則座落在蘭貝斯一處綠樹成蔭的土地上。目前這棟建築是倫敦帝國戰爭博物館館舍（伯利恆醫院在一九三〇年最後一次搬遷）。這是座漂亮的建築，有個裝飾華麗的圓頂，有錢的醫院高層曾聲稱，一度困擾醫院的各種醜聞已是久遠以前的遺跡傳聞。醫院曾經對外開放參觀，以鼓勵民眾捐款，但後來大家認為這項舉措不人道，就在一七七〇年終結。到了一八五〇年代初期，金屬和帆布束縛衣不再是病房配備。儘管如此，醫院上鎖的大門對許多住民來說，仍代表令人厭煩的監禁生活。後來一位被稱為「三流作家肯提斯（Kentish Scribbler）」的病患為醫院畫了一幅速寫，她將醫院畫成一個鳥籠，而在籠外的醫生則握有唯一一把鑰匙。

路易·博克斯最後在伯利恆醫院結束了自己的生命，當時他飽受這種無止盡的猜疑困擾，他不只驚恐不已，更陷入憂鬱，後來他告訴他的兄弟和幾位醫生，能夠擺脫困境的方法就是自殺。只是因為這些人認為路易有妄想的症狀，但這並沒有減輕路易經歷的痛苦。路易的故事也交織了許多維多利亞晚期心理學中的元素，一八八八年的開膛手傑克謀殺案、實驗心理學、靈學和催眠術、新科技（電力和電話），甚至對心智的全新理解。博克斯最後得出這個結論，儘管他不曾有意識地謀殺過任何人，但他可能曾經**不自覺地**做過這樣的事情。在一八九〇年代，無意識、潛意識和雙重意識的理論是用來解釋人類的自發性行為或壓抑記憶，但隨著研究心智的新興心理學方法逐漸受到重視，人們也隨之意識到，並非所有的行為都是由具有意識的想法造成的。

在種種讓他不舒服的情況下，要路易．博克斯「正常」運作是極其困難。他所經歷的世界並不正常；但如果我們也認為他受到迫害監聽，那他的所有反應就顯得完全合理。英國小說家內森．菲勒（Nathan Filer）曾經是精神衛生護理師，他在二〇一九年討論思覺失調的著作《核心地帶》（*The Heartland*）中，就曾指出這點。菲勒完全依照受訪者經歷的內容講述他們的故事。他強調這些人是精神病學的核心對象，而這些內容是「他們的故事」。[4] 如果你確信你的房東正把你當作實驗對象，我猜你也會感到無比痛苦。甚至在你最後意識到情況並不如你所想像，但這種痛苦的感受仍會如影隨形地跟著你。

我在十五年前有段時間工作壓力很大，那時就遇上了這種情況。有天在我休假時，我去圖書館寫點東西，突然間意識到在圖書室的另一側，有兩個我不認識的女人正在討論著我。我小心翼翼地觀察她們，一邊假裝振筆疾書。我假裝什麼事都沒發生，起身到旁邊的書架上找一本書。雖然我只能斷斷續續聽到一點點內容，但我仍十分肯定她們在散布中傷我的謠言。時至今日，我很確定那段時間的工作壓力讓我變得十分多疑偏執。但我對那場圖書館的遭遇仍歷歷在目，甚至伴隨那次事件的情緒也都同樣清晰，我甚至可以看到那兩個女人如何側目打量我，儘管我知道那段經歷可能從來沒發生過。

我們在社會情境中理解環境和表現自我的方式，大部分都和我們的感知有關。這些感知本身又是由對正常事物的偏見和假設所形塑，而這些偏見和假設，往往又是建立在階級、種族和性別之上。然而，「異常行為」往往是對精神病的決定性判斷標準。第三版美國精神病學聖經《精神疾病診斷與統計手冊》（*The Diagnostic and Statistical Manual of Mental Disorders*，簡稱ＤＳＭ）的作者群在一九八〇年曾堅定地指出*：「我們對思覺失調症的核心概念是，這種疾病會干擾正常的社會功能」，並將重度精神疾病的診斷歸因於患者無法做出正常的行為。[5]但我們如何判定他們干擾社會的程度？或要如何先判斷什麼是正常的社會功能？這兩個概念都奠基於我們對周圍世界的經驗，這些經驗會因為我們所處的時代或國家、我們的年齡、性別、種族和背景有所不同。正常的功能並不是放諸四海而皆準。

或許對有些讀者來說，就算能夠理解路易．博克斯認為他所經歷的一切都是真的，但仍會認為路易的幻想人生一點也不正常。那接下來這個故事，是發生在一八八六年某個平凡的早晨所發生的事情，你覺得正常嗎？喬瑟夫．柯克先生住在倫敦市郊普拉姆斯德區的禮朋別墅，有天他著裝到一半，被一聲巨響嚇了一跳。柯克以為是地下室前門的門鎖被關上的聲音，接著又惱火地發現每天送牛奶來的送貨員一定又晚到了。最近這種情況常常發生，所以女僕瑪莉不得不在早餐時間前出門補買牛奶。柯克先生穿好衣服，走下樓梯來到廚房，和瑪莉擦身而過。這位女孩穿著外出服裝，她戴了一頂棕色草帽，淺色長洋裝外罩了一件黑色外套。當柯克走到廚房門口時，瑪莉又從他身後經過，並走向掃除室。柯克先生還是對牛奶外送員趕到不悅，向妻子大聲抱怨：「所以瑪莉又得出門買牛奶了。」柯克的妻子很驚訝地搖了搖頭說，「沒有啊，瑪莉整個早上都沒出門。」妻子很肯定地告訴他，「瑪莉正在準備早餐。」喬瑟夫．柯克這才意識到，他看到的瑪莉還有聽到瑪莉的一舉一動，肯定是「非常生動又栩栩如生的幻覺」。[6]

幻覺就是聽見或看見其他人沒有感知的東西，如今普遍認為是精神疾患無法輕忽的症狀。然而，發燒、感染和服用藥物等其他許多情況也會引發幻覺。當我年邁的婆婆開始看

* DSM代表「精神疾病診斷與統計手冊」，由美國精神醫學學會於一九五二年首度出版。一般都其字首縮寫和版次稱之（前四版以羅馬數字表示，第五版則改用阿拉伯數字）。現行版本為二〇一三年出版的《第五版精神疾病診斷與統計手冊》，即 DSM-5。

到動物爬上牆，模糊飄渺的人影在她客廳中著火，我和我的伴侶感到無所適從，一直到她開始服用治療尿道感染的抗生素才解決了她這些症狀。儘管如此，當她下次出現這種幻覺，開始感到孤單害怕，而我們又住在遠在幾英里以外的地方，我們必須反覆和拒絕開出處方藥的家庭醫生討價還價。有位醫生和我們說，「我無能為力，這就是失智症的症狀」，即便我們知道不是，也把情形告訴他，但醫生仍然堅持自己的說法。

視力突然惡化也會引起幻覺，就是所謂的邦納症候群（Charles Bonnet Syndrome），因為大腦從視覺神經接收到訊息後，會試圖填補這種意料之外的缺口。即使是雙眼視力1.0的人所看到的東西也不是眼前世界的客觀景象，而是經過感知的過濾。你第一次在YouTube上看到丹尼爾·西蒙斯（Daniel Simons）著名的選擇性注意力測試影片時，你是否發現從籃球員身旁走過的大猩猩？[7]我們所感知到的，不一定是在我們眼前的事物。

所以，幻覺完全不是精神疾患的必要證據。但正常人是否也會有幻覺呢？十多年前，我參加了一個還在測試階段的培訓課程，這個課程會幫助人們理解並支持職場的心理健康。有堂課我記得特別清楚。開始上課時，輔導員引導我們兩兩一組，從分享可能有助於我們體會到精神病極端狀況的日常經驗開始。我的搭檔是一個中年保全，但他好像光待在教室裡就十分焦慮，我試探地問他，「這樣說好了，如果你覺得你聽到有人在叫你的名字，但你轉頭一看，卻四下無人，你會怎麼辦？」這個人立刻顯得非常驚恐。他結結巴巴地說：「這……這不是很正常嗎？」好吧，這是沒錯。畢竟這就是這堂練習的意義所在。這個人擔心他可能會被認為不是正常人，這就反映了目前普遍存在的假設，也就是看見或聽見並非客觀真實的事物，就是生病了。臨床心理學家馬麗．博伊（Mary Boyle）在二十世紀晚期寫道：「大家普遍認為，雖然每個社會群體的反應不盡相同，但現代西方社會對幻覺尤其反感。」[8]

相反地，在某些宗教教派中，信眾可能還會透過禁食、睡眠剝奪、施加痛苦或社會隔離來尋求神祕經驗。聽到或看到別人沒有感知到的事物，並沒有在每個時期都被視為精神疾患。歷史學家麥克．麥當諾（Michael MacDonald）在研究十七世紀早期深諳占星術的醫生李察．納皮爾（Richard Napier）遺留下來的檔案時發現，雖然很多人因為精神問題或出現異常行為時會向納皮爾醫師求診，但他並沒有將幻覺視為一種病徵。[9]麥克．麥當諾推斷，在當時的宗教和文化背景下，人們更能理解這些經驗。在這個時期，聽見來自上帝的聲音是種靈性經驗，甚至連醫生也會把超自然生物或目睹施法的過程當作真實的經驗來看待。

喬瑟夫．柯克在一八八六年看到女僕外出的事件，被收錄在精神研究學會編匯的《幻覺普查》（*Census of Hallucinations*）中的「正常人的幻覺」報告。精神研究學會成立於一八八二年，旨在以科學方式研調撞鬼經歷、降神會和心電感應等超自然現象。雖然精神研究學會的一些成員認為維多利亞時代晚期的超自然現象風潮是個大騙局，但其他人則持開放態度，正如認同精神研究學會的精神病學家丹尼爾．圖克（Daniel Tuke）詩意地說道，「更廣泛的法則或更大範圍的現象……可能存在，也可能尚有待發現。」[10]精神研究學會的章程提到：「本協會會員資格並不代表接受對研究現象的任何特定解釋，也不意味著相信物理世界中存在物理學所認知的力量之外的現象。」[11]真相或許就在物理世界之外……但同樣地，或許不存在。精神研究學會不像《X檔案》（*The X-Files*）中的福克斯．穆德（Fox Mulder），他們正小心、迂迴地規避各種說法，以免下錯賭注。

他們從一八八九年開始進行幻覺普查，並於一八九二年完成此項研究。這份調查問道：「你是否在認為自己完全清醒的狀況下，曾有鮮明的印象看見或被一個生物或非生物物體觸摸，或聽見某個聲音，但就你所知，這個印象並不是因為任何外界的物理原因造成的？」在一萬七千名受訪者中，有兩千兩百七十二人回答曾有這樣的經驗，這約佔總調查人數百分之十三。[12]當然，我們輕易就能對精神研究學會的抽樣調查法提出質疑，因為維多利亞時期許多調查研究都建立在研究員的人際網絡上，或是研究員的目的是用調查工作來瞭解心電感應的機制。不過這次的普查是針對視覺和聽覺幻覺的首批統計研究。

「幻覺普查」推斷，雖然大多數人在日常生活中並不會出現幻覺，但沒來由的看見東西或聽見聲音也不能證明這些人不正常。作者艾德蒙．葛尼（Edmund Gurney）就曾表示，認為幻覺是病徵的假設，是種不去理解此現象的便宜行事說法。葛尼寫道，「在那些從未有過任何幻覺經驗的人心中，存在著某種意味不明的偏見。這些人往往難以想像，精神正常、健康、清醒的心智真的可能瞬間脫離常軌，可以在安靜的地方假裝聽見聲音，在空無一物的地方假裝看見有東西。」[13]

二十世紀的研究也發現了類似精神研究學會推斷出的結果，顯示有百分之十到百分之五十的人，在人生中的某些時刻曾經有過視覺或聽覺的幻覺。[14]當然，這些經驗並非都是正面的。就算是在現今世界，這些經驗也不一定會讓人感到痛苦或不愉快。然而，當有過幻覺的人努力與之共存，或向其他人解釋這些經驗時，他們不正常的感知往往就成為了問題。

「聽聲網絡」（Hearing Voices Network）成員愛蓮諾．隆登（Eleanor Longden）在二〇一三年一場ＴＥＤ演講和一本談她在兩千年代初期的精神病護理親身經歷中，都談到這段經驗。隆登在學生時代就開始聽到，耳邊有聲音在敘述她的一舉一動。一開始她並不會受其干擾；一直到有朋友和醫生告訴她，她病得很重時，她的生活才開始崩潰。這些聲音開始造成隆登很大的困擾，她的父母甚至必須要阻止她在腦袋上鑽洞，好讓耳邊的聲音消散。後來她被診斷出罹患思覺失調症。但這個診斷也無濟於事，一直到有位精神科醫師最後鼓勵她在這些耳邊細語中找出意義，並做出回應，這個狀況才慢慢改善。到了二〇一三年，愛蓮諾．隆登還是可以聽見那些聲音，但她已經學會如何傾聽並調伏這些聲音。

現在，像聽聲網絡這樣的團體會為幻聽和幻視覺者倡議。[15] 他們就在網站上寫道：「儘管幻聽和幻視覺經驗並不算罕見，但許多幻聽、幻視覺或有類似經驗的人仍相當孤單。他們害怕社會的偏見、歧視，也怕被當成『瘋子』，所以始終保持沉默。」然而，「大多數聽聲者並未被診斷出患有任何疾病，有些人也認為這些覺知是他們生活中重要的部分。」[16]

即便像聽聲網絡這樣的支持性團體為經歷幻覺的人做了很多倡議，但現代醫學尚未致力於提升人們對於幻覺的理解。畢竟幻聽可能相容於所謂的正常生活。當然這也可能是種日常的困擾，在應對來自他人的反應時，還要處理入侵心智的幻覺和讓人飽受折磨的幻覺內容。我曾經到南倫敦參加一個聽聲網絡的小組聚會，與會者會相互討論他們的想法和思維模式。有位女士分享了她的願望，就是在她進入一家咖啡廳後，會被當作一個正常人來看待，而不會有人因為她反常的行為而將她視為異己。其他人則談到他們的應對策略，不管是聽音樂、冥想或轉移注意力，這都是他們生活中必須處理部分，因為小組中的每個人就算大量服藥後，仍會持續聽見聲音，尤其在壓力大時情況更為明顯。主持人問小組成員，「你們最想讓其他人瞭解聽聲的一件事是什麼？」有位安靜的年輕人在活動進行時幾乎沒有發表意見，這時就立刻開口回答了。「我想讓他們知道，聽聲不是一個你吃了藥就會恢復正常的狀況。」

大異常者

在十九世紀和二十世紀初期的這段期間，正常人和精神異常的人之間的界線日益模糊。這並不只是因為相關專家重新解釋了聽聲和幻視覺這些不太常見的經歷，他們也同樣重新解釋了諸如情緒困擾、憂煩和焦慮等心智特質。儘管十九世紀初的精神醫學家認為，不管從什麼角度來看，社會上大多數都是心智正常的人，但後來的專業人士則對精神衛生有更多的關注。這不僅重塑了一般人看待心智的方式，經診斷為精神不太正常的人的數量也大大增加。當佛洛伊德（Sigmund Freud）最終宣告我們都是神經質時，如何判定正常心智就成為了一個複雜的難題。對神經質的人來說，他們正常，卻不健康；但要完全健康卻又是件不尋常的事，甚至不可能完全保持健康！那麼，哪一種狀態才是真正的「正常」？

「我們可以把心智演化的過程比作一條寬闊的道路」，這位姓名優雅古典的精神醫學家西奧菲勒斯．柏克利．西斯洛普（Theophilus Bulkeley Hyslop，朋友都叫他T. B.）於一九二五年在其所著的大眾暢銷書《邊疆地帶》（*The Borderland*）中如此解釋。在狹窄的人行道上行進的人除非遭遇事故或受傷，否則他們是「相對安全」的理智之人。在幽暗的排水溝中，是那些從路邊跌落的「罪犯、酒鬼和瘋子」。在這兩者之間有條寬闊的人生大道，大多數人在為生存而奮鬥的過程中都要經過這條路，這條路上熙來攘往，擠滿一群喧鬧、神經質的騷動人群。西斯洛普曾說，路上的人大部分被貼上「怪人」或「異議人士」的標籤，他們「陰陽怪氣、充滿情慾而且個性不穩定」，他們也以一種讓自己和旁人陷入危險的速度前進。[17]從統計學的角度來看，這些對西斯洛普造成威脅的廣大群體正是正常人或普通人的人口數；從醫學的角度來看，這些人都是神經質的人。

泰奧．西斯洛普（專業領域上稱他為T. B.西斯洛普）是個有趣的人物，透過對他的研究可以回溯當時對精神官能症興起的關注。在西斯洛普寫《邊疆地帶》的時候，他已經六十多歲，並且已在私人診所執業十多年。從他晚期出版的作品可以看出，他是個有見地卻又矛盾的人，有時候也有點守舊落伍。雖然他住在倫敦，但他把身體和精神的退化（他稱為「腦力衰竭」）歸咎給城市生活的噪音和壓力。[18]

西斯洛普在「邊境地帶」最暢銷的全盛時期執業。他於一八六三年出生，但小泰奧基本上是在一所精神病院長大，在他兩歲的時候，他的父親威廉（William）在什普洛郡買下斯特頓莊園。跟大多數的收容機構一樣，威廉院長和他的家人也居住於此。這啟發泰奧成為一名醫生，且走上精神醫學專科的道路，他也在伯利恆醫院工作了二十多年，直到一九一〇年轉至私人診所。他還鍾情於藝術創作、寫作和音樂演奏，並且是許多社會及政治團體的成員。

當今的作家提到西斯洛普時，通常會將他視為一個厭惡人類的優生學擁護者。他不僅鄙視他的病人，還強烈譴責現代主義藝術，認為這種藝術形式恰恰展現了現代性的瘋狂——他確實不喜歡羅傑．弗萊和文人團體布盧姆茨伯里派那一掛的人。[19] 但實際上，西斯洛普的面向並沒有這麼單一，他在伯利恆醫院最親近的朋友似乎就是他的病人。在他撰寫的教科書《心理生理學》（*Mental Physiology*）序文中，西斯洛普感謝了三個人，一個是他的後輩同事莫里斯．克雷格（Maurice Craig），另外兩人則是他的病患華特．海格（Walter Haigh）和亨利．哈汀（Henry Harding）。之所以西斯洛普對精神病院外的神經質人類感到挫折，似乎是因為他對瘋狂本身充滿許多浪漫的想法。在他的「類小說」（這是他同事語帶批評的說法）《拉普塔，一九〇五年格列佛重遊舊地》（*Laputa, Revisited by Gulliver Redivivus in 1905*）中，拉普塔精神病院的住民都具有一種「真實且誠信的精神」，除了某些「行為上的怪癖」，他們和所謂的「理智之人」沒有太大的區別。[20]

在《邊疆地帶》出版的同一年，西斯洛普還寫了一本書，書名是頗發人深省的《大反常者》（*The Great Abnormals*）。西斯洛普聲稱，這本雜亂無章的歷史哲學雜談，寫了關於暴君、專制君主、空想家、巫術、迷信和天才人物，此書目的是想「呼籲大眾對偉大的精神要更具包容心」。他也指出，雖然「有些人並不符合我們認為的心智標準」，但「那些一般認為『不正常的人』有些則是『世上的偉人』」。[21] 西斯洛普深信，如果我們對這些人有更大的包容，天才將不再需要去「庇護所」（這裡指的就是精神病院）來隱藏他們「古怪、不合常理或不正常」的行為。[22] 但他仍警告這些人不應該繁衍後代。

西斯洛普走筆至此時可能是想到了他的朋友華特。華特·海格在二十七歲時第一次住進伯利恆醫院，當時是一八八二年，從此他就不時進出這所醫院。華特有大學文憑，以教書為業，並在閒暇時間寫作和演奏音樂。但他為幻覺、妄想症、強烈的偏執狂所困，即使他獲得了自由進出醫院的通行證後，也從來沒使用過。在西斯洛普於一八八八年進入伯利恆醫院後，這兩個音樂家開始變得很要好。海格和西斯洛普保持書信往來，他們會討論工作和家庭，以及海格當時的病症。華特·海格在信中都會特別把「理智」和「瘋狂」兩個字加上引號，暗示理智和瘋狂是兩個相對的詞語。西斯洛普後來在書中也曾提到「所謂的瘋狂」，或許就是受海格所影響。[23]

泰奧·西斯洛普對於邊疆地帶中精神病患者的敵意，部分可能是來自於對那些以跌落深溝的人的效忠之心。西斯洛普作為一個理論上精神正常的人，相較於那些不健康、神經質的人，他和「瘋子」華特·海格有更多共同點，至少他至這樣認為的。這位精神醫學家在一九三三年與世長辭，和他共事過的同事指出，西斯洛普晚年「因某種精神官能症狀而感到悲傷不已」，這種焦慮狀態出現在第一次世界大戰的空襲戰，這會導致患者的肩膀和臉部抽搐。T. B. 畢竟是神經質的人，因此他還算在正常人的範疇內。

到了一八八〇年代，大多數精神病學家都認為，理智和瘋狂的差異只是程度上的不同，而不是兩種絕對的狀態。雖然這兩種狀態或許是對立的兩端，但在這兩端之間是由一大群「富含神經失調因子」的人所區隔開來。[24]但是，醫生要如何分辨出這些邊疆地帶的住民呢？簡單來說，他們是視「社會基本倫常和習俗」為無物的各種人，從性變態到社會適應不良、慮病和自殘的人。[25]他們的精神官能症是根據他們的家庭、同儕和社會領袖的期望來定義。他們的行為可能會造成他人困擾或傷害他人，也有可能只是為他人增添點不便。不管如何，異常的定義主要是由非常理的行為所構成。而最近相關領域人士認為這種非常理的行為需要接受醫學治療。

當然，許多維多利亞時期的傳統從現代的角度看來相當不尋常，這清楚顯示異常心智的定義多麼仰賴社會期待（即便現在也是如此）。伊迪絲·蘭徹斯特（Edith Lanchester）是《科學怪人的新娘》（*Bride of Frankenstein*）飾演女主角的艾莎·蘭徹斯特（Elsa Lanchester）的母親。一八九五年十月，這位年輕的社會主義者向她富有的父親表示，她打算和她的勞動階級情人同居。她的父親大為震驚，立刻找來年長的精神科醫生喬治·布蘭福德（George Blandford）為她看診，後來布蘭福德醫生判定二十四歲的伊迪絲瘋了。布蘭福德認為這位年輕女子決定要和一個男人未婚同居，而且竟然還是來自不同社會階級的對象，這簡直是「社會性死亡」！她的行為不僅藐視傳統，這也將會對她的社會地位造成極大的傷害。伊迪絲被送進羅漢普頓精神療養院，過程中「不免有些掙扎和肢體衝突」，但很快地，兩名精神病事務管理委員（國家療養院的督察）就認為她精神正常可以出院，完全推翻了布蘭福德醫生的診斷。[26]

一八九六年，《精神科學學報》（*Journal of Mental Science*）發表了一份為布蘭福德醫師辯護且措辭嚴謹的文章，文章暗指雖然他不該貿然把藐視社會常規自動診斷為精神異常，但伊迪絲．蘭徹斯特的行為還是有可能出於癲狂的心智。[27]法院並不同意這樣的說法，最終確認蘭徹斯特心智正常。不過這個案例也顯示，在過去一百多年中，經判定為罹患精神疾病的人常因非常理的行為而引起有關當局的關注。那些握有財富和權力的人或許有能力反駁判決結果，然而其他人並沒有這種特權。最有可能因為診斷結果招致負面影響的族群是「二十世紀社會中的邊緣人、弱勢族群和失去財產的人」，這包含了未婚女性、黑人、老年人、政治異議人士、因道義或宗教而拒服兵役者、LGBTQ社群、無家者等等。[28]

一八五一年，美國醫生賽謬爾．卡特萊特（Samuel Cartwright）甚至自創了一種新的疾病，也就是漂泊症（drapetomania），他將逃逸的奴隸診斷為此種疾病。依照卡特萊特的說法，即便美國奴隸經歷了殘酷對待也被剝奪自由，但在這種處境下，逃跑仍不是應有的理性反應，而是「和其它類型的精神異常一樣，是種心理疾病」。[29]

理智可以成為控制社會和法律的有力工具。卡特萊特試圖要讓他所治療的奴隸「正常化」，他告訴奴隸主人要確保黑人繼續維持「我們從《聖經》中得知他們應處的地位，也就是服從的地位」。卡特萊特這番話正是透過醫療手段公然歧視其他種族的觀點。[30]同樣在十九世紀，像小說家夏綠蒂·吉爾曼（Charlotte Gilman）這樣經診斷為歇斯底里的中產階級婦女，都要接受「休息療法」，醫生會規定她們臥床休息的時間、隔離、電療、按摩和餵食過量的食物。[31]這也是為了讓她們處於服從的地位，當然，比起來她們所受到的身體傷害很少。醫生禁止吉爾曼閱讀她的書籍和過去的作品，她便寫下這段心智麻木、枯索的遭遇，並嚴加批判，最後在一八九二年成書出版《黃色壁紙》（*The Yellow Wallpaper*）。

誠如歷史學家伊蓮·肖華特（Elaine Showalter）所言，歇斯底里症（hysteria）是典型的「女性疾病」。[32]雖然男性**也會**被診斷出歇斯底里症，但這個病名來自希臘文的「子宮」一詞，強調其陰性起源。男性則較常診斷為神經衰弱（neurasthenia），這是美國神經科醫師喬治·胡須（George Beard）在一八六九年提出的「文明病」。正如沒有鬍鬚的胡須所述，神經衰弱是種人體神經物理性衰弱的表現。現代生活無疑是神經衰弱的罪魁禍首，因為這種生活方式讓人們必須不斷地消耗精神能量，進而讓神經疲憊不堪。胡須說，這會引

PL. III

2e PERIODE — PERIODE DE CLOWNISME

Fig. 1. Phase des grands mouvements

Fig. 2. Phase des contorsions
(Arc de cercle.)

A. Delahaye et E. Lecrosnier.

圖 3.2 一八八一年，神經學家讓 - 馬汀・沙可分析出歇斯底里的兩個階段。沙柯特宣稱歇斯底里有個固定的模式，出了他所服務的醫院，這兩種狀態就沒那麼明顯了。

起頭痛、關節疼痛、神經痛、易怒、病態地感到恐懼、發寒、顫抖、發汗、失眠和許多其他身心症狀。所幸，這種病症也是社會地位的一種標誌。要夠多的財富和受過教育才有可能被診斷為神經衰弱，這種病症在美國白人中最為常見，而且「幾乎每個靠腦力賺錢的家庭」中都會有人罹患此症。[33]（他也暗示，具有同樣症狀的勞工階級男性或黑人，可能只是出於懶散。）

歇斯底里症和神經衰弱一樣，判定的範圍非常廣。在身體上找不到任何生理性解釋時，這往往會是最終的診斷，尤其當病人是未婚的年輕女性患者。歇斯底里症的臨床表現可能有失明、麻痺、痙攣、抽搐、昏厥、體力衰竭、情緒失控等等。一般也認為，不合常理的行為是最先造成神經症狀的原因。愛芙琳·瓊斯（Evelyn Jones）在一八九五年被送進伯利恆醫院時，院方認為她平常閱讀達爾文著作和其他科學書籍，以及與一位女性朋友過從甚密才導致歇斯底里。[34]

婚姻成為治療女性神經失調症的常見解方。來自英國哈彭登的愛麗絲·莫里森（Alice Morison）是位二十五歲的教師，她在一八九四年求診於知名的神經外科醫師維多·霍斯利（Victor Horsley）時發現了這個來自醫生的處方。愛麗絲出現夢遊症狀已經長達四年。這讓她有點擔憂，因為她時常在睡夢中直接走到大街上，有一次甚至還走到她姊姊的住處。有時候她還會點火或做出其他有危險性的舉動，她至甚還會發出很大的噪音、大力敲門或用力把頭往地板上撞。在一八九三年聖誕節左右，愛麗絲．莫里森開始在睡夢中寫信，到了隔年夏天，她甚至在白天也會進入昏睡狀態。大約在這個時候，她出現了其他人格，慕夜（Nocturna）會在晚上接管愛麗絲的身體，而第三個人格十分調皮，她會偷走「莫里森」不知道的東西或把東西藏起來，並且宣稱這就是她本來的自我。一八九四年七月，愛麗絲求診霍斯利醫生，她對醫生輕蔑的建議感到相當惱怒，醫生告訴她，只要「休息和結婚」就把她的怪病治好。後來，愛麗絲告訴伯利恆醫院的精神科醫生，她「並不會聽從霍斯利醫生的建議」。[35]

其他女性被家人、朋友甚至是醫療人員逼著走入結婚生子的傳統道路，如此一來，有這樣的正常行為就代表她們從病中痊癒。在一八八〇、一八九〇年代，許多醫生認為婚姻會「治療神經性疾病」，即便其他人擔心這樣有可能讓神經性疾病的患者增加，讓狀態不穩定的人愈來愈多。[36]安德魯．溫特（Andrew Wynter）是第一位邊疆地帶的繪測員，他認為女性處境的變化造成了酗酒現象的增加。中產階級婦女的教育程度不高，鐵路的發明讓丈夫們得以通勤上下班，她們因此和丈夫聚少離多，而家事也都交由僕人打理。溫特心想，在這樣的環境中，我們怎麼能指望無聊又孤單的家庭主婦「成為明事理的妻子」呢？[37]只要婦女們能做足夠的家務，她們就可以恢復正常。

我們可能不難接受這樣的觀點：神經官能症是種由社會塑造出的病症，但我們也同樣容易陷入罹患某些精神疾病的患者能保持穩定的假設。然而，不管精神疾病對患者和周遭關心他們的人造成多大的傷害和痛苦，這些經歷或許不像我們以為的那麼遙遠。這些經驗也不會影響一個人的各方面生活。在任何意義上，正常的行為肯定和瘋狂無關，就像異常的行為和經歷不會被當作是理智的狀態。這就是為什麼在我的研究過程中，我時不時就會想到泰奧．西斯洛普在一八九五年說過的一段解嘲之語。「身為表面上理智的個體，我們在面對別人理解自身經驗時，應該要對他們的囿限更加寬容。」[38]

精神官能症成為新的常態

什麼是意識？根據一本近期關於此主題的哲學論文集，即便在現代，意識的概念仍然「極其模糊」。[39]我們所謂的「有意識」，是指清醒並且有知覺的狀態嗎？我們是否有個內在的自我，會觀察並解讀我們周圍的世界，或者自我這個概念，是否只是透過有意識的思維所創造的敘事產物？如果是前者，那麼分裂或多重的自我人格可能就是異常的狀況；如果是後者，那就更容易理解多重自我的存在。在歇斯底里的年代，意識可以是分裂的、破碎的，甚至是大幅增生的。意識可以透過催眠或昏睡狀態變造。意識具有多個層次，包含下意識、潛意識或無意識。愛麗絲．莫里森的經驗和其他人的類似經驗讓人們開始對早先視為「正常」的單一、統一的意識產生質疑。

愛麗絲．莫里森並不是第一個記錄在案的「雙重意識」病例。[40] 在法國，一位十多歲的縫紉女工翡麗達．X（Felida X）在一八五八年開始求醫，因為她經常陷入第二種人格，而她在回到平時的「正常狀態」（她的醫生是這麼說的）時，旋即遺忘第二種人格表達的所有行為和言語。時間一久，第二種人格變得比較常出現，翡麗達原本的人格也就隨之消失。[41] 沙可的學生皮耶．賈內（Pierre Janet）有次催眠了一位病人，也產生了類似的效果。萊奧妮．B（Léonie B）是位中年農婦，她在經過催眠後，會進入她自稱為萊奧汀妮這個更為活潑的人格。後來，賈內又成功在她身上創造「萊奧妮三號」（或是萊奧諾蕾）的人格，她似乎又是另一個獨立的個體。[42] 這些多重人格引起歐洲、英國和美國心理學家及哲學家的關注，他們認為這可能有助於我們更加理解歇斯底里症和正常意識的狀態。

但事情並不完全是這樣發展的。到了二十世紀初，催眠術和精神研究愈來愈令人質疑。當精神研究學會創辦人斐德烈．邁爾斯（Frederic Myers）的著作《論人類個性和身體死亡後的遺緒》（*Human Personality and Its Survival of Bodily Death*）在一九〇三年出版時（當然是在他死後），靈學和精神研究之間的連結開始斷裂。這並不是「超自然」（正如邁爾斯所稱）研究的終點，但正常的心智開始朝著新的方向發展。其中一個原因非常簡單．西格蒙德．佛洛伊德不相信催眠術有效。

這位年輕的維也納神經學家並沒有像賈內和其他人那樣對患者進行催眠，而是坐在患者背後，並分析他們的談話內容。這確實是佛洛伊德和他的導師約瑟夫．博亞（Josef Breuer）在治療方法上的最大不同，因為博亞在患者身上採用的是催眠宣洩療法。儘管如此，博亞的「歇斯底里」患者因為形塑了精神分析學的基礎樣貌而聞名於世。「安娜．O」女士的真實身分是貝塔．帕本漢（Bertha Pappenheim），她是位奧地利女權主義者，後來創辦了猶太婦女協會。博亞在一八八一年首次為帕本漢治療時，她年僅二十二歲，儘管她在「清教徒般的家庭過著極其單調的生活」，她仍是一個「腦筋動得很快」的人。[43]根據博亞和佛洛伊德推斷，正是歐洲中產階級婦女的平凡生活導致了帕本漢的心理異常狀態。

帕本漢首先出現的症狀是「系統性的白日夢」，隨後她的家人開始注意到更明顯的症狀，包含斜視、嚴重的視力障礙、四肢麻痺和攣縮，並不斷出現睡行症（即夢遊）。在一八八〇年十二月十一日至一八八一年四月一日之間，她一直臥床不起。到了四月，帕本漢開始接受博亞醫生的治療。她的症狀相當嚴重，「只有白天的一小段時間才會恢復正常」。[44]在治療過程中，她和博亞醫生會討論每個症狀出現的時機，並將這些症狀和她早前生活中的遭遇連結起來，例如她父親生的病和父親的離世。醫生驚訝地發現，透過催眠治療，「在她描述每種症狀首次發生的時機後，這些症狀就神奇消失了」。[45] 歷史學家卻對安娜．O的治療過程有不同的看法。因為博亞在療程晚期才開始爬梳帕本漢的回憶，並不代表催眠宣洩療法像博亞本人暗示的那樣具有長期治癒的效果。[46]

博亞將他對安娜的治療方法稱為「談話療法」（talking cure），此一詞語後來成為其門徒無法磨滅的標誌。如今，人們普遍認為佛洛伊德是首位使用心理學方法來治療精神病的人。許多人也認為佛洛伊德是第一個將瘋狂視為一個由精神病到神經症再回到正常健康狀態之連續體的醫生。然而正如我們在前文所見的案例，這完全不是真實的情況。佛洛伊德甚至不是第一位或唯一一位在在臨床採用心理治療的人，心理治療一詞已經偶爾用於暗示直接或間接的精神衛生護理。[47] 然而，儘管佛洛伊德最終在世人心中的形象是位偶像和科學家，他確實強調了幾個在正常心智史上舉足輕重的概念，也就是童年發展的影響，並將異常狀態擴張至超出所謂的邊疆地帶。

對佛洛伊德來說，我們所有人都是神經質的，我們甚至都在正常曲線的極端邊緣值。正如他在一九一三年寫給他的門徒卡爾．榮格（Carl Jung）那封家喻戶曉的決裂信中所寫道：「對我們精神分析學家來說，我們不需要為自己的任何一丁點神經質感到羞愧。」佛洛伊德聲稱，榮格「表現異常，卻高喊自己是正常人」。這顯現了榮格缺乏對自身的洞察，而佛洛伊德對此則忍無可忍。「我建議我們直接斷絕關係」，佛洛伊德在信中憤怒地做了這個決定。[48]只要意識到自己不正常，那這就不會是個問題。

在佛洛伊德之後，人們已經不再可能有正常的心智。這大大提高了精神分析的普及程度，直到佛洛伊德於一九三九年辭世很長一段時間之後，所有人動不動就會想去看心理治療師，尤其在美國更是如此。「神經質」成為一種修辭，而不是醫生的診斷結論，人們輕率地拿神經質來形容某些行為，或用以自嘲。此外，神經症的概念也影響我們的生活，加深了我們在二十世紀末對於心智的正常狀態感到憂慮。我們開始思考，我們究竟是為什麼對蜘蛛或對開放空間感到恐懼？成年人生活中出現的異常行為，是否代表我們的童年隱藏了深沉、幽暗的祕密？和維多利亞時代早期的人們相比，異常對我們來說不是遙不可及的恐懼，異常永遠存在，是我們每個行為舉動背後

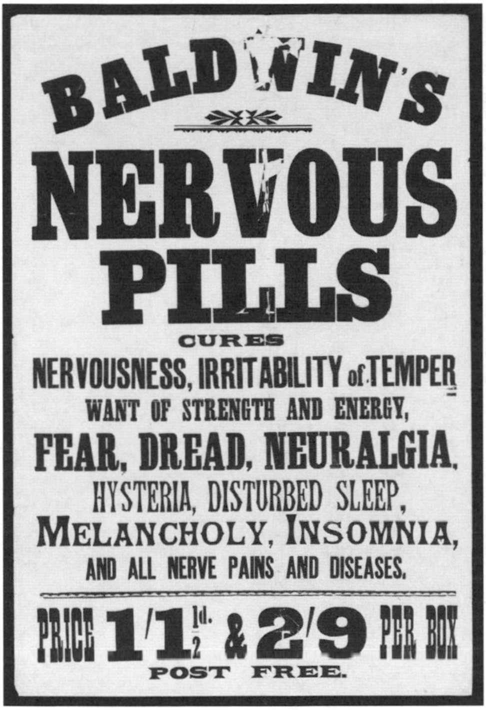

圖 3.3 鮑德溫神經藥丸（Baldwin's Nervous Pills）廣告，這是許多聲稱能治療歇斯底里和其他「神經痛和許多疾病」的專利藥物之一，約一九〇〇年。

的陰影，每天每天在威脅我們。

何謂正常的心智？

你曾經擔心過自己可能會瘋掉嗎？我在二十多歲時修了一堂「瘋狂史」課程時，老師一開始就問我們這個問題。全班有四分之三的人立刻承認曾有過這樣的擔憂。那些沒有承認的人有點尷尬，好像和其他人不一樣，也許擔心自己會像卡爾·榮格一樣缺乏洞察力。其中一個同學焦急著看著眾多舉起的手，高聲否認道：「我從來沒有擔心過自己會瘋掉！但這就代表我不正常嗎？」。十九世紀末、二十世紀初的精神病學家可能會認為她是少數精神健康的幸運兒。但她的話則反映出後佛洛伊德時代後與日俱增的假設，也就是那些從未質疑過自己理智的人只是看不清自己罷了。

儘管有這些擔憂，許多人仍試圖在日常恐懼和我們認為的徹底瘋狂間保留一個界限。雖然維多利亞時代後期的精神病學家認為大多數人都精神異常，而佛洛伊德又認為幾乎所有人都不正常，但最近的統計數據則稍稍讓人欣慰，因為瘋狂之人的比例僅有「四分之一」。從二〇〇〇年代初期，精神健康慈善機構和反汙名運動持續宣導，每四個人中就會有一個人在生活中的某些時刻遇到精神健康問題。雖然這個數據遠低於佛洛伊德的假設，仍顯示了心理困擾是個相對普遍的現象。

但這個統計數據從何而來呢？這個數據出現在二十一世紀初一份世界衛生組織報告中，這份報告提出了一個驚人的說法：「在人的一生中，有超過百分之二十五的人會發展出一種或多種的心理或行為障礙。」[49]當精神病學家史蒂芬・金恩（Stephen Ginn）和神經科學家傑米・霍德（Jamie Horder）查閱這篇研究論文的參考文獻時，他們發現這個神祕的數字似乎是無中生有。[50]該研究所引用的三篇論文上都沒有提出這樣的說法，而其中兩篇論文則對精神障礙的終身患病率給出了很高的數值。

金恩和霍德能夠找到有關四分之一這個數值的唯一研究，是年度「成人精神疾病發病率調查」（Adult Psychiatric Morbidity Survey）。這份調查發現，英國有百分之二十三的人在過去一週內曾經歷過心理健康問題。當然，由此推斷的終身發病率會大大高於百分之二十三。金恩和霍德還發現，關於何謂精神疾病的幾份研究之間也有很大的差異。「男性勃起障礙」、「尼古丁依賴症」（我沒有在開玩笑）這些列在ＤＳＭ中的疾病，並不包括在大部分的心理健康調查中。二〇一〇年一項研究加入了注意力不足過動症（Attention Deficit Hyperactivity Disorder，亦簡稱ＡＤＨＤ），這導致心理健康問題的患病率大幅增加。金恩和霍德推斷，會用四分之一這個數字並不是因為有證據支持，而是這個數字「不大也不小」。[51]這讓我們的痛苦經驗看起來是可以接受的，同時也給我們一個這種疾病有天會結束的希望。然而，在多個國家的終身精神疾病發病率估計值中，數字更接近百分之五十。[52]換句話說，從統計學角度來看，罹患精神疾病其實相當正常。

然而，我們已經深入探討了不斷擴大的邊疆地帶，這顯示了心智正常與否的定義在醫學上和社會上都有劇烈的轉變。儘管維多利亞時期的精神科醫師認知到，正常狀態是由社會習俗所形塑，他們仍然假設大多數人是完全理智的。對於那些不符合一般社會的狹隘正常值的人，就建議他們遵循傳統的作法來治療，所以歇斯底里的女孩應該走入婚姻；酗酒的家庭主婦只需要多做一些打掃和育兒工作。如今，我們可能相信情感和行為的某種化學或神經性模式，但這個模式並不一定有益於我們的健康。有時候，這會讓我們對社會期待視而不見，這些期待持續影響我們對正常和異常行為的態度。當然，在我們最幽暗低潮的時刻，醫學可能支持我們，或讓我們維持原有狀態。但這也可能會將我們困在一種狹隘的經驗解讀之中。

我們最後來回顧一九六七年密西根大學醫院的研究如何嘗試定義正常心智。這項研究希望可以得出正常心智的定義，並以一種更一致的方法應用於心理健康。一組精神科實習醫生和一組經診斷為思覺失調症的患者接受了相同的測試，研究參與者在測試中要回答，在某些特定情況中，「典型的正常人」會如何反應？舉例說明，這項測試要求受試者思考，如果他的老闆當著眾多同事的面前叫他「愚蠢的白痴」，這位「典型的正常人」該如何反應。光是精神科實習醫生的回答就從「憤怒但決定忘記整件事情」到「非常憤怒，立刻辭職」等五花八門。雖然樣本數很小，但研究人員認為這些不同的回應相當重要。[53]換句話說，正常人對於正常行為就有截然不同的看法。

比起過度簡化的「州立醫院思覺失調症患者」樣貌，精神科醫師的群體呈現了更多變異。這群思覺失調症患者的反應較為溫和。沒有任何實習醫師認為正常人在被罵「愚蠢的白痴」時會毫不在意，但有百分之十的思覺失調患者選擇了這個選項。另外有百分之三十一的精神病患者選擇另一個溫和的反應「憤怒但決定忘記整件事情」，相比之下，僅有百分之八的實習醫師選擇這項反應。

我們究竟該如何解讀這些差異？是不是有些確診思覺失調症的患者比所謂的「正常」精神科醫生更不受其他人的行為影響？還是說，這些病患更加在意正常心智的定義？他們對測驗的反應可能是基於確診為精神病患的經歷。就像十年前對於精神病院生活的一項研究顯示，「『正常』的概念和患者能想像到其背後所隱含的意義，是患者在醫院裡所做出的一切行為的主導意識組織因素」。[54]若經由他人認證精神正常，就可以提早出院；若仍表現出許多「異常」行為，就會受到嚴厲的懲罰或取消一些優待。

這種承載各種意義的「正常」概念，在今日的精神健康護理仍然相當重要。但我們往往忽視了文化差異。如同密西根大學的調查，我們對正常行為的定義往往傾向優先參考高薪專業人士的生活方式和經驗，而忽略了病人的真實狀況。就像十九世紀晚期的男性精神科醫師會預先假設女性應有的適當社交行為，今日中上階層的精神科醫師也會帶入自己的假設和偏見。當你有車、有信用卡、小孩，也有保母照料，並時常忘記其他人的生活中無法如此便利時，到超市買東西似乎就是件輕而易舉的事情。當我們對正常的想像是建立在特定的中產階級生活方式的基礎上，對那些不在這個範圍之內的人來說，要符合這些標準就變得更加困難。然而，若不符合標準，就會被視為罹患精神疾病的徵兆。

這些正常狀態的概念是依照年齡、性別、階級和種族劃分的。我二十歲出頭時，正在重度憂鬱症中泅泳。有天晚上我和朋友到酒吧喝酒，但後來卻爆發危機般的衝突。我最終被送進急診室，但在這之前，我的鄰居報了警，因為我的室友和男友在走廊裡打了起來。警察來到現場，發現我滿身是血。「誰把妳打成這樣？」他們指著我手上的傷口，一遍又一遍問我。「是妳男友打妳嗎？」在東倫敦的社會住宅街口，面對一個情緒不穩定又受了傷的年輕女孩，警察很快就認定這是家暴。我最後努力開口告訴他們其實我是自殘，警察結案後，也就拍拍屁股走人了。

但如果我是個黑人男性，在同樣情況下又會遭遇什麼樣的事情呢？警察還會用同樣的方式對待我嗎？還是他們會把我的痛苦不堪當成一種威脅？二〇一〇年「算我一份」

（Count Me In）的人口普查發現，在英國兩百三十八家國民健保署和私人醫院中，某些黑人族群因為心理健康因素入院治療的數量是平均值的二至六倍。主要是非洲黑人和加勒比海人後裔住院的比例很高，但他們也有可能是在非自願的情況下被收治，通常是透過刑事司法系統將他們送進醫院。[55]這是否證明精神病學在體制上仍展現了種族主義？精神病學家在這一點上仍有許多爭論。有位受訪者堅稱，警察和法院將這麼多人移交給醫院，讓他們接受必要的治療，豈不是好事一樁嗎？[56]但他們遭警察逮捕的原因，是否就反映出不同的解讀和理解這些行為方式？是否也說明有關當局處置某些人的方式（通常是以暴力的方式）？正如我們所見，這些不平等的對待不僅是精神病學的一部分，更貫穿了整個科學與醫學、法律、警務和心理學的歷史。很難想像當整個社會在不同面向都展現種族主義時，精神病學要如何自外於體制性種族主義的影響。

第四章

我的性生活正常嗎？

我和大多數生活在二〇〇〇年代的倫敦年輕人一樣，二十多歲時都住在分租公寓。室友之間很常彼此討論性事，但通常也會發展出只有自己小圈圈才懂的笑話或代號。我和室友在租屋處的客廳裡，有一整面「老公牆」上面貼滿我們迷戀的明星，好遮住原本牆上一面又大又俗氣的鏡子。「只是泡個茶」是只有我們幾個才懂的性事代號，知道意思的人才能會心一笑，我們幾個以外的人是聽不出其中含意的。每次聊到吱吱作響的床架、聊到那個每次早上起床上廁所後，永遠記不住要回哪個房間的「毛怪裸男」，或是新的情人在高潮時說了什麼、做了什麼奇怪的事情，我們總會咯咯地笑出聲。我們還會寫下露骨的同人小說，再互相傳閱。

雖然我們有時傻笑、有時焦慮，但都認為自己這樣滿正常的。我們對於同居的想像都來自一九九〇年代陪伴我們成長的電視影集，例如《六人行》（*Friends*）、《同居生活》（*This Life*）或甚至是《魔法奇兵》（*Buffy the Vampire Slayer*）。在這些影集中，每個人物年輕又有魅力，角色設定也都是異性戀的白人。《魔法奇兵》又特別著墨於年輕人的性生活。當芭菲（Buffy）給出她的初夜時，她的男朋友就變身成了惡魔，開始想要毀滅這個世界。而《魔法奇兵》裡有個歌舞橋段，我們總會一遍又一遍跟著唱，這個橋段凸顯了許多這類影集潛在的教條觀念。芭菲的女生朋友薇珞（Willow）和塔拉（Tara）找藉口離開朋友家時，推說是想要回家做愛。當芭菲的青少女妹妹糖（Dawn）說覺得這件事「有點浪漫」時，芭菲和朋友詹德（Xander）立刻跳出來反駁，驚恐地連忙說道：「才沒有，這一點都不浪漫！」為什麼不浪漫呢？這是不是在暗指女同志間的性行為並不浪漫？還是說，糖還只是個青少女，姊姊必須保護她遠離性事話題？

為了深入理解圍繞在合意性行為的各種常見樣態，我們需要探索其歷史。* 一九四〇年一項研究指出，每個人對正常的性都有各自的理解，這也是出於對其他人的行為方式的模糊概念。這項研究發現，人們判斷性行為正不正常的兩個主要方式為性行為的本質和性生活的頻率。但一個人推斷怎樣的行為或頻率本身就是複雜且讓人費解的問題，我們對性的概念包含來自電影、精神科醫師的診療椅、牧師講台、醫生手術、街頭巷尾雜談還有節育門診等等不同來源匯聚在一起的「亂七八糟的想法，好像一部分吸收、理解了，但常常又

* 雖然強姦、性侵和戀童癖也時有所聞，但這反映我們社會中的權力關係和約定成俗的常規，甚至在某些社會背景下會可怕地讓人把這些狀況「正常化」，但我在本章節中會將重心放在合意性行為的討論。若想瞭解更多關於強姦的歷史，請參考 Joanna Bourke, *Rape: A History from 1860 to the Present* (London: Virago, 2007)。

有一部分的知識被我們拒絕在外」。[1]這份報告接著表示：「對於正常的想像在某種程度上也操控了我們的道德觀」。但「不確定其他人會怎麼做的想法，可能讓人對正常和異常的分別更無所適從」。

但是每個人對於正常的性之想像，未能展現法律、醫學和社會期待如何大大影響我們對他人生活方式的期待。在一八八五年到一九六七年間，英國和其他許多國家一樣，兩個男性之間任何形式的性行為都是違法的。在世界上某些角落，仍有人會因為和同性發生親密關係而遭監禁，甚至處死。婦女（尤其是有色人種的婦女）也會因為婚外性行為或懷上非婚生子女而受到社會和法律的批判。在某些國家中，通姦仍是種刑事犯罪。因此，性行為的歷史也是一部法律和醫療控管的歷史，這是某些人遭到其他人脅迫的歷史，也是那些在性方面被認為和其他人「不同」的人遭到排斥和壓迫的歷史。

現代西方設想所有健康的人都應該享受合意性行為的歡愉，但在性史中記載的各種強迫和控制的手段則破壞了這種假設。和性有關的議題依然十分複雜。許多人仍會為自己的「性趣」感到丟臉或尷尬，或難以確認其他人的反應。我還記得，有次新交了男友，對方第一次來家裡時，看到我床頭櫃上的那本《怪奇性行為百科全書》（*The Encyclopedia of Unusual Sex Practices*）時，我簡直羞愧到想找個地洞鑽進去。我結結巴巴地說：「我看這本書是為了，呃，做研究用的。」他也緊張地轉移話題。黃色書籍有種詭祕、讓人尷尬的氣場，而成堆不相干的正經書籍也繼續遮擋倫敦蘇荷紅燈區色情商店的櫥窗。當然，性產業也能發行報紙、電影和書籍。二〇一五年，時任英國首相的大衛．卡麥隆（David Cameron）爆發豬門事件，如果他在大學期間是把身體其他部位塞進死豬的嘴裡，這件軼聞還能夠這樣吸引全國人民的注意力嗎？

即便我們認為性是日常生活中很正常自然的一件事，但我們可能還是會認為性是種汙穢、祕密，應該隱而不談的主題。畢竟，我們都是關起門來過性生活，我們要怎麼知道自己的性生活是否正常？

十惡不赦的自瀆

路易是瑞士洛桑市的一名鐘表匠。* 大約在一七五〇年代，在路易十七歲的時候，他總能在工作時保持愉快且精神奕奕，身體也十分健康。在這個稚嫩的年紀，年輕的路易開

* 在文獻中，只簡單寫出了這個年輕人的性名縮寫「L. D.」，有鑑於他生活在瑞士法語區，為了方便閱讀，我擅自給他一個常見的法文名字「路易」。

始沉迷於可怕的自慰習慣，從每天一次、每天兩次，甚至到了每天三次！到了年底，這位年輕人開始覺得虛弱無力，還出現了一連串可怕的症狀，這讓他不得不放棄工作，臥床休養。薩謬-奧古斯都・蒂索（Samuel-Auguste Tissot）醫師發現這位少年「不像個活人，更像具屍體」，他的身體「乾索、羸弱、蒼白、骯髒，散發著令人嫌惡的氣味，而且躺在床上幾乎一動也不動。」不僅如此，這個年輕人還口吐白沫，從鼻孔流出「有淡淡血絲的分泌物」，他還排便失禁，「不斷有精液流出」。路斯再也記不得任何事情，也無法閱讀。蒂索醫師也發出警告，是自慰讓這個年輕人「比野蠻人還不如」。就算醫生開出了補藥處方，路易還是在幾個星期後離世。[2]

現在，對大多數人來說，自慰或許不會是我們最先想到的「不正常」性行為。但就算大多數人認為這是個正常的習慣，自慰仍帶有某種禁忌意涵，這也凸顯了我們看待性事的態度是多麼複雜。我記得幾年前我在博物館為一群高中生進行導覽。其中一個學生一臉天真無邪地問我櫃子裏面的展覽品是什麼，他問的是一個維多利亞時代的防止自慰裝置以及幾個日本情趣用品。我開始解釋的時候，整團年輕的男男女女都脹紅了臉，而我只要講到「自慰」這個詞的時候，就會有人咯咯地笑。

要是我在他們這個年紀，大概也會覺得很窘。雖然一九九〇年代的青少年雜誌大力鼓吹用自慰這種方式瞭解自己的身體，但這仍是種相當私密的行為，你必須自己想辦法解決，絕不能跟其他人討論。我記得那時候我認為觸摸自己私處有點骯髒，但我已經不記得是誰這樣告訴我了。其實在一九九四年，第一位擔任美國衛生局醫務總監的非裔美國人喬瑟琳・艾德斯（Joycelyn Elders）提出應教導年輕人自慰知識時，她失去了總統府的支持（當時的總統是比爾・柯林頓），後來則被迫離職。

究竟是出於什麼原因讓自慰在道德上有這麼多疑慮，甚至連不久後就和實習生莫妮卡・陸文斯基（Monica Lewinsky）陷入性醜聞的柯林頓總統也敬而遠之，甚至禁止公開討論呢？兩個多世紀以來，世人皆認為自慰在道德和醫學、社會及宗教等各種角度來看都是不正常的行為。在這個時期，這是引起**最多**關注，往往是最令人反感的性行為。自瀆、手淫、獨樂樂的罪惡……我們總會用各式各樣迂迴的說法來發出警告。鐘表匠路易的案例收錄在蒂索醫師發表的《自慰引起的疾病》（*Diseases Caused by Masturbation*），該書於一七六〇年以法文首刷出版。這個時候醫學界才剛開始關注自慰的議題不久，在此之前這只是個大家不太瞭解的壞習慣。[3]在一七一二年的倫敦，有位醫生匿名出版了一本引起恐慌的書，這本書名為《自慰：令人髮指的罪孽及其可怕的後果（男女均適用）以及經自慰傷害之精神與身體照護指南》（*Onania: or, the Heinous Sin of Self-Pollution and All Its Frightful Consequences (in Both Sexes) Considered with Spiritual and Physical Advice to those who have already Injured Themselves by this Abominable Practice*）。[4]

所幸，《自慰》一書向其讀者保證，有一個簡單的治療方法可以處理自瀆對人體的傷害。凡受到排泄物、不孕症、陽痿或其他與自慰帶來的傷害所困擾之人，只需要在主禱文街上尋找一個不明顯的鐘形招牌就可以了。巧合的是，這正是出版《自慰》一書的出版社所在之地。這裡可以買到一種神奇的「強身藥水」和一種可以讓患者恢復健康和活力的「生殖藥粉」，如果非常擔心的話，還可以加購一種水藥和針劑來加強上述兩種藥物的藥效。[5]說穿了，《自慰》只是一本很冗長的廣告而已。

即便如此，《自慰》這本書還是引發了一場自慰恐慌，這場恐慌壟罩了整個十八、十九世紀的醫學界。歷史學家托馬斯・拉科爾（Thomas Laqueur）認為，在道德和自主治理開始出現連結的時代，這個概念引起人們的共鳴。[6]由於自我管束已經是個人課題，不再是由與上帝的外在關係所決定，自愛開始代表自私和放縱的人可能會對社會帶來的威脅。

整個十九世紀的醫學文獻都在說明孤獨和自私會對人體造成的威脅。而且，在《自慰》一書中保證能夠藥到病除的同時，維多利亞時代的人也擔心自慰會對個人及社會、身體和心智造成的長期傷害。早期人們嘗試量化自慰所帶來的負面影響，精神療養院院長羅伯・里契（Robert Ritchie）在一八六一年就曾聲稱，在他的療養院中，有一百一十九個病例是由於獨自的性行為所引起。[7]自慰在男性貧民病患中佔百分之六點五九，在一般男性病患中佔之百分之十二點五二，這代表自慰是出現在中產階級和上流社會的疾病，讓人更加擔心社會秩序的紊亂。里契表示：「這群患者不參加社交活動，只能在團體生活中獨自生活。」他們不會和其他人交談，也不會加入遊戲或餘興節目。他們是獨行俠，「不會追

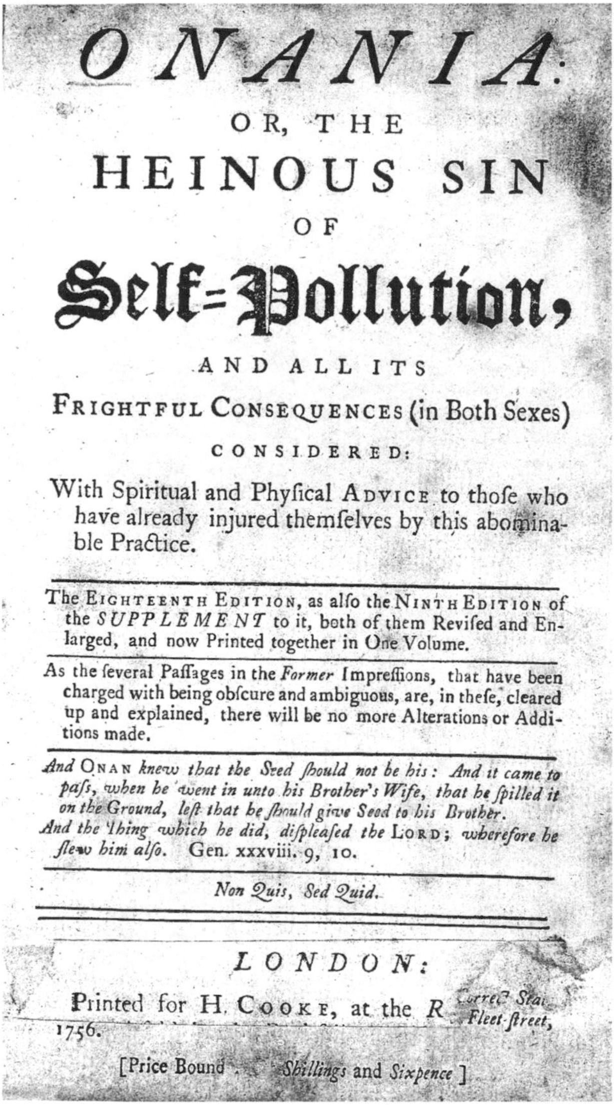

ONANIA:
OR, THE
HEINOUS SIN
OF
Self-Pollution,
AND ALL ITS
FRIGHTFUL CONSEQUENCES (in Both Sexes)
CONSIDERED:
With Spiritual and Phyſical ADVICE to thoſe who have already injured themſelves by this abominable Practice.

The EIGHTEENTH EDITION, as alſo the NINTH EDITION of the *SUPPLEMENT* to it, both of them Reviſed and Enlarged, and now Printed together in One Volume.

As the ſeveral Paſſages in the *Former* Impreſſions, that have been charged with being obſcure and ambiguous, are, in theſe, cleared up and explained, there will be no more Alterations or Additions made.

And ONAN *knew that the Seed ſhould not be his: And it came to paſs, when he went in unto his Brother's Wife, that he ſpilled it on the Ground, leſt that he ſhould give Seed to his Brother.*
And the Thing which he did, diſpleaſed the LORD; *wherefore he ſlew him alſo.* Gen. xxxviii. 9, 10.

Non Quis, Sed Quid.

LONDON:
Printed for H. COOKE, at the *R*[illegible] *Correct Sta*[illegible] *Fleet-ſtreet,* 1756.
[Price Bound [illegible] *Shillings* and *Sixpence*]

圖 4.1 《自慰》（一七五六）第十八版的封面圖案，這本書引發了長達兩個世紀對於自慰的恐慌。

尋社交樂趣。也沒有表現出交朋友的意願。」獨自的性行為是嚴重的社會問題，同時也是個醫學問題。

到了十九世紀的最後十年，大家的恐慌已經稍微平息。但自慰依然是件讓人不舒服的事情。醫生們開始相信自慰並不會讓身體變得虛弱或導致死亡，但這反而促使他們使用更具煽動性的言語。外科醫生詹姆斯．帕吉爵士（James Paget）將自慰形容成「極其下流的行為」、「上帝所禁止的骯髒行為」以及「人類鄙夷的懦弱之舉」，他希望強調偶爾的自慰行為對健康更加有害。[8] 精神療養院醫生大衛．耶洛里斯（David Yellowlees）則稱自慰是「不治之惡」。自慰之人避世生存，他沒有親密的朋友、不敢結婚，甚至不敢「看著你的臉，因為他深受骯髒的祕密所困擾，他必須一直隱瞞這個祕密，並害怕會被你發現」。[9] 對維多利亞時代晚期的人來說，自慰不僅僅是種性行為，還會影響到自慰者的整體人格和行為。從不正常的行為到不正常的人，我們從歷史中一再看到這樣的轉變。

許多人都同意，自慰會讓一個原本快樂、正常的年輕人變成古怪且鬱鬱寡歡的惡魔。就算自慰對健康沒有危害，也似乎相當普遍，但這都不重要，因為也沒有多少人想過要計算這種壞習慣的盛行率。唯一一個這樣做的人是克萊門特．杜克斯（Clement Dukes），他是拉格比中學的醫務人員（不過他沒有告訴大家他是如何統計）。一八八四年，杜克斯指出，有高達百分之九十至九十五的寄宿學校學生曾經自慰，他認為這應該是因為他們在吃完豐盛的晚餐後一小時就要上床睡覺。[10]因為胃裡的食物還沒消化完成，男孩們無法入睡，所以轉而獨自幹這檔壞事好讓自己進入夢鄉。

即使在一七一二年，《自慰》一書聲稱自慰對男女兩種性別來說，都是一樣的問題，但維多利亞時代的道德恐慌都集中在男性自慰者的身上。進入下個世紀時，性別平等的議題開始回歸到自慰這個「問題」上，多虧英國醫生哈夫洛克．艾利斯（Havelock Ellis）在一八九八年提出了「自體性愛」這一術語。艾利斯表示，自體性愛包括性幻想以及生理上的操作，而女性往往較容易承認自己有過性幻想，而非自慰。他還認為，我們不應該把自體性欲看成不自然或病態的行為，因為這在動物界以及在「幾乎我們所知的每個種族」中都很常見。[11]甚至自然界的物體也說明了女性自慰也是正常的行為，例如說香蕉這種水果的「尺寸和形狀看起來都是為了這個目的而存在的」。[12]騎馬、騎自行車、搭火車甚至至使用縫紉機這種日常的休閒活動都可能引起性興奮。雖然許多男性認為，這就意味應該限制女性的自由，但對艾利斯來說，這反而證明了性、自慰和性幻想對兩性來說都是絕對正常的行為。**不正常**的是慾望和社會成規之間的衝突。

佛洛伊德吸取了艾利斯的觀點，並讓性衝突的概念在歐洲發揚光大。但和艾利斯不同的是，佛洛伊德認為只有在某些特定情況下的自慰才算正常。自慰是性發展中的一個階段，也就是每個孩子都必須經過的「性階層的最底層」。[13]自主性行為是幼兒很正常的行為，因為他們的世界是圍繞著自己的生理需求而轉。然而，正常的性發展需要超越這個階段，進入一個由他人來驅動性欲的階段。事實上，佛洛伊德甚至認為，如果在應該出現「正常」性追求（也就是異性之間的性交）的年紀後還繼續自慰，就會對人體造成傷害。[14]

因此，一般人到了二十世紀還在擔心自慰帶來的傷害，這也就不讓人覺得奇怪了。英國節育倡導人瑪麗．史特普（Marie Stopes）在一九一八年出版暢銷書《婚內戀愛》（*Married Love*）後，成千上萬的英國讀者寫信向她求教，也時常在信中透漏自己擔心自慰對身心以及婚姻造成的傷害。*歷史學家萊斯利．霍爾（Lesley Hall）發現，在二戰中寫信給史特普的男性和一九一八年的男性一樣關心自慰問題；這表示自慰汙名仍未散去。[15]一九二七年，一位年輕的鐵路局職員悽慘地寫道：「因為這樣（自慰），我現在看起來非常憔悴，也非常沮喪。我對什麼事情都沒有興趣，我也做不來原本的工作，有時候覺得我乾脆死了算了。」[16]雖然我們現在可能會把這個年輕人的擔憂歸咎於精神問題，但他深信在他情緒低落時出現的頭痛、眼睛痛和身體抽痛都是因為他自慰的習慣所引起。確實，在二戰後，警告自慰導致的「性神經衰弱」和其他健康風險的小手冊，依然還在報紙和「性趣週刊」上刊登廣告。[17]

醫學界仍把自慰視為一個年輕人應該走出的惱人階段，畢竟他們總要長大。儘管史特普回信給鐵路局員工時深表同情，但她還是提醒這位年輕人，「當然，這是一個需要逐步控制並且戒除的習慣」。[18] 一九四九年，蘇格蘭精神科醫師尤斯塔．切瑟（Eustace Chesser）仍在他的《成長—活著》（*Grow Up-And Live*）一書中勸勉他的青少年讀者：「我們應該要克制許多本身很正常的衝動。大家可能認為『自慰』很正常，但思考一下應該盡力克制的原因，才是明智和健康之舉。」[19] 切瑟也叮囑，自慰可能會毀掉一個年輕人「正常的性生活」，也降低一個人的自制力、榮譽心和品德——切瑟的建議和維多利亞時代的醫學著作沒有太大的區別。醫學上可能不再認為自慰有害，但這在道德和社會上仍是個問題，認為自慰會破壞親密關係並增長反社會行為。

兩個世紀以來，自慰的地位已經發生了轉變。從眾多性犯罪之一，演變到極其危險、甚至是致命的傷害。這種自我的性愛可能會危害身體和心靈，造成神經性疾病，同時產生一種自私、隱匿和反社會的傾向。當心理學家和性學專家在二十世紀初開始研究這個議題時，就算他們不再認為自慰是種犯罪，但仍認定自慰帶來的各種危害。如果健康的性生活代表婚姻以及異性戀性行為，那自慰就是其反義詞。精神分析學家認為，沒有陰道高潮而

* 史特普和哈夫洛克．艾利斯和其他二十世紀初期的性學作家一樣，她也是優生學（種族改良主義）的大力支持者，這代表我們必須在全國性的性欲和社會控制的脈絡中檢視她的想法。

只能透過刺激陰蒂來達到性高潮的女性就是性冷感。[20]這就是為什麼在一九四〇年代，有位女性只能偶爾透過自慰來「抒發性欲」所遭遇的困擾，以及她必須努力克服對陽具插入所感到的厭惡。[21]到了二十世紀下半葉，不管是青少年或成年人，都仍在擔心自慰是否正常。他們想知道，「自慰會造成失明嗎？」、「自慰會讓我生病嗎？自慰會不會讓陰莖縮小，或是讓陰蒂脹大？自慰會不會導致性無能、誘發心臟病或造成手掌心長毛的症狀？」雖然科學上對這些疑問的答案都是絕對的「不會」，但在一九七〇年代的問答專欄作家和一九八〇年代的性教育者仍然發現這些擔憂相當普遍，這也是早期醫學態度的遺緒。[22]

平原城市的罪惡

一八七〇年四月二十八日，有兩位女士在倫敦史特蘭劇院遭到逮捕。芬妮．葛蘭姆（Fanny Graham）夫人和史黛拉．伯頓（Stella Boulton）小姐的舉止讓劇院觀眾感到有些困惑。她們表面上看起來是出身良好的淑女，但她們卻大笑出聲、賣弄風騷又吸菸，表現出底層階級甚至是妓女才會有的行為。[23]這對落難姊妹兩天後現身於堡街裁判法院，報紙媒體對她們的描述莫衷一是，但在報導她們的服裝上卻有志一同。據《圖解警界新聞》

（*Illustrated Police*）記載，年僅二十二歲的伯頓穿著「一件『低胸方領』櫻桃色絲緞連身裙，脖子上繫了一條白色蕾絲圍巾。」該報特意使用「在庭審期間指稱被告的代名詞」，並注意到她戴著一枚圖章小戒指，打扮充滿「希臘風格」，頭上的編髮圓髻是用金色假髮編織而成。[24]《泰晤士報》則使用陽性代名詞來描述這對遭控「帶有犯罪意圖出沒史特蘭劇院」的人，但同樣也對她們的衣著感興趣。和伯頓一起上法院的共同被告是一位二十三歲的法學院學生，名叫芬妮·葛蘭姆（Fanny Graham），她穿著一件「深綠色低胸絲綢連身裙，有黑色蕾絲滾邊，披了一條同材質的披肩。他有一頭捲曲的亞麻色頭髮。他還戴著一雙白色的小羔羊手套。」[25]

如果此案發生在現在，我們可能會將芬妮·葛蘭姆和史黛拉·伯頓，或他們的真實身分——弗雷列克·帕克（Frederick Park）和恩斯特·伯頓（Ernest Boulton）貼上跨性別者或男同志的標籤，或更簡單地稱他們為酷兒。這群人自稱莫莉（Molly）或瑪麗安（Mary-Anne），這是一個特殊的次文化，已經不再符合當今的性別認同觀念。伯頓和帕克時常穿著女性服裝，使用陰性代名詞，但有時也不會這樣做。在這兩個人第一次出現在法庭上時，其實他們想換下被逮捕時穿的禮服，但卻遭到警方拒絕。[26]有時候他們也想玩弄性別之間的界限，化上全妝之後再穿上男裝。他們會用自己的真實名字以及各式不同的女性姓名。在審訊過程中，報紙、證人和法務官員會使用陰、陽兩性這兩種代名詞來指稱芬妮和

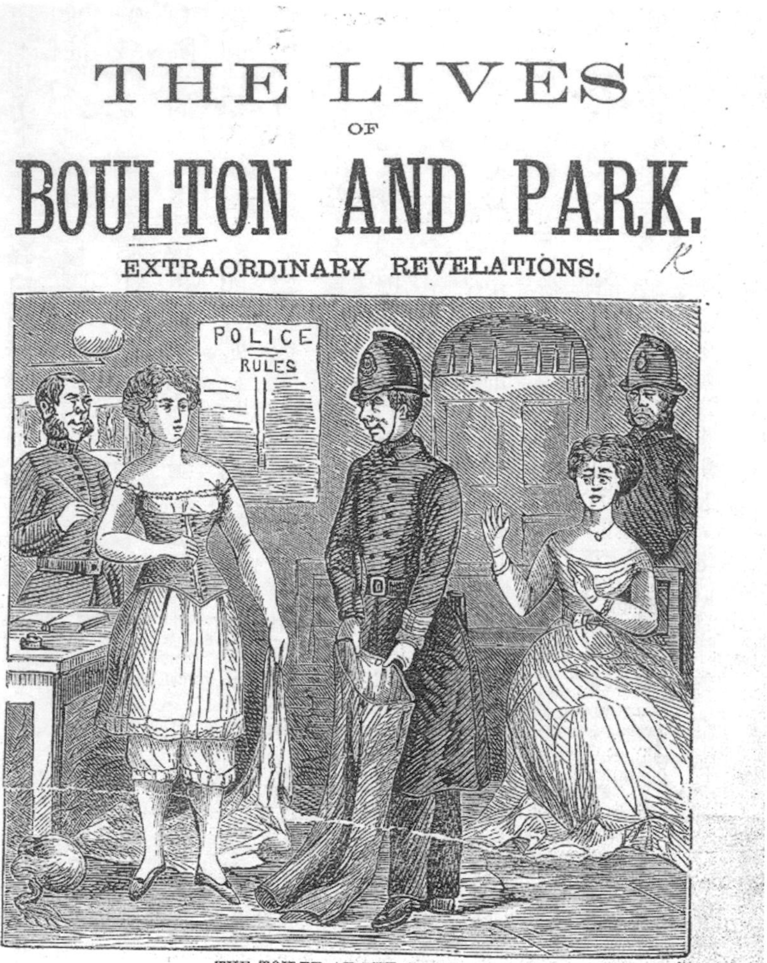

圖 4.2 伯頓和帕克案登上了一本廉價恐怖刊物的封面，並將他們描繪成一件骯髒的醜聞，一八七一年。

史黛拉，有時候會在同一句話裡還會出現兩種不同的代名詞。[27]似乎沒有人可以真正確定要如何將這兩人歸類。

十九世紀時，這種所謂「變裝」在當時的社會亟具顛覆性。法律史學家朱迪斯·羅布森（Judith Rowbotham）指出，這種行為和政治異議人士有關，例如對抗工業革命的盧德主義者、愛爾蘭起義分子以及一八三〇、一八四〇年代威爾斯「芮貝卡之亂」參與者。[28]警察也懷疑，男扮女裝的人在「變裝」時更有可能犯下盜竊和詐騙等尋常的罪行，所以他們一開始懷疑芬妮和史黛拉是一個菁英扒手集團的成員。[29]伯頓和帕克案的意義在於，這跟先前的案件不同，這還涉及犯嫌的性傾向和行為，包括芬妮、史黛拉和另外六名同夥。

一八七一年的審判著重在指控他們肛交，但兩人最終因為醫學證據不符而獲判無罪。一直到十年前，肛交都還是死罪，不過最後一次處死肛交的罪犯是在一八三五年。肛交和同性戀並未劃上等號，就算是異性戀夫妻進行肛交也一樣會遭判刑。

然而，在伯頓與帕克案審判後的十年裡，有愈來愈多的法律、醫學和大眾關注開始集中在男同性戀者的身上，把他們看為一種性「異常」的人類。簡單來說，在伯頓和帕克案以前，不管在醫學上或法律上，都沒有同性戀這樣的概念，只有同性之間的性行為。

在一八八〇、一八九〇年代，愈來愈多人開始認為同性戀是個特定的族群，但還是用兩性化的術語來描述這個族群。當時還沒有很多人使用「同性戀」這個詞。德國律師卡爾．烏爾里希（Karl Ulrichs）自稱為「厄寧」（Urning）或「尤拉尼恩」（Uranian），這個詞來自於古典神話中的烏拉諾斯（Uranus）。厄寧指的是出生時擁有男人身體和女人靈魂的人。這讓他們會受男性吸引，並認為自己在某些方上是陰柔的。英國作家愛德華．卡本特（Edward Carpenter）和約翰．賽門（John Symonds）使用了此一術語，雖然醫學上對於同性戀的理解不如詩歌和文學普遍，但男同性戀女性化心理的概念已深植人心。在醫學文獻中，同性戀和「常態」異性戀互為對比，臨床術語「性倒錯」、「性變態」或「反常性本能」就現了一種相反或對立的關係。但究竟是為什麼呢？這裡的正常僅僅是個假設。[30]

但這個對病態性取向的新醫學觀點並沒有讓聚集在蘇荷區的眾多瑪莉．安散去。也沒有杜絕色情書刊的糜爛猖獗，據說王爾德（Oscar Wilde）就曾在一八九〇年買過一八八一年出版的禁忌之作《上流肉販：倫敦男妓自白書》（*Sins of the Cities of the Plain*）。[31]這本書據說是一位化名為傑克．紹爾（Jack Saul）的男妓所撰寫的回憶錄，書中有許多有趣又過時的委婉代號，從吹簫、搔胞、搭帳篷（這聽起來更像是在露營而不是在講勃起）。這本書也強調了同性戀和性別倒錯的關聯（傑克甚至在書中表示自己認識芬妮和史黛拉）。[32]

從許多男同志留下的回憶錄來看，他們在當時的生活更加艱難，而那些不被視為男性的同性戀者則幾乎沒有在任何文件紀錄中出現。約翰・賽門對他和其他男人的「短暫接觸」既「著迷又反感」。[33]男同志祕密社團創辦人喬治・艾夫斯（George Ives）自稱為「有一千種小怪癖的福爾摩斯」，他認為倫敦是個充滿危險和勒索的城市。[34]畢竟，如自由黨議員亨利・拉布謝爾（Henry Labouchére）對一八八五年《刑法修正案》（*Criminal Law Amendment Act*）的修訂所言，當時歐洲各地都將男性之間「公然或私下的嚴重猥褻行為」視為犯罪。[35]就算是關起門來辦事，除了肛交之外，兩個男性之間**任何**性行為都是違法的。*

或許維多利亞時代末期，和性有關最著名的醫學著作就是德國司法精神醫學家理查・馮・克拉夫特–艾賓（Richard von Krafft-Ebing）的巨作《性病態心理學》（*Psychopathia Sexualis*）。如果你曾聽聞過克拉夫特–艾賓的大名，你可能會知道他首開醫學領域使用「施虐狂」（sadism）和「受虐狂」（masochism）這兩個詞語之先河，以描述對性慾的支配和屈從。這也是文化期待如何定義「正常」以及病態性癖好的例。克拉夫特–艾賓認為，受虐狂幾乎都是男性，因為女性在社會中的「被動角色」代表她們會「自然地」將性和「屈從的想法」連結在一起，而這種屈從的行為「在某種程度上是種正常的表現」。這種

* 這些法律通常沒有禁止女性之間的性行為，法律上認為這不是嚴重的問題，或許是因為大多數醫學作者認為女性對性沒有興趣或幾乎沒有興趣。

行為只有在男性身上時才變得異常，因為這顯示了「特定女性心理元素的病態增長」。克拉夫特-艾賓甚至認為家暴可能是正常的現象。他聲稱，「在斯拉夫人的底層階級，據說妻子沒有被丈夫毆打的話就會感到受傷。」[36]

將暴力和屈從視為「自然的」性別特質的觀念已存在許久。區分出男女性的性癖不僅強化了二元的性別模式，也大大影響了社會和法律的發展。至少在一九七〇年代以前，許多國家的警察和法庭都輕忽家庭暴力，一直到一九九一年，英國才在法律上把婚姻中的非合意性交視為強暴。維多利亞時代末期，由於醫學領域首將性病態分類，此時對性病態的態度，導致性別暴力長期以來被認為是正常的社會現象。

然而，《性病態心理學》的主要討論議題並不是施虐狂和受虐狂，而是同性戀。此書在一八八七年發表了第二版，在第二版中，克拉夫特-艾賓將同性戀定調為性別倒錯，許多非醫學專業的讀者覺得自己被說中了，便紛紛寫了「大量的信」給克拉夫特-艾賓。[37]他將這些讀者來信內容加進書裡，讓《性病態心理學》從一本一百一十頁、討論四十七個案例的小手冊，在一九〇三年改版到第十二版時，已是一本六百多頁、討論多達兩百三十八個案例的大部頭書冊。[38]有些讀者在克拉夫特-艾賓的書中找到新的自我理解方式，但仍有另一群人批評或反對這位精神病學家的觀點。一名中產階級男人坦言，他因為「異常狀態」飽受痛苦和內疚的折磨，但「X醫生」則不認同克拉夫特-艾賓的治療方法。[39]X醫生想的和大部分如我一般的「金賽夫人」一樣，他寫道：「絕對不要為自己的不正常感到悔恨，如果要刻意矯正這種狀態，才可能讓人覺得遺憾。」[40]

雖然克拉夫特-艾賓對那些寫信向他訴苦的男同性戀表現出愈來愈多的同理，但他的精神病學模式仍將同性戀視為一種病態的表現。隨著《性病態心理學》愈來愈暢銷，同性戀生活和人格也受到愈來愈多的關注。在克拉夫特-艾賓和其同儕的影響下，精神病學在二十世紀上半葉仍是決定「正常」性取向的焦點。這些定義持續將性欲和性別特徵連結在一起。一九三六年，精神科醫生凱瑟琳．邁爾斯（Catharine Miles）和路易斯．特曼（Lewis Terman）甚至開發了一種區分男女性的性別測試，企圖在「量化個體和其性別平均值偏離的程度和方向」。[41]雖然這份研究的出發點是出於對一般性別假設的質疑，也就是性傾向和性別特徵有關，但最後他們仍得出「被動型的男同性戀通常會在女性特徵上得到較高的分數。」[42]

這些刻板印象在在影響了一般人的生活。美國在第二次世界大戰中，為了減少士兵精神創傷的人數，便提前對新兵進行篩選，而篩選機制便是將同性戀者視為精神官能症患者。如果有新兵在脫光衣服時感到不自在，或他們以理髮師為業、做出陰柔的動作時，都有可能遭到淘汰。[43]入伍檢查的醫官有一套標準問題，其中甚至包括「你喜歡女孩嗎？」這麼直接的問題。官方調查認為年輕男性的正常發展就是應該要「建立令人滿意的異性戀愛關係」。[44]美國陸軍中，約有四到五千名男姓因被判定為同性戀而遭拒絕入伍，在二戰期間，另外有一萬名士兵因為偶爾出現同性戀行為而遭判刑。[45]

戰爭結束後，美國渴望回歸所謂的正常生活，這種渴望就表現在極度保守的文化上，並重新關注家庭價值和戰前的性別角色。二十一個州頒布了「性病態法」，重點監控不符合這些規範準則的行為。[46]人民可能因為合意肛交、公然猥褻、光顧同志酒吧、在公眾場合撫摸或變裝行為等「非暴力犯罪」而遭判刑。[47]雖然最終這些州修訂了法律，但仍使得「同性戀是一種精神疾病」的觀念，在維多利亞時代結束後仍留存很長一段時間。一直到一九七三年，美國精神病學會才屈服於同志權利團體的壓力，同意從DSM中刪除同性戀為一種精神病態的內容，而一直到一九九〇年，世界衛生組織才將同性戀從《國際疾病分類》（*International Classification of Diseases*）中刪除。[48]但性取向和性別特徵有關的概念也持續流行，人們認為男同性戀就是女性化，而女同性戀則是「男性化」。這種看法更加強化了二元的性別和性取向，性別特徵只能分為男性或女性，就像性取向只分同性戀或異性戀一樣。但事情沒有這麼簡單，不是嗎？如果其他正常特徵分布在一個範圍之內，那性向何嘗不是如此？

性向的分布

一八九一年十二月的一個星期六，帕丁頓戶政辦事處舉行了一場低調的婚禮。登記結婚的新人是三十二歲的醫生亨利．艾利斯（Henry Ellis）和女權作家伊迪絲．李斯（Edith Lees）。婚禮的賓客只有艾利斯的姊妹露薏（Louie）和李斯的朋友愛芙琳（Evelyn）和希柏兒．布魯克（Sybil Brooke）。他們沒有舉辦婚禮宴席，伊迪絲交遊廣闊，而新郎倌卻討厭大型聚會，也痛恨在一群人面前講話。伊迪絲在那天下午舉辦婚宴派對，邀請朋友前來同樂，也「仁慈地」讓哈夫洛克晚點到場，所以「他不舒服的感受不會持續太久」。[49]隔天，艾利斯夫婦去了巴黎旅行。哈夫洛克．艾利斯後來在文章中寫到對妻子的感受時提到：「婚姻並沒有帶來狂喜，反而帶來某種解放。」[50]大約一年後，伊迪絲醞釀好寫信給哈夫洛克，告訴他自己對好友克萊兒（Claire）的感情。哈夫洛克後來曾公開表示，因為當時他對「天生性倒錯的性格」知之甚少，所以這個真相讓他陷入痛苦。[51]儘管如此，他仍給伊迪絲寫了封信道，「我非常高興妳能和克萊兒這麼親近」。[52]艾利斯夫婦達成協議，兩人就此進入開放式婚姻，而同性戀則成為哈夫洛克的第一項心理學研究。

哈夫洛克．艾利斯後來成為「性學權威」，他後來回憶道，因為「我的實際經驗實在有限」，所以這個身分也讓他的女性密友感到非常好笑。[53]在一八九七年至一九〇八年間，這位隱居的寡言醫生、哲學家、藝術家、詩人、音樂家、科學家和優生學家出版了六冊的《性心理學研究》（*Studies in the Psychology of Sex*）。艾利斯對於「相對健康和正常的人」所擁有的性行為感興趣，這和以往強調病理學或法律的觀點，又邁出一大步。[54]他的研究反對以精神病學解釋同性戀的見解，也對同性吸引是種性別倒錯的觀點提出質疑。艾利斯提到，「伊迪絲身上確實看不到明顯的雄性特徵」，他有點自以為是地推斷：「她從任何方面來看都不像是個男人，但身上充滿了女性、男孩和小孩的特徵」。[55]

在艾利斯的著作中，女同性戀者受到的重視遠遠超過其他研究對象，這很大一部分要歸功於伊迪絲和她朋友們的貢獻。伊迪絲．艾利斯成為《性別倒錯》（*Sexual Inversion*）的研究案例之一。在這本書中，伊迪絲化名為H小姐，她是一位三十歲女性，但在四歲時就對其他女孩產生性方面的興趣。[56]長大成人後，H小姐發現她能在「溫柔地觸摸、愛撫和親吻愛侶身體時獲得性欲的滿足」。H小姐表示：「當一個人的天性就包含對同性之愛時，這也是合乎道德的。」然而「對於正常女性而言，這種權宜之計或對性欲的表現」卻不被外人所接受。[57]

關於愛的道德重要性以及天生的同性戀本質，這些主題貫穿了艾利斯的著作和案例研究。哈夫洛克的《性別倒錯》和克拉夫特-艾賓的病態倒錯論不同，他在書中將同性戀者描繪成理想、文明之人，擁有強烈的道德觀念和極強的自制力。是社會讓同性之愛看起來不正常，讓伊迪絲．艾利斯或約翰．賽門（艾利斯撰寫《性別倒錯》時的合作者）無法放膽和他們所愛的人建立「長久的關係」。

哈夫洛克．艾利斯在二十世紀初撰寫此書，所以他對正常性取向的觀念也受佛洛伊德影響。佛洛伊德最初關注性變態和性病態，他將童年時期的性經驗（包括受虐）用來解釋成年人的神經官能症。然而在一八九九年，他提出了存在於正常童年的性衝動（libido），並在一九〇五年的性學理論文章中開始將他所謂的「異常行為」（例如同性戀）看作自然界中的變異。[58]正如我們所見，佛洛伊德的研究模型是具發展進程的。同性戀就像手淫一樣，是性欲發展的其中一個階段，而異性戀的陰道性行為是「正常」的行為，而其他形式的性活動都是朝著這個模式逐步發展。儘管在孩童之間對於同性的慾望是正常的現象，但佛洛伊德認為，成年人若對同性仍有慾望，這就代表性發展的停滯，所以同性戀是種精神官能症。艾利斯的觀點略有不同，但同樣具有這種形式化的看法，在性方面，兩個相互愛戀的一夫一妻伴侶關係是正常的，而所有偏離這種理型的關係都是變態。佛洛伊德和艾利斯都認為性欲是絕對且不可改變的。一直到第二次世界大戰之後，艾佛．金賽（Alfred Kinsey）才再度扭轉世人對於正常性欲的觀念。

二〇〇四年電影《金賽性學教室》（*Kinsey*）中有個讓人難忘的場景，在連恩．尼遜（Liam Neeson）飾演的艾佛．金賽和他的同事，彼得．塞斯嘉（Peter Sarsgaard）飾演的克萊德．馬丁（Clyde Martin）在一次出差進行性欲訪談時，中途回到飯店房間休息。他們正在討論金賽量表，也就是把性欲視為一個相對和流動的概念。根據金賽的說法，大多數人的性取向介於零（絕對異性戀）和六（絕對同性戀）之間。馬丁說，「我猜我大概是三吧？」接著便問起金賽，「那你呢？」金賽深思後回答：「我想我大部分時間都是一或二。」馬丁追問道，「那現在呢？」金賽答，「現在可能有三了吧。」接著兩人便開始接吻。在現實生活中，金賽拍攝了他自己、他同事和朋友在他家中閣樓上做愛的場景，這種個人對研究的犧牲奉獻精神不免讓人對他的研究結論產生一點懷疑。不管他的動機是什麼，金賽量表是第一個試圖超越人類二元性取向的模式，因為量表橫跨兩個極端值，以至於在這個變量範圍中的同性戀或異性戀都不能代表絕對的正常或不正常。

在一九三八年到一九六三年間，這位前昆蟲學家和他在性學研究學院的同事蒐集了一萬八千兩百一十六份關於美國人的詳盡性史。[59]金賽和艾利斯一樣都想研究「正常」的性取向，但他是透過量化的方法研究，而不是使用質化的方法。透過蒐集成千上萬份的詳盡性史，金賽企圖以統計學方法揭示美國社會中真實常見的行為，而非約定成俗的行為。因此，他試圖擺脫其他調查所使用的價值結構。在其他調查研究中，量表問題最終都導向不贊成手淫或同性戀的回答。[60]在這份量表中，受試者不須答是否曾經手淫，而是回答在幾歲時開始手淫。[61]

金賽和他合作的同事指出，人們普遍認為同性戀和異性戀男性在生理、心理和情緒上有所不同。大眾普遍認為同性戀男性應該要有細緻的皮膚、優雅的舉止、細尖的聲音、有美學敏感度、情緒不穩定、對藝術抱有興趣。然而，金賽寫道，「世界上的人不應該是只有山羊或綿羊這種黑白分明的世界。人類想像出這兩種不同的類別，並將各式真實情況強塞進不同的小框框。」[62] 金賽的數據推翻了「異性戀者和同性戀者之間具有明顯差異」這個將近一個世紀以來的假設。事實上，「有很大一部分的人口，也許是很大一部分的男性人口都有過同性戀經驗」。[63] 金賽的研究證明了同性戀行為遠非不正常，更是「人類性活動常見且重要的一部分」。[64]

對同性戀行為來說，推翻性別倒錯這個概念相當重要。這種模式假設可以把所有人簡單地分為兩類：男性與女性；異性戀與同性戀；正常與不正常。即使對哈夫洛克．艾利斯來說，雙性戀這種說法也相當令人質疑，因為這暗示伊迪絲．艾利斯所說「權宜之計」：雙性戀不符合性別的二元分類，也暗示他們否認真實「靈魂」的感受，或追尋肉慾的快樂而非追求愛情。同樣地，這套規範也行之有年。想想一九九〇年代電視劇《同居生活》（*This Life*）中費迪（Ferdy）這個角色，大家一直批評他害怕出櫃，因為沒有人相信他的妻子和其他男人會受他吸引。

金賽反對二元性傾向模式，並將性傾向視為和性別無關的範疇。身為一位生物學家，他認為變異是一件正向的事。他告訴他在印第安納州大學的學生，並沒有所謂不正常的性行為，因為「幾乎所有所謂的性變態都屬於生物學中的正常範圍」。[65]不過即使是金賽自己也無法完全脫離這種規範性的判斷。他想要揭開「正常」美國人性行為真相的決心意味著，他發表的研究著重於那些被視為最為正常的人類，也就是中產階級並擁有大學學歷的白人。雖然某種程度上他是有意為之，因為金賽的目的是希望遏止對於少數族群的批評，大部分輿論都認為所有「異常」的現象都可歸咎於少數族群，但實際上，在每個社會階層中，黑人男性或白人男性的性經驗模式都大同小異，不過這仍鞏固美國白人才是正常標準的觀念。[66]

當然，人們繼續把自己和預設的規範進行比較。一九四九年英國一項調查要求受訪者思考：「整體而言，您認為您在性方面是正常還是不正常？」大眾觀察資料庫（Mass Observation）企圖記錄英國大眾對於性的態度和習慣，所以做出這項被研究人員和讀者暱稱為「小金賽」的調查。*

受訪者回答的答案大相逕庭。有些受訪者認為，無論社會習俗怎麼看待，他們都是正常的，一位二十五歲的男性表示，「對同性戀者而言，我是正常的」。「大眾觀察」的數據判讀師不同意他的說法，將他繳回的問卷上標記一個紅色的「2」，而不是一般表示取樣正常的「0」。在大多數時候，一件事情的正常與否關乎社會公認的假設，而與個人認同無關。兩個宣稱自己縱慾的男人之中，即使其中一個人認為自己「整體而言是個正常人」，而另一人明確認為自己不正常，這兩人都會被歸類在不正常的範疇。一個二十六歲的實驗室助理表示他不正常，因為他後悔沒有趁年輕多發生幾次性行為；但他的問卷結果根本沒有列入考量。[67]儘管一九四〇年代的社會科學家努力想知道英國人在性方面是否正常，但他們的數據判讀無法捕捉到英國人在面對性的態度和性經驗的巨大差異。受訪者也會質疑所謂性的正常標準。一個四十八歲的男人聲稱自己很正常，「但同時我也必須承認，我對所謂的正常一無所知」。另外一個受訪者也問，「你能先定義正常嗎？」

「小金賽」調查報告顯示，有五分之一的受訪者表示曾有過某種形式的同性戀經驗。[68]然而，英國男女性之間的相似程度大於美國的男女兩性，根據調查報告，有百分之二十一的男人和百分之十九的女人表示曾與同性有過某種形式的性關係。[69]不能否認的是，女性調查樣本數量非常少，女性受訪者完成的調查不超過一百份，而男性調查則超過三百份。然而這也顯示，即便同性之間的性行為不是大多數人的經歷，但這也並不罕見。就算在當時的英國，同性性行為仍是違法行為，但這也不一定是人們認為不正常的行為。有過

* 由左翼研究人員於一九三七年成立的「大眾觀察」，旨在建立「屬於我們的人類學」，資料庫透過調查、日記和個人文件等研究英國的日常生活，這些資料由志願受測者和有薪研究人員共同收集。研究團隊成員大多數為中產階級（並不限於此），而男性成員的人數遠超過女性成員。

同性性經驗的三分之二的男性和四分之三的女性認為自己性向正常。雖然四分之一有過同性性經驗的女性認為自己不正常，但也有四分之一從未有過同性性經驗的女性認為自己不正常。

其他人則勉強承認他們的生活和社會期待之間有些差距。「我想我不是正常人，」一位四十歲的公務員感嘆地說道，「社會價值只認可異性之間的性行為。」他反而希望自己擁有「更加全面性的」經驗。他認為，如果社會能對於「像我這樣的人能有更加理解的態度」，那就可以「培養更為穩定和長久的關係」。同時，有位自認不正常的同性戀女性完全沒有性經驗可言。她解釋道，「我知道我在性方面並不正常，因為我活到三十歲卻沒有談過戀愛或被人愛過，也沒有任何對於做愛、結婚或生孩子的正常渴望。」她因為太過害羞而無法與男人或女性建立性關係，但她讀過瑞克里芙·霍爾（Radclyffe Hall）的女同志小說《寂寞之井》（*Well of Loneliness*），所以覺得她可以和女人做愛。但她語出驚人推論自己的人生：「不過看起來我會單身到老死，但我並不擔心也不以為意。」[70]

一九九四年時發表了《英國性態度及生活方式全國調查》（*British National Survey of Sexual Attitudes and Lifestyles*），這是英國繼小金賽調查後的下一項全國性行為調查，到了這個時候，同性戀已不再是違法或醫學上的病態（至少官方態度如此）。但奇怪的是，擁有同性性經驗的人似乎變得**較少**。大約只有百分之五點三的男性和百分之二點八的女性表示曾與同性伴侶發生性行為。在一九九九到二〇〇一年間，不管是同性戀或異性戀都能在法定年齡後進行性行為，這個比例上升到男性的百分之八點四和女性的百分之九點七，不到一九四九年的小金賽調查結果的一半比例。[71]除了愛滋病疫情的汙名和大多數人都拒絕接受調查訪談外，可能還有其他原因導致同性性經驗的比例明顯下降。[72]即使社會不再將同性戀視為犯罪或精神疾病，同性戀性行為在道德上可能仍有疑慮，我們回想一下，一九九八年喬治．邁可（George Michael）在公廁遭逮的事件，當時在公共廁所和公園的「妨害風化」行為成為媒體報導中道德恐慌的焦點。[73]同性權利運動雖然達成多項訴求，但也促進了同性戀的本質主義化。在我的青少女時期，沒有人像艾佛．金賽那樣討論性欲和性行為的流動尺度，他們都在忙著尋找「同性戀基因」。不管是同性戀或異性戀，都只是你與生俱來的本性而已。

對我來說，在這個本質主義至上的時代中成長，儘管一九四〇、一九五〇年代左右的金賽和小金賽調查在當時所要面對的是法律的壓制、道德態度和個人的罪惡感，但似乎都能讓人感到一種微妙的解放感受。我想，我內心中有一部分曾認為，過去的人們一定感到重重束縛，他們必須偷偷摸摸地進行同性性關係，也無法擁有真切深刻的親密關係。但從芬妮、史黛拉到小金賽的例子，許多人都能和同性伴侶展開活躍且愉快的性生活，並擁有長久的親密關係。X醫生在一八九〇年代告訴克拉夫特-艾賓，在他所居住的三萬人小鎮中，他個人就認識了一百二十位「阿姨」，並遇過「成千上萬個這樣的人」。[74]在第一次世界大戰期間，薇拉·「傑克」·霍姆（Vera 'Jack' Holme）和許多女人談戀愛。護理師賀敏·布萊伍德（Hermione Blackwood）女士和凱瑟琳·杜索托（Cathlin du Sautoy）在同場戰役中工作生活，她們領養了兩個法國孤兒，並共同在漢普斯特將他們撫養長大。當然，不是每個人都有同樣的優勢；特權背景往往能成為保護傘。然而，令人吃驚的是，在小金賽調查中，不快樂的「性傾向異常的」已婚女性人數，遠遠超過了那些擔憂自己和同性伴侶發生過性經驗的人數。看來在性事這方面，社會似乎會以更為嚴厲的標準來審查女性。

宛如處女

流行音樂天后瑪丹娜（Madonna）一首〈宛如處女〉（Like a Virgin）諷刺中帶點古怪的純真，又讓人心領神會的歌曲，在一九八四年成為她的首支美國冠軍單曲。這首歌是在我小妹出生兩年後發行的，當時我才五歲，一直要到一九九〇年代初期，我倆才開始著迷瑪丹娜的音樂和生活內容，即使她的生活可能和我們住在郊區、用她的照片來裝飾上下鋪床架的生活有天壤之別。瑪丹娜在一九九二年發行《情慾》（*Erotica*）專輯後，我妹妹把她所有的零用錢積蓄都花在偶像的傳記上。這本書讀來很有趣。「媽咪說瑪丹娜不是好人，因為她跟太多男人睡過了，」我十一歲的姊姊如此坦率地寫信告訴奶奶，「但**我**覺得她只是很大方而已啊。」我們對於性事過於頻繁的解讀取決於各種因素。某人有幾個性伴侶？我們對那個人又什麼其他的看法？他們的行為和我們自己的生活和經驗比起來差了多少？也許最能直指內心的是，這個人是男是女？

從性事方面來說，我的世代是在「男人來自火星，女人來自金星」這樣的性別觀念中成長。[75] 在這種刻板印象中，男人需要肉體上的性愛，而女性則渴望情感上的連結。從歷史角度來看，這種男女之間壁壘分明的區別是到近代才發展出來的。在十六、十七世紀，女性在文學和醫學中以好色、淫蕩、熱情、在性事方面相當積極的形象出現，不過很矛盾地，貞潔也是年輕女性珍貴且極力維護的特質。[76] 女性的性歡愉和女性的生育能力有關係，或許是正面的事情。人們甚至認為，女性的性器官在本質上和男性性器沒有太大的不同。歷史學家托馬斯．拉奎爾（Thomas Laqueur）稱人類為「單一性別」模式，他認為女性生殖器只是男性生殖器內翻或未下垂外露的版本，只是在外觀上看起來不同，而非本質上不同。[77]

然而，到了十九世紀，人們認為女性的身心和男性身心有根本上的不同。一七八九年法國大革命後，理想女性的形象更常描繪成冷淡、被動和純潔的形象，也不適合做任何需要努力或腦力的事情，她們來到世上的唯一目的就是成為母親，傳宗接代。[78]就是在這種背景下出現了所謂的「雙重標準」，這種性別的劃分就此深深困擾女性。維多利亞時代的威廉·阿克頓（William Acton）醫生在一八六五年說，「大多數女性（對她們來說是幸福的）並不受任何形式的性慾困擾。」雖然阿克頓是為了要安慰陽痿男性，而其他的醫生也不太確定女性是否對性事完全沒興趣，但大多數人／醫生都同意女人的性欲有限。[79]阿克頓推斷，「男人經常有性慾，女人則是偶爾才有。」這樣的區別一直持續到今日。[80]也有都市傳說這樣形容，男人每七秒就會想到和性有關的事情（但實際上並非如此）。[81]

圖 4.3 亞歷山大·莫里森（Alexander Morison）的《精神疾病面相學》（*Physiognomy of Mental Diseases*, 1843）中的圖片，圖片是一位「充滿淫亂思想」的年長女性，可視為「女性色情狂」。

不符合這種冷感「標準」的女性就會被看做是性慾亢進的花痴（nymphomaniacs），

對性愛有異常的渴望。這種病態的症狀有很多，包括淫蕩的行為、手淫、雜交，以及「通姦、打情罵俏、離婚後比自己的先生還要熱情」等等。[82]在一八五〇年代的波士頓，當B夫人的丈夫無法滿足她每晚的性需求時，她的婦科醫生建議他們暫時分居，也須進行一系列的禁慾行為來限制感官刺激。醫生警告，「如果她繼續縱慾下去，可能有必要把她送到精神病院。」[83]每個人都可能遇到性生活過度的問題，但人們認為男性性亢進（satyriasis）的情況比較輕微，也沒那麼常見。[84]

當然，不只有丈夫們擔心妻子未能遵循社會規範；女性也會為自己感到擔憂。有些人會尋求醫生的協助，或是被朋友和家人強迫接受降低性慾的治療。在美國，切除陰蒂的手術（陰蒂切除術）普遍用來治療手淫的習慣，這種做法一直持續到進入二十世紀。[85]在英國，陰蒂切除術的主要提倡者為婦科醫生埃薩克・布朗（Isaac Brown），但這種作法隨著布朗醫生在一八六七年聲譽敗壞後，在英國備受質疑。布朗遭控自吹自擂，這對維多利亞時代的醫藥人員來說，給人一種江湖郎中的印象，而且他在動手術之前，並未取得患者同意。[86]儘管布朗後來遭婦產科協會開除並於一八七三年逝世，但在英國，陰蒂切除術並沒有隨著他的離開而消失。[87]

未接受手術治療的女性也會面臨來自社會的壓力。一八八八年，二十一歲的南西・喬伊（Nancy Joy）被送到伯利恆皇家醫院，在此之前，她在倫敦帕摩爾一所房屋內的廚房準備室擔任女僕長。才出院五天，喬伊就經歷一場「誘惑」（這是維多利亞時代對女性婚前性行為的委婉說法），事發後她試圖要自殺。她在離開醫院後仍感到十分沮喪，也認為「如果她『被毀掉』，那她或許就可以免受憂鬱所苦」。醫生在紀錄中寫下，「有位紳士搭訕」南西，她則「答應和他發生性關係，但她現在只覺得她要下地獄了，希望能儘快去死」。

這場「毀滅性事件」影響喬伊至深。六個月後，她再度出院，並在一八九一年寫信給醫院。喬伊當時已經訂婚，但她不想讓她的未婚夫知道她的過去。這位年輕女子感到煩惱又困惑，便向她以前的醫生尋求協助和建議，告訴醫生她的悔意以及「我獨自一人時所留下的苦澀淚水」。儘管「在我清醒的頭腦中，沒有絲毫不純潔的想法」，但南西．喬伊也已經花了多年的時間擔心自己的處境，現在只想得到一個最終的答案。「我真的被毀掉了嗎？」她問道。「如果真是如此，那我將永不結婚，這樣就沒有男人會責備我。」「被毀掉的」可憐南西最後沒有和未婚夫完婚；幾年後她再度住進伯利恆醫院時，依舊保持單身。[88]

其他女性為像南西．喬伊這樣的人發起聲援運動，其中最著名的是約瑟芬．巴特勒（Josephine Butler），她帶頭抗議《傳染病法案》（*Contagious Diseases Acts*）。*巴特勒決定不再努力說服男性改變對待女性的態度，而是轉而找到需要幫助的女性並支持她們。這次的聲援運動是出於個人的意志。在她幼女伊娃在一八六六年意外去世後，巴特勒便懷抱抱傳教士的熱情投身於這項運動，她「擁有一種無法抗拒的欲望，想要尋找一種比喪女之痛還要強烈的痛楚」。[89]巴特勒從街頭邀請瑪麗安（Marion）、凱蒂（Katie）、瑪格麗特（Margaret）、艾瑪（Emma）和蘿拉（Laura）到家中度過她們生命中最後一段日子。[90]她們的共同遭遇都是「像路上的泥土般被男人踐踏在腳下」。[91]巴特勒蒐集到的這些婦女困境故事有兩個特點，一來是將她們重新定義為無辜、被動的受害者，二來是對「踐踏」她們的男人發出復仇的怒氣。

雖然巴特勒和她的夥伴們並沒有否認「男女之間的生理差異使男性對性事更感興趣」的觀點，但不久後，其他人就開始公開抗議這種假設。瑪麗·史特普的《婚內戀愛》成為暢銷書，強調兩性同等重要的慾望，這也改善了無數夫妻的性生活。當時有一名濟貧院的律師寫信給史特普，堅持認為「正常男性的性激情比正常女性還要強烈」時，史特普並不同意這種說法，「我不相信正常男人的性需求比正常女人的還強，」她如此堅稱。「由於女人的性需求徹底受到了錯誤的壓抑，**普通**男人的性需求比起來當然強得多。」[92]儘管史

---

* 這個法案最初於一八六四年通過，旨在透過允許逮捕任何被懷疑是妓女的婦女，並對其進行強制體檢來降低軍隊中性病的發病率。巴特勒和她的同事們稱這種檢查為「工具性強姦」，並抨擊這項法案背後隱含的雙重標準。完整內容請見茱蒂斯·華克威茲（Judith Walkowitz）所著《性工作與維多利亞社會：女性、階級和國家》（*Prostitution and Victorian Society: Women, Class, and the State*, Cambridge University Press, 1980）。

特普對於優生學中的生物種族主義充滿熱情，但她堅持認為男女之間的性欲差異是由社會決定，而**非**生理條件決定。

金賽也得出類似的結論。這位前昆蟲學家堅稱，在性方面，雖然男性和女性確實有心理上的差異，但並沒有根本上的不同。女人之間對於性事的差異比男性之間的差異還要大，不過差異本身就是「人類行為中最頑固的現實」。[93]這代表人類個體之間的差異比男、女群體之間的差異還要大，這進一步成為了支持性別與性脫鉤的證明。然而，金賽將性別視為一個光譜的觀點仍有其侷限。在一九四〇年代晚期，跨性別運動者露易絲·勞倫斯（Louise Lawrence）試圖說服金賽，認為跨性別者「比我們大多數人以為，甚至比知名醫生願意承認、或能更承認的還要常見許多」。[94]然而，歷史學家凱蒂·薩頓（Katie Sutton）解釋道，金賽強調性高潮時的生理基礎，這表示就算他支持跨性別者，但他並不支持跨性別者進行變性手術。[95]

小金賽的研究則顯示，在一九四九年的英國，許多年輕的中產階級人士在婚前就有過性經驗，但當時的社會仍奉行雙重標準。育有非婚生子女的婦女被人指指點點，有時甚至會被送進精神病院，但大家卻忘了要追究孩子的生父。人們可能會迴避遭受性侵的婦女，並認為是她們先引誘性侵犯對她們下手。[96]有些參加研究調查的男性明確表達他們依賴這種雙重標準。一個二十三歲的建築工人告訴小金賽調查員：「如果我只是想玩玩的話，我不介意身邊有個女伴，但如果我在跟一個我想和她結婚的女孩交往，那我就不會碰她。」[97]有個二十歲的倫敦人同樣強調，儘管他已經和十個不同的女孩上過床了，但如果他的未婚妻同意和他發生婚前性行為，那他也不再想要娶她了。[98]另一個二十九歲的汽車工程師也同意道，「我絕對不會娶一個會同意我們在婚前發生性行為的女孩。我很難找到這樣的人，但我最後還是做到了，我也娶了她。」[99]

這種偽善的現象一直持續到一九六〇年代，這矛盾的十年始於英國小說《查泰萊夫人的情人》（*Lady Chatterley's Lover*）因淫穢內容遭到審判（出版社最後獲判無罪），以及避孕藥的推出。雖然「避孕藥」被看作是釋放女性性慾的解放力量，但一開始只開放已婚婦女服用。英國首家專為未婚女性開設的避孕診所於一九六四年成立，並「不斷被指控鼓勵淫亂濫交」。[100]雖然女性的性快感不再自動成為精神疾病的徵兆，但女性性行為的程度仍然受到精神病學和生殖醫學的嚴格監控。

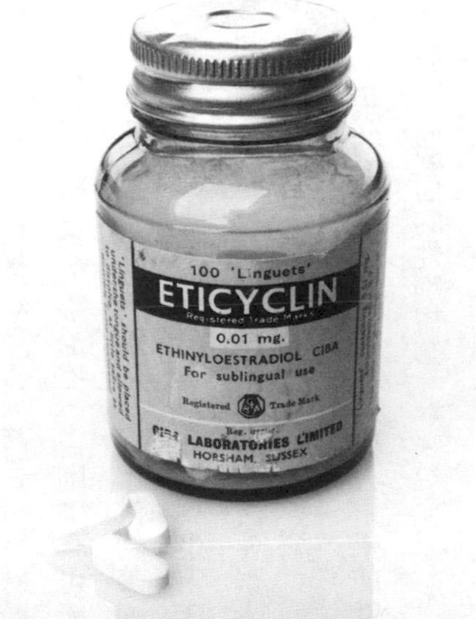

圖 4.4 瓶裝「炔雌醇」（Eticyclin）是早期合成雌激素和黃體素的避孕藥。

在美國，十八歲的蘇珊娜・凱森（Susanna Kaysen）在被送進麥克林精神病院時被描述為「淫亂放蕩」。收治凱森的精神科醫師警告她，她必須入院治療，否則她「可能會自殺或懷孕」。[101]凱森後來指出，從她住院後看到的病人數來看，一九六〇年代的美國經常將年輕女性診斷為成癮性濫交。「你認為一個十七歲的年輕男孩，要跟多少女生上床才會得到『成癮性濫交』的標籤呢？」，她這樣問道。「我猜，對男孩來說，大概要跟十五到二十個之間的女孩上床，才會被貼上這樣的標籤，但我不覺得他們曾經這樣做過。」她接著用一個沒有答案的問題結束這話題，「對十七歲的女孩來說，要跟幾個人上過床就算上癮呢？」[102]性行為是否過量，很大程度上依賴於約定成俗的性別規範。

「濫交」在二十世紀晚期對女性來說仍是個有害的標籤。舉例來說，一九八〇年全球報章媒體報導了一項瑞典研究，這項研究認為濫交的女性會引發較高罹患子宮頸癌的機率。但事實並非如此。這項研究表示，研究人員在精液中發現一種致癌細菌（後來的研究才確定這是HPV人類乳突病毒）。神奇的是，大多數報導的結論並不認為需要治療到處散播細菌的男性，或建議大家使用保險套，而是認為女性濫交才是問題的所在。[103]除了這些性別上的刻板印象，黑人女性還必須面對另外一層種族歧視的假設。有個同事曾告訴我，她在一九八〇年代還是個青少女的時候就很害怕會得到子宮頸癌，因為有人說黑人女孩罹癌的風險更高。多年以後，她才發現這種「風險」是因為醫學界的假設，他們認為黑人女性比白人女性更為放蕩，而這類種族主義刻板印象可以至少追溯到十七世紀。[104]

我在一九九〇年代進入青春期，正常的性觀念對年輕女性來說難以取得平衡。對性感到緊張就是性冷感；要是瞭解太多就是淫婦或婊子。年紀太輕就服用避孕藥有疑慮，但要是不小心懷孕又是離經叛道。當我在學校和同學分享我十六歲的表姊懷了一個孩子時，班上有同學說：「如果女人能把雙腿夾緊，那這個國家可能會更好！」她聽起來跟她保守派的爸爸如出一轍。要女性負起讓國家變得更好的責任，為什麼我們從來不質疑這種說法？單親媽媽已經取代未婚媽媽成為這個柴契爾主義國家的棄兒，這讓他們的生活更為困難。一九九〇年代和二〇〇〇年代的少女雜誌也充斥有關青少年性行為的關注。雜誌上有支持「年輕女性主動創造性經驗」的專題報導，並認為性探索也是「正常」的行為，但雜誌中專門回覆讀者問題的專欄作家卻強調女性讀者還沒有準備好性行為，藉此壓抑她們的慾望。[105] 對那些慾望不符合異性戀期待的人，她們則建議繼續等待，並警告那些認為自己喜歡同性的人：「小心不要這麼早就為自己貼上標籤。」[106]

二〇一六年，婚外情交友網站 IllicitEncounters.com 調查會員對新伴侶的期待。他們發現，不分男女都認為新情人的舊愛人數最好是圓滿的十人，不過異性戀男性對於前任數量太多的女性態度稍加小心。該網站一位發言人表示，「如果我們在十年前進行這項調查，男性會希望他們的新伴侶不要和這麼多人發生過關係。」[107] 這一說法是否真實？雙重標準真的持續了這麼久，甚至在那些更容易接受婚外性行為的人之中也是如此嗎？這似乎是真的。在許多國家（並非所有國家），不分性取向和性別，人人都想要享受性愛的歡愉，不管是和婚姻中的另一半還是偷情。但在表象的背後，仍有對兩性的不同期待。因為兒女數量或成為單親家庭受到指責的是女性，而不是男性。在西方世界中，女性在夜晚外出時的打扮或行為仍會被媒體和法庭用來當作辯護性侵犯的理由。在二〇一九年，有三位心理學家解釋道，女性佔性侵受害者的比例太高，所以「特別容易」遭到檢討，這不會發生在其他人際犯罪中。[108]「正常」性和性別之間的關係，及其所支持的雙重表準，是我們仍然在努力擺脫的東西。

到底什麼才是（正常的）性？

幾年前，我工作的地方進行過一次大改組。我是個初階的管理者，當時工作單位鼓勵我讀一篇有關支持團隊度過改革陣痛期的短文。奇怪的是，這篇文章是以一群企鵝為主角來說明支持團隊的方法。這些企鵝都擁有不同的技能和能力，他們穿越融化的冰川到達安全的地方前，必須以團隊合作的方式處理許多複雜的情況。雖然文章裡的角色都是企鵝，但他們在很多方面都已擬人化。這些企鵝有工作、會使用工具和語言。雖然作者在文章裡儘力安排一些雌企鵝擔任領導職或工程師的角色，但這群企鵝卻無一例外地擁有一夫一妻的異性戀關係或組成核心家庭，更時常顯示性別刻板印象的特徵。雖然這些特徵並不影響文章傳達管理之道的內容，但仍讓我感到十分惱怒。我向一位朋友抱怨，她擺出誇張又驚訝的表情。「天哪，」她感同身受地說，「他們該不會是**異性戀本位的**企鵝吧？」[109]

「異性戀本位」一詞由美國文學批評家麥可．華納（Michael Warner）在一九九一年提出，此後一直被用來描述社會按照性別和性取向進行管理的各種方式。[110] 此一詞彙強調異性戀這種性向類別，在社會上一直享各種特權，也經常伴隨性別偏見或排斥。對一篇管理指南文章的作者來說，他沒有必要把所有企鵝都套入異性戀核心家庭的模式。這個細節設定對於整項穿越冰川劫難的行動幾乎無關，而且並不是所有的企鵝都遵從異性戀和一夫一妻制的模式。

這聽起來可能是個微不足道的例子，但這些異性戀本位的企鵝在我們的歷史和文化中，只是無數情況之一，人們排除所有變因，一再強調某種形式的性取向才是正常的，這些情況有的滲透進日常生活中，有的情況則更不懷好意。我們在書籍、電影、報章雜誌和電視上都可以看到這種現象。人們認為異性戀傾向不言自明，就算沒有人特別解釋異性戀的定義，但這些現象卻無所不在。只有那些不符合這種假設常態的虛擬人物，才會因為他們的性取向或性認同受到特別的關注。人們假定某種與二元性別模式有關的特定性別行為才是正常的模式，而其他所有情況都與之相反，這種情況已經持續了一百五十多年。我們消除各種情況之間的細微差異，導致那些符合正常情況的人錯誤地認為，其他人也都應該一樣，並排斥所有不認為自己符合異性戀生活的企鵝。然而，正如金賽研究顯示，就算在一九四〇年代，徹徹底底的異性戀也不算常見。

幾個世紀以來，人類對於正常性取向的判斷也出現了許多變化，這提醒我們，文化態度對於定義正常性取向有多重要，有多少人因為不符合這些規範而遭到囚禁、排斥、勒索，甚至許多更糟糕的對待。時至今日，大多數人可能認為手淫是件平常又自然的事情，但幾世紀以前，自慰是最不正常的性行為。即使自慰對身體有害的迷信已被破除，但孤獨罪孽的污名仍揮之不去。同時，同性戀在十九世紀末仍在醫學界中被歸類為不正常的個性。因為我們對病理學不斷投入的興趣，異性戀才成為正常的性傾向。而「異性戀」一詞更是由同志文學所引入，而十九世紀和二十世紀的醫學文獻才開始將陰道交媾當作用來衡量其他性行為的相對正常性準則。

在某種層面上，這些對性的相對觀念依然存在。如果我問你有多少性伴侶，你會怎麼計算？你會像一九四九年小金賽調查中，把「任何形式的做愛」都算進去嗎？還是只會計算最接近陰道插入式的性行為的那幾個人？有些參加小金賽調查的人對於問題中對於性行為定義的僵化感到失望。一位五十五歲的女性對「您是否曾在做愛時，在插入的前一刻就停下來？」這個問題提出強烈的反對。她在意見回饋中提到，「我認為這個問題需要被好好解釋。我經常愛撫，但沒有進入插入式性交，但這不代表我們在插入前就停下來。」[111]這位女士曾有過六位性伴侶（五位男性及一位女性），經驗不算少。他認為，愛撫並不是單純為性交熱身。性行為不是單純的生物學問題，每個人都有不同的看法，這需要談判和妥協，需要溝通和學習的技巧。

所以這個問題不只是什麼才是正常的性，而是性到底是怎麼一回事。

第五章 這是種正常的感受嗎？

那是一九八六年夏天一個燠熱的日子。或許，其實沒有我記憶中那樣炎熱。我童年時光的所有夏日，似乎都模糊成一段陽光普照、綿長且朦朧的記憶，一天又過一天。我和家人想要烤肉時，偶爾會遇上突如其來的暴雨。當時因為降雨量不足而下禁水令，學校柏油操場周圍的草地都枯死了。我還記得我對光禿、乾裂成六角龜殼狀的地面十分著迷，也想知道沙漠是不是就長這樣子。當然，也有很多日子不是我形容的這樣，但對一個七歲的孩子來說，那些意義不深刻的日子早已從我的腦海中淡去。

那一天，大概是接近暑假尾聲的時候，原本也是個平凡無奇的一天。媽媽說她有事要出門，所以把我和我妹妹送去隔壁鄰居家和他們家的男孩們一起玩。我們也常常去隔壁鄰居家待上大半天。我爸爸甚至在兩家人的後院裝上一道門，這樣就更方便我們互串門子，一起踢足球、一起玩間諜或冒險遊戲，我們那時迷上什麼，就一起玩什麼。當馬修（Matthew）轉過頭，用一個六歲小孩最嚴肅的態度對我說：「你們的朋友好像剛去世了」，那時我和我妹妹甚至沒有想太多。「不過沒關係，妳還有我和其他朋友。」

我比馬修大，也比他懂事。我以為他只是在亂編故事，或誤會了從別的地方聽來的事情。所以後來媽媽回到家，把我們叫進屋裡時，我記得我並沒有覺得哪裡不對勁，只是從陽光燦爛的院子回到家裡，四周一下子變得陰冷且黑暗。

後來證明馬修是對的。他無意中聽到我媽媽和他媽媽說，我最好的朋友凱蒂騎腳踏車出門時，被一輛卡車撞到，當場死亡。媽媽接到電話時也不敢相信，驚嚇之餘還跑去凱蒂家確認消息是不是真的。

媽媽告訴我們這件事時，我和妹妹也沒想到，我們兩人竟然一起笑了出來。連四歲的愛麗森都已經知道這是件悲傷的事情，但我們卻做出令人困惑的反應。我們過了一下才抱著裝了果汁的塑膠杯和餅乾哭了出來，媽媽告訴我們，這個反應雖然讓人困惑，卻也完全正常。她還告訴我們，小時候家裡的狗狗死掉時，她不知道為何也笑了出來，但又覺得這個反應相當不應該。她說，因為她真的嚇了好大一跳。當你措手不及聽到壞消息時，這是一種自動反應。但這不代表你不在乎，也不代表你不難過。

尤其對幼兒來說，他們可能更對各種情緒感到困惑。我們的情緒代表什麼，我們又該如何向其他人表達或解釋我們的情緒呢?在幼兒園的時候，泰勒老師有次唸故事給全班五歲的小孩聽，這個故事是一個小女孩偷了姊姊的巧克力。我聽完故事後哭個不停，但老師來問我發生什麼事時，我又說不出個所以然。最後，我只告訴泰勒老師，我肚子很餓。我知道我講得不對，但那種感覺就跟肚子餓一樣，所以我想這樣解釋也沒什麼不對。

然而，並不是只有兒童才會覺得難以定義情緒。心理學家和精神病學家，甚至更早的哲學家和神學家，長期以來一直努力在確定我們的情緒究竟是怎麼一回事。一八八四年，美國心理學家威廉．詹姆斯（William Jame）提出一個著名的觀點，也就是情緒是對某一事件的生物反應。對詹姆斯來說，我們並不是因為傷心而哭泣，我們是因為哭泣才感到傷心。我們的生理反應是即時、衝動且無意識，只是後來我們才將這種反應解釋為一種情緒。[1]從詹姆斯時代以來，我們理解和討論情緒的方式也發生了許多變化。精神分析學家認為，我們需要進一步分析這些感受；而行為學家則認為，這些感受是無意識條件反射的證據。

近年來，神經生物學家試圖將特定的情感定位在大腦中不同的區域。最知名的例子就是將「恐懼」的感受定位在杏仁核中，這是靠近大腦底部附近的一小塊杏仁狀細胞群。遇到威脅，杏仁核會觸發著名的「戰鬥或逃跑」（fight-or-flight）反應以應對危急狀況。但即使在這個神經學模型中，仍然有一整套受文化和個人環境決定的問題。首先，我們什麼情況下會感到受威脅？恐懼對我們來說是什麼感覺？我們要如何向自己或向他人解釋這種感受？以及我們最後會做出什麼實際的反應？這些回答都會因為歷史、文化和個人情況的不同而產生改變，例如你可能覺得蜘蛛很可怕，但我可能卻覺得牠們細細長長的腳的很可愛（我真的覺得牠們可愛，從小學童軍營開始，我在每個階段的朋友圈中都是公認的蜘蛛剷除官）。

儘管有這些問題，但大多數研究心智的學者都認為，情緒是人類生命普遍擁有的狀態。但是，如果你知道一直到現在，在藏語中甚至沒有「情緒」這個詞彙，你覺得驚訝嗎？藏語老師經常要翻譯或解釋這個詞彙，以至於他們最終創造了一個新的詞彙來代表情緒，不過對許多藏族人而言，還要慢慢匯集這個詞語的意義。這並不是說西藏人沒有感覺，也不是說他們沒有對應某些感受的詞彙。他們只是沒有把這些感受歸納為「情緒」這個概念。[2]

歷史上也有同樣的例子。在一八三〇年前，研究心智的英語作家會使用眾多形容感受的術語，其中有許多詞彙來自宗教語言，例如代表熱情的受難（passion）、喜慕之情（affections）和情操（sentiments）。這些類別之間有很顯著的差異。熱情表示一種衝動和本能的狀態，而情操則需要經驗或教育才能逐漸發展。建立法國大革命恐怖時期的其中一個推手路易·德聖-茹斯特（Louis de Saint-Just）亦云：「我們不應混淆靈魂的情懷和激情。前者是大自然的恩賜，而後者是社會生活的原則。其他的情緒則是強奪的果實和野蠻生活的原則。」[3]

根據歷史學家托馬斯·狄克森（Thomas Dixon）的研究指出，到了一八五〇年，「情緒」已經成為頗受歡迎的科學範疇，承接了最單純的憤怒到複雜的同理情懷等非常不同的情感。[4]當然，人們也持續使用其他用來描述人類感受的詞語。然後，維多利亞時代作家將許多不同的想法歸納在「情緒」底下，他們認為憤怒和愛慕，或恐懼與同情在生理和心智上都有類似的運作方式。

將我們的感受看作是情緒也代表人們更加關注這些特點之間的平衡。隨著十九世紀的發展，心理學家、精神病學家和其他科學家開始嘗試測量人類的情緒。他們開始思考什麼才是感受的正常標準，以及我們要如何定義感受。如果有些人的感受太強烈，這代表什麼？如果我們沒什麼感受，那需要擔心嗎？是否有特定的情緒是我們應該或不應該感受到的？我們又應該如何表達這些感受呢？感受的指南比監測正常身體或心智的方式更加複雜，直到今天，所有人都對情緒的本質莫衷一是。

破碎的心

在凱蒂過世後，我的童年時光便蒙上悲傷的陰影，有很長一段時間我都會反覆夢到她死去的情境。二〇一三年媒體報導刊載，美國精神病學診斷手冊第五版指出，親人去世兩週後若還處於悲傷情緒，這個狀態就構成精神疾病。從彼時起，這種情緒就成為現代社會關注正常感受的核心。* 任何失去摯愛的人都會告訴你，悲傷可能會是一個漫長而複雜的過程。失去摯友時我才七歲，而我的人生仍在繼續。我去上學。我繼續和鄰居男孩踢足球。我交了新朋友。我當然不會一直感到悲傷，甚至大多數時間都不會。但我變得很容易因為感到被輕視而哭泣，也無法相信其他人對我的感覺會永遠不變。我上中學時使告訴所有人：「我沒有最好的朋友」。「最好的朋友只會死掉，或離開你。」這「正常」嗎？我問這個問題有意義嗎？我們有權接受我們的悲傷，但當然我們也有權利透過醫療、心靈上或其他方法來減輕痛苦。

畢竟，把悲傷視為不健康的狀態早已不是新鮮事，只不過在過去的幾世紀中，人們更常將悲傷視為對身體的傷害。一六六七年三月二十六日，三十四歲的倫敦公務員賽謬．佩皮斯（Samuel Pepys）在他著名的日記中寫道，他「起床時心情悲傷，這都是因為我的母親病得很重，我深信我會在下一封信中收到母親的死訊。如果過世的不是我的母親，那一定會是我父親，因為他對母親的病情感到非常痛苦和悲傷」。[5] 隔天，佩皮斯就收到了母

* 這並不是該手冊所說的內容。具體來說，手冊只是不再將喪親之痛視為診斷憂鬱症時須排除的因素。任何持續兩星期以上、干擾日常生活的強烈憂鬱和悲痛，目前都可診斷為憂鬱症。

親過世的消息，他和妻子抱頭痛哭。儘管佩皮斯的感受如此強烈，但他父親又多活了十多年。然而，佩皮斯擔心父親傷心欲絕，因而離世，這也是可以理解的。在佩皮斯的年代，每週發布的《倫敦死亡清單》（*London Bills of Mortality*）記錄城市中每個亡者的死因。而從這些死因來看，悲傷是最致命的情緒，在一六二九至一六六〇年間，《死亡清單》中有超過三百五十人死於悲傷（遠超過死於驚嚇的三十人）。[6]

現在，我們或許會把感受和身體之間的連結視為一種象徵性的狀態。然而，在十七、十八世紀，人們相信心臟可能會因為情緒過載而破裂、膨脹或收縮。情感和身體健康密切相關。[7] 一直到維多利亞時代都還有這樣的觀念，當時所有的情緒都會歸類為病態。法國心理學家查爾斯．費赫（Charles Fere）在一八九二年曾說，劇烈的情緒會引起大出血和心臟病發作。恐懼則會「改變」血液流向，而強烈的悲傷則會造成肥胖和消化系統疾病，並增加感染的可能性。[8] 根據英國精神科醫師丹尼爾．圖客（Daniel Tuke）的說法，情緒對身體帶來的負面影響比其他所有心理波動的總和還要大。[9]

還有更多近期的研究顯示，情緒和生物學之間有其關聯。雖然在某些情況中，科學已經否定情感導致身體疾病的因果關係，例如一九八四年分離出導致「壓力」誘發胃潰瘍的細菌，但在其他情況中，卻發現了反向的關係，更延續了幾世紀以來我們對身體健康和異常情緒狀態相互影響的擔憂。心臟病學家已經認為情緒高漲可能導致心搏驟停，甚至證明可能因此猝逝。[10]儘管沒有人告訴我們在忙碌的生活中如何解除情緒壓力，但我們都不斷被警告情緒壓力會導致高血壓的風險。

這並不代表人們將所有強烈的感受看作是不健康或不正常的狀態。在十八世紀，強烈的情緒是良好品格和教育程度的象徵。富裕又有文化素養的歐洲人想要成為蘇格蘭小說家亨利·麥肯齊（Henry Mackenzie）在一七七一年所描繪的「有情人」，而有情人不可或缺的特質就是能表達深刻的悲傷。當時描繪情感的作品中，最受讚揚的著作莫過於歌德（Johann Wolfgang von Goethe）在一七七四年首次發表的《少年維特的煩惱》（*The Sorrows of Young Werther*），但在後來的世代中，這件作品也遭受嚴厲的譴責。這部德國長篇小說描寫了年輕藝術家維特在虛構的瓦爾海姆村中愛上了美麗聰明又可愛的洛蒂（Lotte）。維特的激情和得不到回應的單相思引他走上結束生命的路途。歌德作品中的敘事者也扮演編輯維特信件的角色，讓作者可以反思其文學創作中的情緒。「你無法否認你欣賞也喜愛他的精神和個性」，他這樣告訴他的讀者，暗示那些在維特的痛苦中找到共鳴的人可以「從他的悲傷中獲得安慰。」[11]歌德的這本書在文學感傷主義達到巔峰時程為了全歐洲的暢銷書。根據後世作家的說法，這本書還引起了一波自殺潮。[12]

在《少年維特的煩惱》出版後的幾十年中，人們看待悲劇情感和自殺的方式出現了明顯的轉變。到了一八二九年，人們開始覺得這種高漲的情緒越看越有問題，這無疑是個不穩定的表現。現代人宣稱，傷感的年代導致了法國大革命。一八九三年，雖然美國哲學家和數學家查爾斯・皮爾斯（Charles Peirece）捍衛多愁善感的情緒，卻也直言不諱地說，「這導致了恐怖時期」，在法國恐怖統治期間，有超過一萬五千人遭判死刑。[13]現在，除了生理上強烈的情感有問題外，政治上的激情也很可疑。對今日的讀者來說，這可能是一個意想不到，甚至不合理的解釋。然而在十九世紀，人們經常會把感傷和暴力革命政治聯想在一起。

維特自殺是因為他有極其細膩的感受。而十九世紀的醫學作家將自殺和強烈情感與精神疾病相提並論，而且這種論調比以往都還要強烈。精神科醫師佛布斯・溫斯洛（Forbes Winslow）在一八四〇年出版的《自殺剖析、自殺解剖學》（*Anatomy of Suicide*）中，選錄了因悔恨、失戀、嫉妒、自尊心受挫、驕傲、野心和絕望等原因而自殺的例子。到現在，人們認為自殺不再表示想自我了斷的人都是「有情人」，而是證明了情緒本身就不是正常的狀態。

從這個觀點可知，政治再次介入這種正常化的想法。溫斯洛特別針對「錯認自己為**社會主義者**的現代無神論教派」表達他的憤懣。溫斯洛認為，羅伯特・歐文（Robert Owen）和他的追隨者應該為英國不斷升高的自殺率負責，因為社會主義打擊了「所有秩序和所有社會美德及公德心的根基」。社會主義者「打破了法律和約束的屏障，使激情成為判斷是非對錯的唯一標準，動物的本能成為評判美德和罪惡的唯一標準。」[14] 溫斯洛是個堅定的保守主義者，他認為不管是對個人或整個社會來說，被情緒牽著走都是不正常的情況。他從醫學角度下的結論透過法國大革命後出現的新情感政治，進一步推動了他的政治觀點。從一七八九年開始，理性和感性成為兩極對立的概念，情感克制成為所謂正常人最重要的特徵，從而更容易維持政治現狀。[15]

不喜形於色

「你是個『正常人』嗎？」美國心理學家、漫畫《神力女超人》（*Wonder Woman*）共同創作者威廉．馬斯頓（William Marston）在一九二八年出版的《正常人的情緒》（*Emotions of Normal People*）中向讀者提出這個問題。馬斯頓最後總結，大多數人認為，如果他們沒有經常性地表現出極端的情緒，那他們就是正常人。到了一九二〇年代，心理學和大眾的想法中廣為接受這樣的觀點。雖然十八世紀和十九世紀初的法官會公開在法庭上落淚，無論男女在大庭廣眾下表達憤怒或輕蔑的行為都不會被當成精神錯亂，但到了維多利亞時代時，已經不是這種態度了。[16] 到了一八五〇年，教育民眾克制情緒的情況已經相當普遍，在英國的公立學校更是如此，學校用嚴刑峻罰的制度訓練男孩的身心，讓他們有更強大的韌性。[17]自制和自律成為文明世界男性的代名詞，需要從小就灌輸這樣的觀念。

蘇格蘭醫生安德魯・康比（Andrew Combe）在他首次於一八四〇年發表的教養指南中警告父母：「由於情緒在兒童智力尚未充分發展或開發時就已出現，因此還無法用理智調伏或控制情緒。很明顯，如果父母要等到看見孩子身上的理性曙光時才要進行適當的管教，那孩子們的性格和快樂感受在此期間將容易受到偶發事件的影響」。[18]換句話說，如果父母親們不好好早點幫小孩控制情緒，那小孩以後將會因此吃虧受苦。美國的作家也給出了類似的建議。亨利・川布（Henry Trumbull）在一八九一年告訴父母，若沒有制止孩子們哭鬧，他們的精力很快就會耗盡。同樣地，家長必須及時控制孩子們流眼淚和發脾氣，才能發展他們的自制力。一但孩子懂事後，就應該「教導和訓練他們控制哭泣和發脾氣的衝動」，最終才能「緩和不安的情緒」。[19]

到了世紀之交，托馬斯・狄克森解釋道，到了二十世紀初，人們已經將情緒控制塑造成一種能力，可以裝出勇敢的樣子來掩飾自己的真實感受。[20]第一次世界大戰的政令宣傳向英國軍隊（和護理師）推廣了這個新觀念，而英國人「不喜形於色」的個性很快就成為聞名世界的性格。在一九三〇、一九四〇年代，透過崔佛・霍華德（Trevor Howard）、勞倫斯・奧利佛（Laurence Olivier）和詹姆斯・梅森（James Mason）等電影明星的講究發音和不苟言笑的態度，也在電影院中向觀眾傳達了這個觀念。當然，即便他們努力掩飾這些情緒，他們的電影還是讓觀眾為之涕零。一九五〇年，中年家庭主婦H太太在列出曾經看到哭的電影時，她告訴「大眾觀察」：「我是個非常情緒化的人。」雖然H太太並不引以為恥，但她「極力在公共場合隱藏所有情緒，只會放聲大笑。在公共場合哭泣就像脫光衣服一樣赤裸。」[21]現在來說，正常的情緒已經成為私人且隱匿的狀態。

當英國人忙著掩飾自己傷心的淚水時，美國人則忙著壓抑自己的憤怒。在十九世紀晚期，諮詢手冊和心理學文獻強調美國人特別需要控制這個情緒。當馬斯頓在一九二八年描述「正常人」的情緒時，他的措辭特別嚴厲。他告誡讀者，「當你感到恐懼、憤怒、痛苦、震驚、欺騙的慾望或其他充滿混亂和衝突的情緒狀態時，我不會把你當成擁有正常情緒的『正常人』。」[22]馬斯頓的正常情緒模式不見得可以複製到他個人的生活。他在多角戀情中的伴侶包含了他太太伊莉莎白·哈洛威（Elizabeth Holloway）和研究生奧莉芙·拜恩（Olive Byrne），這兩人都熟知他陰晴不定的情緒，以及心胸狹窄的嫉妒心。[23]然而，這位心理學家還是選擇利用情緒來闡述他對女權主義的理想。馬斯頓設計了「神力女超人」這個角色，在最初的新聞稿中，馬斯頓表示他是為了「對抗男尊女卑的觀念，並鼓勵女性在受男性壟斷的體育、職業和專業領域中獲得自信及成就。」同樣地，《正常人的情緒》在結論中呼籲女性成為未來「愛的領袖」，推翻男性想要領導的「欲望」，並鼓勵重新教育大眾情緒的本質。[24]當然，馬斯頓在寫下這些內容時，將這些想法歸功於他幾個女性伴侶的想法和努力，卻以他「可怕的憤怒」來支配整個家庭。[25]這只顯示，你永遠無法從表象判斷誰才是真的女性主義者。

雖然馬斯頓比大多數人更致力於推廣「生物上有效的」情緒，以產生愉悅氛圍和社會和諧，其他美國心理學家也警告，憤怒證明了「人類與生俱來的破壞性」，卡爾・門格寧（Karl Menninger）在《生之掙扎：破壞自己的人》（*Man Against Himself*）也提到這個觀點。對精神分析師和流行雜誌專欄作家卡爾博士來說，這主要是自我導向的憤怒，是佛洛伊德「死亡本能」的其中一個版本。[26]這種對憤怒的排斥是否是對前半世紀戰爭的反動呢？馬里蘭州的分析師芙烈達・佛洛姆-萊赫曼（Frieda Fromm-Reichmann）在一九五〇年則提出這樣的問題。這位移居國外的德國猶太人認為，「目前，在我們西方文化中，任何兩個人之間的敵意、對抗和惡意的感受，似乎都比其他不可容忍的人類行為更容易受到反感，因此更容易受到壓抑。」[27]憤怒似乎已經取代性欲，成為最容易造成尷尬情況和最不受歡迎的人類本能。

美國在一九四〇、一九五〇年代的教育影片向年輕人指出，控制挫折感和避免「情緒失控」有多重要。他們強調「嚴重的情緒壓力通常會降低效率」，這又讓情緒控管成為衡量個人成就和家庭和睦的關鍵。[28]人類學家洛伊・華納（Lloyd Warner）一九五三年出版的

《美國生活：夢想與現實》（*American Life: Dream and Reality*）將憤怒（和性慾）列為中產階級家庭養育下一代的兩個基本難題。[29] 英國則是在基於階級的基礎上表達對情緒的這類看法，華納認為，在美國底層社會可以「自由表達憤怒的情緒」。人類學家華納當然是想要客觀的陳述不同的生活方式。然而，他仍延續了維多利亞時代以來的趨勢，將情緒視為理性和智力的對立面，將勞動階級青少年「赤手空拳的鬥毆」拿來與中產階級青少年「進取、野心、口才和習得經濟能力」做出了負面對比。[30]

然而，憤怒仍是把雙面刃。雖然家庭中不歡迎這種負面情緒，但在影視作品上卻愈來愈常見。在一九七六年電影《螢光幕後》（*Network*）中，電視新聞主播霍華德・比爾（Howard Beale）開始在播報新聞時脫序咆嘯，但收視率卻節節上升。電影似乎點出了現代媒體世代的不安全感和情緒化。「我已經徹底地瘋啦，我再也受不啦！」比爾鼓勵他的觀眾站起身，打開窗戶對著路上這樣大喊。然而，在《螢光幕後》拍攝期間，一般美國人仍把控制憤怒的能力視為最重要的個人特質。[31] 當然，這並不妨礙我們對今日的「憤怒時代」做出結論：即便川普（Donald Trump）在二〇一六年當選美國總統，那些自稱「不滿意但也不憤怒」的選民就成了關鍵。[32]

今天，過度的情緒反應似乎隨處可見，從推特酸民留言到最近美國總統的發言。但我們很少會停下來思考，過去一百五十多年來，我們對情緒控管的盛讚如何形塑今日對於過度憤怒的認定。我們也不曾想過，在不同文化背景下，某些情緒可能或多或少也會顯得不正常。一個多世紀以來，英國兒童被告誡不能輕易落淚；美國人則要掩飾他們的憤怒，其他文化中也有不同的「潛規則」。一九六〇年代初期，美國人類學家琴・布麗格斯（Jean Briggs）花了一年多的時間深入加拿大西北部的烏特庫部落*，和當地的因紐特原住民一同生活，她容易波動的情緒讓她被貼上了白人外來者的標籤。最後，她發表了這份研究觀察，並命名為《永不憤怒》（*Never in Anger*），內容反思自己對這群極端人類的理解。對烏特庫部落來說，布麗格斯的情緒反應看起來幼稚又不社會化。在我們今日試圖要定義感受的正常標準範圍時，我們的想法介於這兩極之間，情緒具有其文化特殊性，但又受到歷史上對情感的假設所壓制，這些假設正是由對於階級、種族和性別的態度所塑造。

原始的激情

一八六八年的一個星期五，十八歲的比利時女裁縫師露易絲・拉圖（Louise Lateau）的手腳突然流血，顯現出和基督受難時同樣的傷口。拉圖對於這個超自然現象，先是欣喜若狂，隨後又陷入昏睡恍惚。為了調查拉圖的聖痕是否真的是神蹟顯靈，天主教會依照慣例，派遣了一個調查委員會前去執行任務。調查小組包含醫生費迪南．列斐伏爾（Ferdinand Lefebvre）以及一位來自魯汶的精神病院醫師。雖然列斐伏爾一開始認為這些傷口是拉圖自己造成的，但他最後仍判定，無法用科學來解釋拉圖遇到的異常狀態。[33]接下來的十年間，其他醫生則持不同意見，他們認為拉圖身上出現的聖痕是因為強烈的情感對身體造成的影響。他們認為，「沒有受過教育」或身形纖弱的人不太能控制情緒，對他們來說，強烈的情感特別危險。[34]這再次把矛頭指向婦女以及勞動階級。

紐約醫生梅若迪斯．克萊默（Meredith Clymer）推斷拉圖的狂喜經驗是「一種情緒失調，表現出的症狀是突然喪失意識和自我意志」。[35]克萊默醫生表示，這種情緒障礙通常是由宗教狂熱所引起，露易絲．拉圖的聖痕就是她情緒失調的證據。在前幾個世紀中，這種強烈的宗教情懷是種虔誠的表現。但現在，美國和歐洲的醫生都認為拉圖的出血狀況既不是神蹟也不是詐騙，而是因為她「豐富的想像力」、「嬌弱的體質」和「容易激動的性格」。露易絲．拉圖是個年輕的勞動階級婦女，一般認為這樣的身分特別容易出現情緒失調的狀況。

「哈雷路亞女孩」也是一樣的情況，她們是救世軍的女性軍官。救世軍是出威廉．布

---

* 布麗格斯稱這個團體為烏特庫族（Utku），其全名為 Utkuhikhalingmiut。

斯一八六五年在英國創立的基督教傳教組織。雖然中產階級的婦女可以在其他場合中進行慈善和傳教工作，但只有在救世軍中，勞動階級女性才可以講道及發放聖餐。[36]這些勞動階級女性的外表和表現出的情緒和中產階級女性的端莊得體形成鮮明的對比。伊萊莎·海恩斯（Eliza Haynes）是「最粗魯的工廠階級」的女孩，她在頭上和外套上都佩戴上隨風飄搖的彩帶，走上諾丁漢街頭，以吸引人群參加當地的救世軍集會，她更在背後掛著寫上「我是快樂的伊萊莎」標語牌。雖然有些人對她的舉止深感震驚，但之後的聚會卻座無虛席。快樂伊萊莎的廣告顯然奏效！[37]

對於維多利亞時代的人來說，情緒議題充滿階級色彩。中產階級自認具有自制力，而普羅大眾則情緒化且毫無節制。救世軍在大庭廣眾下展現的熱情引起了《週六評論》（*Saturday Review*）的抨擊，認為這種行為「貶低了國家的體面感」，也帶有一種「最蠢的人類才會有的」宗教狂熱。[38]這種異常情緒被人們拿來當成武器。只要有人流露情感，其他人就可能會認為他的觀點不夠理性；而認為女性和勞動階級民眾泛情緒化的假設，又再度加強了社會和政治對這群人的壓迫。全國反對婦女參政聯盟（National League for Opposing Woman Suffrage）主席寇松侯爵（Lord Curzon）洋洋灑灑列出了「整整十五項」理由反對女性參政權，其中原因包含了女性缺乏「冷靜的氣質」以及「平衡的心智」。[39]美國教授愛德華·透納（Edward Turner）更在一九一三年告誡大眾，「女性的氣質和兩性之間的關係，讓女性投票顯得是件不智之舉。」[40]理性的精英自信地表示，他們有責任不讓情緒不穩定的人擁有投票權。

強烈的情緒和「原始」畫上等號，這個觀念也被用來支持種族主義的信念。就像女性可能會因為所謂的情緒不穩定而被剝奪投票權，西方科學家也以社會需要理智統治者之理由捍衛殖民主義。演化心理學家赫伯．史賓賽曾表示，「低等人類的情緒會突然爆發，這些過度高張的情緒來得又快又急，但持續的時間卻很短。」史賓賽宣稱，有些種族具有非常「爆炸性」的特質，例如非洲南部的原住民族布須曼人，所以他們「不適合與社會有連結」。[41]透過對某些種族情緒狀態的主張來貶低他們，這些主張也被用來合理化對他們的壓迫行為，而這通常是那些從未去過他們筆下的地方的西方科學家的作為。

這是種循環性的思考模式，和其他試圖定義正常標準的做法一樣。旅遊作家威廉．溫伍德．里德在一八六〇年代遊歷了南非和西非，他宣稱非洲大陸上的男性都像西方婦女一樣臉蛋光滑，擁有優雅的四肢。但他輕描淡寫地一概而論，「非洲婦女愚笨又遲鈍，看起來悶悶不樂，反而男人非常活潑、膽小、好奇又嘮叨得讓人難以置信。」里德還說，非洲男人擁有「細膩的觸覺、直覺、神經質的想像力、對人類性格的敏銳覺察能力等特徵，這些特徵是有教養女性的標誌」。他們擁有和西方婦女相似的情緒，所以他們也會是個「優秀的家僕」。[42]里德用白人男性與黑人男性之間所謂的性格差異來證實殖民階級理論是正確的。如果黑人男性等同於白人女性或孩童，這就「證明了」他們適合擔任低等的角色。這種關於「原始」情緒狀態的論述是殖民機制中很重要的一部分，因為這樣的論述不僅創造了一個由西方主導的權力結構，更將之合理化。

里德本身並沒有完全體現西方理性的理想。他在安哥拉時，扛轎人不慎讓轎子上的他撞上一塊岩石，他便打了扛轎人一頓，把他們打到「卑躬屈膝地鞠躬哈腰，對他必恭必敬地微笑」。[43]在另一個場合中，他吃到一顆臭掉的蛋，里德便把蛋扔在村長身上。[44]他認為自己是衡量其他所有種族的歐洲白人「標準」。他也認為自己正在為非洲人做出偉大的貢獻。畢竟，在他的書中，里德抨擊了奴隸貿易，並下定決心要「教育那些對於膚色感到自豪，且有種族偏見的盎格魯薩克遜人的心靈」。[45]當然，這只是證明在政治觀點上相對進步的人也無可避免地受到西方規範偏見的影響。

大部分的歐洲人類學家和心理學家在把其他種族拿來和歐洲男性相比較時，也都得出類似的結論，並一次又一次地將其中的差異解讀為不正常。他們跟里德一樣，一開始也是根據歐洲中產階級表達情緒的方式，預設「正常」男性的情緒。達爾文所著之《人類學筆記與疑問》(*Notes and Queries on Anthropology*) 是一本協助未經訓練的旅行者研究其他國家的手冊，他在討論情緒的篇章中，只是詳細描述了他期待發現的西方特點，並要讀者做出比較。達爾文在書中問道，「其他國家的人是否用和歐洲人一樣的方式表現出極度恐懼的情緒？」彷彿歐洲人的感受放諸四海皆準。[46] 史賓賽亦推論，不同人種「除了擁有不同種類的感受外，在感受的程度上也有所不同」。[47] 他和同時代的人都認為，黑人在感受上就像西方女性和勞動階級，相當衝動且過度情緒化。醫學期刊《刺胳針》（*The Lancet*）提出，看到自己出現聖痕的露易絲．拉圖的「半歇斯底里的崇拜者」似乎在「對自己身體的放任程度相當駭人，可以與南海野人相匹敵」。[48]

這種將種族、性別和衝動情緒連結在一起的觀念，在未被承認的科學種族主義中延續了數十年，甚至數百年。從二十世紀初的女性參政權運動到一九六〇年代黑人民權抗爭，我們可以從英國、歐洲和北美洲官方對於激情政治爆發的反應看出維多利亞時代的遺緒。這些抗爭運動的反對方往往會緊咬著抗爭者的性別或種族，而非回應其真實訴求，反對方認為這些人情緒容易起伏，這會讓他們產生一種危險、失控且不合理的憤怒。例如細菌學家阿姆洛斯．萊特（Almroth Wright）爵士就在一九一二年寫了封洋洋灑灑、充滿怒氣的文章投書給《泰晤士報》，譴責參政權運動中「激進好戰的歇斯底里分子」。[49] 女性參政權運動的成員依瑟爾．史密斯（Ethel Smyth）則以其控訴回應，「內閣部長和報紙社論都把參政權運動的成員形容成『瘋女』、『歇斯底里的小妹妹』、『可悲的女人』等等⋯⋯但我在這場運動中，第一次和這麼聰明、堅定、不屈不撓、最正常且最富有人性的女性為伍。」[50]

我們到現在還是會用「激進好戰的歇斯底里態度」的概念來指控年輕人，就算換了不同的形容。很少人看過唐納．川普冷靜的一面，但他曾建議瑞典環保少女格蕾塔．桑伯格（Greta Thunberg）應該要「努力解決容易生氣的情緒問題」，而美國這位昔日總統在二〇二〇年因總統大選失利而發飆時，桑柏格也回敬川普當時給她的建議。川普並不是唯一一個拿桑伯格的年紀和性別大作文章，來詆毀他不想面對的論點的人。英國右翼專欄作家皮爾斯．摩根（Piers Morgan）也同樣說桑伯格是個「過度情緒化」的人。[51] 二〇二〇年「黑人的命也是命」（Black Lives Matter）抗爭運動中，要推翻與奴隸貿易和歐洲國家殖民主義有關的歷史紀念碑時，抗爭者也招致類似的批評。評論家堅稱，年輕而「情緒化」的抗爭者只是不想要和平、理性的移除這些雕像。布里斯托的愛德華．科斯頓（Edward Colsto）雕像幾十年來都是和平移除的目標，若沒有這些抗爭者的行動，這個雕像豈不是仍好端端地站在布里斯托港口嗎？答案很有可能是肯定的。當你擁有所有的權力時，當然很容易保持冷靜和「理性」（除非你是川普），這也是精英人士把情緒控管當作一種排他性工具的另一個原因。

THE SHRIEKING SISTER.

THE SENSIBLE WOMAN. "*YOU* HELP OUR CAUSE? WHY, YOU'RE ITS WORST ENEMY!"

圖 5.1 伯納德．帕特里奇（Bernard Partridge）一九〇六年為《笨拙》（*Punch*）雜誌繪製的漫畫，將爭取參政權的「情緒化」女性與「理性」的女性化分開來。

靈魂機器

雖然十九世紀的西方世界將情緒控制視為日益珍貴的特質，但這畢竟不是一種可以衡量的價值。就像大多數的規範一樣，這是一種人們想要追求的無形理想。而當「正常」和「異常」感受的概念已經開始影響歐洲和北美的刑事司法系統的運作結果，西方世界對犯罪意圖和犯後態度的執念很不尋常。西方法官可能會因為被告表現出來的悔意而網開一面；然而在其他文化中，人們實際的犯行是最重要的判決依據，而不是這些行為背後或犯罪之後的感受和行為。舉例來說，無論是有意或無意在村莊水源下毒，都是同樣嚴重的罪刑。[52]「測謊器」的出現源於西方人對於犯罪和情緒反應的關注，機器把人類情感轉化成可以測量並繪製成圖表的數值。

年輕的路德．湍特（Luther Trant）是一位聰明但個性莽撞的心理學教授助理，也是早期倡導測謊技術的人。在一位同事意外過世後，湍特轉行當起偵探，儼然是實驗心理學界的福爾摩斯。為了要幫一位老教授洗清冤屈，湍特對嫌犯進行了一系列的心理測試。成功找到真正的殺人兇手後，湍特決定向學校請假一段時間，「再次嘗試科學心理學」，繼續在二十世紀芝加哥颳風的街頭追捕一個又一個兇手。[53]測量情緒就是路德．湍特獲得成功的祕訣。這位心理學偵探堅稱，當一個人的情緒有變化時，人體對電流微弱的阻力「毫無疑問」也會產生變化。[54]湍特使用不同的裝置來記錄情緒，其中包括「靈魂機器」，這是一種「最精密且有效率的儀器，用來偵測並記錄焦慮、恐懼和罪惡感等人類情緒」。[55]

不過路德·湍特並不是一個真實的偵探。他只是兩個芝加哥記者愛德溫·鮑默（Edwin Balmer）和鮑默的妻舅威廉·麥哈格（William MacHarg）筆下杜撰的人物。即便靈魂機器並不是真實世界的發明，但湍特用來測量正常情感數值的方法，仍是二十世紀情緒研究的關鍵指標。要量化情緒並不是件容易的事情。早在湍特出現五十年前，也就是一八五八年，邊際效用學家威廉·傑文斯（William Jevon）在研讀凱特勒的統計學著作時受到啟發，他寫信給妹妹，希望可以使用數學來研究社會。[56]然而，人類的情緒卻把他難倒了。傑文斯不得不承認，他「很難想像快樂或痛苦的單位」，根據哲學中的效用論（utilitarian philosophy）來看，這是人類行為的兩個主要動機。這讓他「不敢肯定人類是否有能力直接測量心靈感受。」[57]傑文斯反而建議我們用行動來衡量感受。

另外一個維多利亞時代的統計學家弗朗西斯·愛齊沃思（Francis Edgeworth）在一八八一年進一步想像開發出一種「快樂測量儀」（hedonimeter）。這個「心理物理學機器」會持續記錄「一個人所經歷的愉悅程度」。愛齊沃思詩意地描述了我們如何發現「細微的指數現在隨著激情的顫動而閃爍，現在因腦力活動而趨於穩定，整整一小時指針都趨近於零，或瞬間急遽攀升。」[58]愛齊沃思的「快樂測量儀」就像湍特的靈魂機器一樣，其實也從未存在。然而，愛齊沃思的描繪顯示了維多利亞時代科學家理解的激情或情緒是一種不斷波動，並與理智相對的狀態。這種狀態可能可以透過理智控制，但常常幾乎不存在，但又有可能瞬間爆發。

在沒有快樂測量儀的時候，維多利亞時代的人會透過行為和表情來衡量人的情緒，例如臉紅。臉紅是達文西認為「人類獨有的最奇特的表情」。[59]一般認為，犯罪的人不會臉紅，這就是他們不正常狀態的證據。義大利犯罪學之父切薩雷・龍布羅梭（Cesare Lombroso）對五十九名年輕男性罪犯進行測試，發現幾乎有一半的人「在面對訓斥、經提醒自己的犯行或被盯著看時，和正常人相比並不會臉紅」。在女性受測罪犯中，有百分之八十一的人遭到訓斥時沒有臉紅，不過在她們被問到月事失調時則羞紅了臉。[60]對龍布羅梭來說，這證明了不知悔改的罪犯缺乏更為細膩的感受。

在二十世紀，小說中的快樂測量儀成為了現實世界的「情緒儀」，這個想法是由歐洲引進湍特所在的美國。在世紀之交時，人們為了臨床診斷而開發了許多新的儀器設備，例如英國心臟外科醫生詹姆斯・麥肯錫（James Mackenzie）在一九〇六年發明一台可檢測心律不整的裝置。不久後，就開始有人宣稱，這些機器可以測量的不只有生理變化，還能測量情緒變化。威廉・馬斯頓（William Marston）是發明「謊言探測器」的眾多心理學家之一，這種儀器是今日測謊儀的前身，並用於刑事案件的調查。馬斯頓的謊言探測器能測量呼吸和血壓的變化，以及皮膚的電傳導率。這些生理過程的變化被視為情緒增強的指標。對湍特、馬斯頓和當時代的其他心理學家來說，情緒突然就成為了犯罪的證明。這恰恰和龍布羅梭實驗中，表現出麻木不仁的罪犯所缺乏的情感完全相反。

雖然有這種無法解釋的轉變，但到了一九三五年，美國司法系統中使用測謊儀的作法已經十分普遍。但，沒有人證明過這種儀式是否真的在測量情緒，或是用何種方式將情緒面連結至犯罪，或是正常與不正常的狀態。在這些不確定性中，這些術語的意義也產生了變化。我們現在已相當熟知的「測謊機」在一九三〇年代，經聲稱可以測量真相，而非測量情緒。拒絕接受測謊的犯嫌代表他們真的有犯罪之實，而已經被定罪的罪犯甚至也可能在測謊後推翻原本的判決。[61] 一九三五年，威斯康辛一家酒館遭小偷，警犬很快就找到嫌犯。該名男子接受測謊，並且通過測試，測驗結果證明了他的清白。而警犬才是「真的」在說謊的人，因此決定釋放嫌疑犯。[62]

這些所謂以科學方法來定義和測量情緒的好處在於，這些方法的適用範圍似乎相當廣泛。但測謊儀的判讀基礎是有個「正常」情緒反應的前提。雖然測驗可以從受測者個人的反應設定出基準，但這又牽涉許多假設問題，例如某些生理反應可能會引發強烈的情緒，以及這些層次的變化意味著某人撒謊或有罪。有項研究美國和約旦學生的報告發現，當我們在日常生活中試圖要判斷某個人是否在說謊時，我們可能會將文化差異解讀成「異常」

的行為。[63]雖然偶爾也有針對特定文化的「測謊機」，但一般情況中，我們很少想到要解讀文化和情緒及反應之間的關係，或瞭解在不同文化或成長環境中的差異。[64]

測謊儀在檢測過程中也可能對受測者產生心理壓力。二〇一八年，美國心理學家克莉絲汀·福特（Christine Ford）指控最高法院大法官候選人布雷特·卡瓦諾（Brett Kavanaug）性侵，為了提供更有力的證據，福特同意接受測謊。她稱這項檢測帶給她「極大的壓力」，並回憶起在測試期間壓力大到

圖 5.2 威廉·莫爾頓·馬斯頓（坐在右方）於一九二二年為詹姆斯·弗萊謀殺罪判決上訴，對他進行多方測試。然該案上訴的請求最後遭駁回。

哭出來的狀況。在那個時候，測謊儀已經成為任人解讀的儀式。布萊絲·福特的支持者認為，測謊結果證明了她的可信度。而她的反對者則稱這位心理學教授知道如何「騙過」測謊機。測量情緒仍有極大的爭議。這種檢測可能只能證明我們自認已知的事實，這是一個危險的情況，因為這些假設都是出於文化期待，受測者也會受到測驗本身所包含的假設影響。儘管測謊儀確切測量的內容仍有諸多疑點，但這仍是目前測量異常情緒最常用的方法，每年也有數千名美國人接受測謊。[65]

絕情仿生人

雖然測謊儀的機制是假設情緒過度波動者有罪，但刑事調查中，也有段跟缺乏情緒有關的歷史。在一八七九年間，三十六歲的W. B.（我們姑且稱他為威廉，這是當時常見的名字）從加拿大安大略省金斯頓的監獄獲釋後，正走在回家的路上。在快到他父親家的時候，這位更生人發現一匹正在牧場裡吃草的馬。威廉爬進牧場，把馬綑在一根電線杆上，開始狠狠地凌遲這隻動物。目擊者很難為威廉奇怪的行為辯解，這讓他在服役十年出獄後，不到一天的時間就立刻再回到法庭上。

威廉出生於威爾斯的斯萬西，但他十歲時就跟著家人一起移民到加拿大。根據他的繼母所述，年輕的威廉個性一直都悶悶不樂，他「不善言辭、遊手好閒又奸詐狡猾」，還有殘害動物和虐待年幼弟妹的傾向。只要在他附近的馬匹都有危險，時常發現他割傷馬兒的喉嚨。一八六九年，這個年輕人因為猥褻一個十歲大的女孩而遭判終身監禁，但他又神祕地被赦免，並得以出獄，接著就是他在回家路上凌虐一匹馬的那天。

威廉的行為令人費解，所以法院認定此人一定是精神失常。所以威廉獲判無罪，但要轉送到金斯頓精神療養院治療。一直到一八八四年，英國精神科醫師丹尼爾・圖客造訪安大略時，威廉還住在這間療養院。圖客對威廉的經歷十分著迷，他花了一整天的時間閱讀他的案例紀錄，並把整個經過寫成一篇研究論文，發表在英國一家精神病學期刊。圖客認為，威廉是一個「悖德症」（moral insanity）的經典案例，但又有個獨特的特點，也就是他對「血液狂熱」（*mania sanguinis*），對血有個執著的渴望。[66]

悖德症的診斷是由精神科醫師及人類學家詹姆斯・普里查德（James Prichard）在一八三五年提出。普里查德用這個症狀來敘述沒有明顯智力障礙或明顯原因，但行為超出合理範圍的人。道德在這裡代表心理或情緒，不一定具有我們今日賦予這個詞彙合乎倫理的意涵。心因性精神病患的「心理情感」較弱，缺乏社會性的感受。但這並不代表他們一點情緒都沒有，只是他們缺乏社會性感受，這可能會導致他們的情緒突然躁進。

當維多利亞時代的人討論缺乏感受時，他們通常指的是缺乏**某些類型**的感受。如果有人違反社會風俗，那此人必定尚未開化。圖客推斷，威廉退回到「古老的野蠻人類型」，因為他「意外地出生在不對的年代」。就像維多利亞時代的科學觀，這種說法還是建立在種族主義的假設之上。圖客表示，若威廉「處在未開化年代或與我們同時的非洲某處，他有足夠的空間發揮他的嗜血本能，並可適應其所處的環境，但他現在是文明社會的一分子，這些行為則不容於世」。[67]根據當時的科學家所述，情感的頂點是同情和利他主義，所以很合理地，西方白人男性比起其他人都擁有更豐富的感受。

圖客當然不會使用「心理變態」（psychopath）這個詞，主要是因為他認為心理變態是一種類似整骨或順勢療法的治療方式。[68]現在看來，我們可能會認為，或許心理變態能夠最精準描述威廉莫名其妙的殘暴行為。雖然他偶爾會很冷靜或有用處，但人們永遠不會全然信任他，而且「他對其他人是否有好感都值得懷疑」。[69]但一個充滿嫉妒心的年輕少女或兩個愛搗蛋的五歲小孩是不是也算「悖德」？有位百無聊賴的淑女M小姐，她寄了幾封語焉不詳的奇怪威脅信給一個她認識的年輕男子，有時信上還會歪歪斜斜地畫一具棺材。這樣算嗎？又或者，C小姐是一位土木工程師也是「發明天才」，但她搭火車時都不會買票。[70]她們在當時都確診為悖德症，但你認為她們都是心理變態的人嗎？

心理變態這個詞一直要到二十世紀才真正進入科學研究的領域，而當時對心理變態的解釋也和今日的定義相當不同。早在一九一〇年，英國醫生亞伯特．威爾森（Albert Wilson）就針對「心理變態或人性淪喪型的罪犯」發表科學分析研究。雖然很多維多利亞時代晚期的作家已經開始探索犯罪心理學，威爾森仍描述一種特殊「未進化完成的人類」。威爾森提出的這種心理變態患者並不是大眾小說中的莫里亞蒂（Moriarty）教授或雷克斯．路瑟（Lex Luther），這些人是聰明頂尖的「專家型罪犯」，遠遠超出他的研究範圍。[71]他研究的患者「無法被歸類在正常人的領域中」，而且「在智力和道德觀上都遠低於我們希望包括在其中的中等平均值範圍」。[72]這種「次級正常人」的意志力薄弱、記憶力差，也沒有自制力。威爾森表示，這些人的「大腦結構」尚未發展完成，這代表他們永遠無法成為正常人。他認為「白癡低能兒」是在出生時「就受到傷害」，和這些人的狀況有所不同。這些人更像是一個新的族群，「和倫敦皇家內科醫師學會所稱的弱智階級有關」。[73]

三年後，一九一三年頒布的《智力缺陷法》（*Mental Deficiency Act*）將這群新歸類出來的「弱智者」納入法律的管束，學習障礙、未婚母親、輕罪犯人、貧困人口和其他在社會上不受歡迎的人都將受到限制。他們是第一批被歸類為「心理變態」的人。種族主義在定義弱智者時，再度發揮了很大的影響力。

威爾森根據「腦部研究」推論，他所謂的心理變態患者是「退化」至「黑人和原始種族」的狀態。[74]當然，正如生物學家史蒂芬．古爾德（Stephen Gould）所述，這些大腦研究都是由西方白人科學家進行，他們經常操控研究數據，以證明自己假設是對的，而這個假設就是白人男性擁有尺寸最大（所以也是最好的）的大腦。[75]

雖然這兩個類別之間有顯著的差異，但維多利亞時代的悖德者和愛德華時代的心理變態患者有兩個共同的特徵。科學界都將他們視為「種族退化」的證據，而這兩個術語都是用來敘述一群藐視傳統的人。從目前的標準來看，這些絕對不是我們所說的「心理變態」，心理變態指的是無情且殘暴的人。現在，我們可能會想到連環殺手或專制的政治領導人。

但一直到一九四〇年代左右，心理變態指涉的都是非常不同的群體。有時候人們用這個詞與來形容暴力或犯罪行為的傾向，有時候心理變態則是學習障礙的同義詞。有時候指的又是另一種不尋常的心理狀態，例如精神病。歷史學家蘇珊娜·謝普蘭（Susanna Shapland）

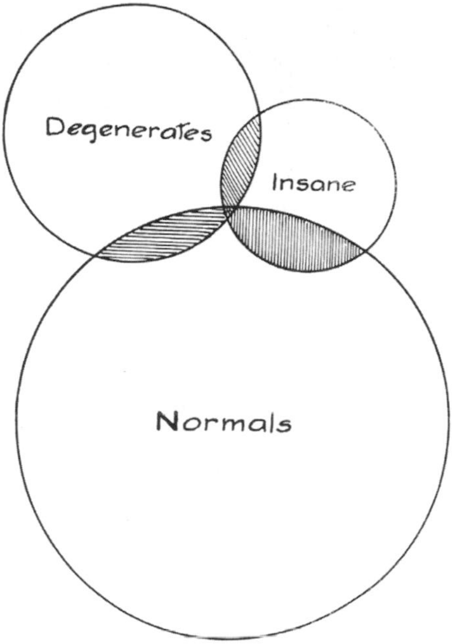

圖 5.3 威爾森《未完成的人》（*Unfinished Man*, 1910）中的一張圖表顯示，這「三個類別」的人沒有明確的定義，「有些低等次的正常人剛好在邊界上」。

表示，這是一個「廢紙簍」式的用語，只要是被認為精神不太「正常」的話，都會被算進這個群體裡面。[76]

第二次世界大戰後，心理變態的定義變得更加明確，但令人驚訝的是，這也變得更難以判定。就拿安德魯．路易斯（Andrew Lewis）來說好了，他是一九六〇年英國衛福部一部說明攻擊性衛教影片中的「心理變態」患者。雖然安德魯是一個難搞的病患，但他相當擅長找方法獲得他想要的事物。安德魯在醫院舉辦的板球比賽中和一名女性護理師調情，他的護理師抱怨道，「賣弄魅力是安德魯的一貫手法，只要有機會他就會厚著臉皮大獻殷勤。」影片中一位衣衫襤褸、顛三倒四的女性病患和安德魯形成對比。護理師們都可以理解她的暴力行為其實是她對可怕的幻覺做出的反應。相比之下，安德魯年輕、打扮得體又相貌堂堂。用一個更好的詞彙來形容安德魯的話，就是他看起來相當**正常**。[77]

我們得知，安德魯還是嬰兒時就爹不疼娘不愛，也不受其他人喜愛。到他五歲時，「這個小男孩因為不受寵，所以愛人的能力也被扼殺了」。安德魯．路易斯的性格反映了二戰後英國社會流行的健康觀點，這種新型的福利國家強調社會支持而非個人利益。那些難以表現正常情緒的人應該受到同情和協助，而不是受到譴責。精神科醫生大衛．韓德森（David Henderson）表示，心理變態患者是「一群掙扎的人類，或是說社會適應不良的人，他們亟需外界的協助」。[78]韓德森強調負面的童年經歷，會讓心理變態患者的情緒變得遲鈍。然而，他的工作仍然是基於種族主義的階級演化。他表示，心理變態患者在情感上依然停滯在「原始野蠻人」的層次上，這種維多利亞時代的老調，到了一九三九年仍在重彈。[79]

美國頂尖的心理變態專家赫維・克萊克利（Hervey Cleckley）的態度更加批判。他認為將錯誤歸咎父母或社會，只會讓這些行為惡劣的人卸責開脫。除此之外，心理變態的人太過普遍，所以這樣的說法也不成立。變態剋星克萊克利將軍自稱，他在一九四一年的時候已經發現，不管是在醫院、診所或他個人的諮詢工作，心理變態的人已無所不在。他還把病態人格的特徵做成一份方便查看的檢核表，協助其他人分辨身邊的病態人格患者。克萊克利列出了十六個最關鍵的特徵，這些特徵深遠地影響了後世對病態人格的評估。克萊克利宣稱，病態人格表面上很有魅力且十分聰明，但做人不可靠也不真誠，而且還「情感匱乏」，他們完全沒有「發展成熟、全心全意的憤怒、真實或一貫的憤慨、真誠、真真切切的悲傷、無愧於心的自豪、深刻的喜悅和真實的絕望」。[80]他們確實也有過喜悅、憤怒、絕望等等的感受，但不像「正常」人那樣來的持久、成熟或真誠。對於不像克萊克利那麼精通於如何看出病態人格患者的人來說，量化這些特徵幾乎是天方夜譚。

就像蘭諾・絲薇佛（Lionel Shriver）二〇〇三年執導的電影《我兒子是惡魔》（*We Need to Talk About Kevin*）中的凱文・卡奇多利恩（Kevin Khatchadourian）一樣，現在我們已深深地認為病態人格者和極端犯罪兩者密不可分，而且幾乎不可能治癒。雖然在文學和影視作品中的病態人格者多以連環殺手的形象出現，有些心理學家如羅伯特．哈爾（Robert Hare）就表示，這些「絕情仿生人」其實就在我們周圍。[81] 哈爾用某種方法計算出，北美大約有兩百至三百萬的病態人格者。但很多人甚至不知道自己具有病態人格。在神經科學家詹姆斯．法隆（James Fallon）的前五十八年生涯中，他一直覺得自己是個「普通人」。

他只是偶然在研究病態人格患者的腦部掃描時，意外發現自己的腦部掃描結果跟殺人犯的掃描圖有許多驚人的相似之處。這個發現顛覆了法隆的整個人生觀和對神經科學的理解。他曾相信，這樣的掃描結果可以直接看出人性，畢竟我們的大腦和生物體徵就能定義我們大部分的樣子。二〇〇五年的那天，法隆成為了推翻他「終其一生信仰的理論，證明了人生來即是自己的活生生案例」。[82]

然而，法隆的發現也顯示，「病態人格者」似乎比我們想像的還要難以定義和測量。大腦掃描可以真的「證明」某個人是病態人格者嗎？如果他們從來沒有犯罪過，那他們還會是病態人格者嗎？冷酷無情的怪獸真的像羅伯特．哈爾說的那樣掌控我們的的企業、銀行和政府嗎？當我們認為「病態人格大舉入侵」的時候，整件事聽起來都像是個陰謀論。我們越是聽到病態人格的事情，我們就越會發現到他們就在四周。畢竟，喬恩．容森（Jon Ronson）在撰寫《病態人格測試》（*The Psychopath Test*）時就遇到這樣的事情。[83] 但或許我們可以反過來說。我們聽到某個人做了什麼可怕的事情後，就會開始從他的行為和表現尋找解釋。他們的感受和我一樣嗎？還是他們跟哈爾說的一樣，是沒有感情的仿生人，無法理解「真實人類」的感受？

科幻小說讓更多人認識了仿生人的概念。就像出現在一九八七年《星艦迷航記：銀河飛龍》（*Star Trek: The Next Generation*）中的指揮官百科（Data），在接下來的十五年內，一直在尋找人類情感的體驗，甚至到了故過度思考的程度。菲利浦·狄克科幻小說《銀翼殺手》（*Do Androids Dream of Electric Sheep?*）中的人性測試機也是用來偵測複製仿生人。然而，在狄克這本一九六八年寫成的小說中，人類也會操控自己的情感，他們會使用「情緒器官」為自己撰寫程式，為了贏得爭論而讓自己產生極大的憤怒，或是安排一場「六小時的自我責備」等各種情感。[84]所以誰能肯定哪一方更真實呢？是經由工程師製造的複製仿生人，還是可以透過程式設定的人類？

然而，讓哈爾感到煩惱的是，我們遇到特定行為和犯罪的時候，依然會自動聯想到他們缺乏感受。我們就是無法看出兇手中的冷峻眼神，所以才需要哈爾昂貴的課程，這樣想或許讓我們覺得安全一點。但，我們有多常受到自己的假設引導呢？例如，在二〇一二年，曾主修神經科學的詹姆斯·霍姆斯（James Holmes）在丹佛一間電影院中開槍，導致現場十二死亡，當晚的電影撥放的是《黑暗騎士：黎明昇起》（*Batman: The Dark Knight*

Rises）。當電視上播送霍姆斯傳訊時的畫面，他面無表情彷彿無動於衷，我有個朋友對此發表了看法。對她來說，霍姆斯看起來就是個有病態人格的殺手。但在我看來，他看起來只是有嚴重的藥物依賴而已。

這也提醒我們，表現出情緒不是件容易的事情。有個同事曾告訴我她弟弟在確診為思覺失調症後的經歷。他在服藥期間基本上沒有大問題，不過他常常會抱怨自己變得麻木遲鈍，什麼感覺都沒有。在他們的母親過世後，他停止服用抗精神藥物一星期。他告訴他姊姊，如果連去母親的告別式他都哭不出來的話，那就太過分了。我同事後來也就順著弟弟的心意。我們解讀他人情感的方式，會受到我們對情況的理解所影響，也會受到文化差異和個人之間的不同影響，有時候又會加上服用藥物或飲酒帶來的複雜因素。我們可能會倉促判斷，或難以捕捉到有關情感的蛛絲馬跡。對某些神經異常的人來說，這恐怕又更困難了，但如果有人想不出自己誤解過別人感受的經驗，那我會更驚訝。不管是因為他人的期待，或是我們自己關於對或錯、正常或不正常的假設，情緒上的混亂或不確定，往往是我們人性的一部分。

跟著感覺生活

就在我三十歲生日前，我得到一份在一處古蹟館的工作。我對這份新的任務感到十分開心。我喜歡每天早上上班時，拿著一副喬治亞式聯排別墅的前門鑰匙，彷彿像我也住在那裡一樣開門進屋。我也喜歡樓梯傾斜的方式，喜歡暗暗的房間裡聞得到木頭的香氣。有天，我帶著一位中年美國女士參觀這座建築，她想要為公司活動租借古蹟空間。我興高采烈地和她分享建築物的歷史，帶她參觀一間又一間的展間，分享我對這座建築和建築歷史的熱愛。我們走到頂樓時，我停下來喘口氣，她嚴肅地看著我，陰沉地對我說，「妳倒是**非常**熱情嘛。」

我無從得知這位陌生人認為我的熱情何以過分。但今天有許多人對高昂的情緒保持某種懷疑，尤其是（或許是）對陌生人的反應。在波蘭，正常人不會隨便衝著路人微笑。這是有一次我參觀克拉科夫時學到的，那時我對著一臉厭世的店員反射性地咧嘴燦笑，但他卻困惑地看著我。情緒是需要嚴密守護的態度，只能向少數特定的人透露。有時英國人也會虛情假意地關心其他人，並隨口問候一句老套的「祝你個有愉快的一天！」就算近來英國人對於情緒上的真誠或「忠於」自我的態度已經開始出現，但在英國，我們仍然生活在「不喜形於色」的歷史情感遺緒中。

那我們該要怎麼辦呢？什麼才是正常人的情緒？我們應該是否拒絕所有負面感受，好好擁抱愛和理解，並成為未來的神力女超人呢？還是像佛洛伊德和他圈子裡的人認為那樣，壓抑悲傷和憤怒是相當危險的行為？近年，由心理學家丹尼爾．高爾曼（Daniel Goleman）在一九九五年推廣的「情緒商數」，已漸漸成為大家關注的焦點。這個理論模型通常稱為EQ，與其說情緒是個人內心欲望的展現，而每個人有各自調節和釋放情緒的方式，不如將情緒理解為一種和其他人建立關係的「能力」。然而，不管是小說或影視節目都繼續強調這段複雜的情緒史帶給我們的挑戰。坦率地表達情緒看起來是個不可能實現的理想，這是個會被人嘲笑或被認為是博取注意的行為，就像HBO喜劇影集《白蓮花大飯店》（*The White Lotus*, 2021）中的麻煩人物譚雅．麥奎德（Tanya McQuoid）。

一世紀以來的情感圖譜和靈魂機器並沒有讓我們找到準確測量情緒的方法，甚至沒有找到一種描述或理解情緒的普世方法。一九七一年，心理學家保羅．艾克曼（Paul Ekman）開始主張在所有的文化中，可以找出一套共通的基本情感表達方式和所為的「基礎」情緒。艾克曼的理論模型具有廣泛的影響力，甚至出現在二〇一五年由華特迪士尼影業發行、皮克斯動畫工作室製作的動畫電影《腦筋急轉彎》（*Inside Out*）。艾克曼模型中的情緒數量隨著時間而增加，但基本上會包括憤怒、厭惡、恐懼、快樂、悲傷和驚訝（驚訝的情緒或許對卡通世界的人物太過籠統，所以迪士尼毫不猶豫地排除了這種情緒）。然而，這些「基本」的情緒和情緒的表現方式，並不像艾克曼設想地那般舉世皆然。有項研究發現，住在巴布亞新幾內亞偏遠島嶼上的人，會將西方的「恐懼」表情當作是憤怒或帶有威脅性。[85] 而我們在日常生活中，又有幾次可以感受到簡單而不連續的情緒呢？正如二〇二一年一項利用專業演員情緒表達的研究所得出的結論，「臉部動作和情緒的感知因實際情況而定，並且跳脫我們對情緒表達的刻板印象」。[86]

當我們拿特定族群作為參考基準時，這就會成為一種自我實現的預言。一群人對情緒或特定情感表達的方式可以成為其他人用來評量和判斷的標準。在過去兩個世紀中，這通常被用來當作支持現狀的根據。一種充滿精英主義和種族主義的情感科學認為，在十九和二十世紀擁有最多政治和經濟權力的人就是上等的人類，因為他們擁有最細膩的社交情感。透過殖民主義、性別歧視或階級壓迫，他們對其他人的征服被說成是仁慈父母的行為，只有他們才知道什麼是對孩子身心發展最好的方式。這些假設帶來的負面刻板印象在大眾想像中仍舊存在，不管是憤怒的年輕黑人男子到賣弄情感的女人。我們可能會認為情緒是人與生俱來的本能，也是我們生而為人最基本的組成。但情緒史卻向我們呈現了這些規範被建立的過程，以及對誰有利、對誰有害的利益結構。

第六章

我的孩子正常嗎？

我三歲的時候告訴托兒所的老師，我的玩具們會在晚上活過來。我的泰迪熊跟我一起飛到肯特郡的奧特福德宮和我最好的朋友亨利八世國王進晚餐。我甚至還畫了張圖證明我在夜裡拜訪這位早就過世的都鐸國王，聽到這個故事的每個人都面不改色。但在幾英里外的托兒所又是另外一番風景，我的朋友蘇菲告訴她的老師她是隻小貓。「蘇菲，不要玩剪刀！」老師這樣警告她。她不屑地看了他們一眼，輕蔑地說：「貓咪聽不懂英文！」結果老師們居然因為擔心蘇菲的行為不正常，打電話給她的父母。所方問道：「你覺得要帶蘇菲去看精神科嗎？她可能真的以為她是一隻貓！」但蘇菲其實並沒有這樣以為。

在過去的兩個世紀中，兒童成長和發展的方式、他們的表現和行為模式一直是人們關心但卻充滿諸多爭議的話題，這些話題的背後，其實是我們如何定義正常行為的界線。我們擔心嬰兒是有正常體重和發展，擔心我們的孩子是否正確學習或有正常的社交，擔心他們是否會有行為或情緒問題。在維多利亞時代，人們比之前的世代更在乎孩子的正常童年，人們不再把兒童看成一個小型的成人，而是在整段童年和青春期都有其特殊需求，需要以特定的方式塑造他們，使其成為理想的公民。義務教育的推行、童工法的頒布以及在一八八五年提高最低合法性行為年齡，都是想要保護以及改革兒童發展期的盼望，這種盼望一直延續到二十世紀；尤其在過去的五十年左右，這種關心變得更加強烈。

這些既是對兒童的擔心，也是對成年人的擔心，就像英國詩人菲利普．拉金（Philip Larkin）所寫，「你的媽媽和爸爸，把你的生活搞砸。」[1]雖然這位厭世詩人最後的建議是根本不要生孩子，但大多數的人仍選擇成為父母。然而，我們只聽取了拉金對於人類會把怪癖傳給後代的擔憂。維多利亞時代的人害怕「組織的暴政」，這個意思是，他們相信，神經質父母所生的孩子註定會步上他們的後塵。創造這個詞彙的是精神科醫師亨利．默德斯里（Henry Maudsley），他自己並沒有孩子。到了二十世紀，人們更加重視親子教育議題。養育孩子已經不再是種本能或天生的直覺，而成為一種需要學習的技能。首先，在世紀初，人們關注嬰兒和幼童的健康狀況，到了第二次世界大戰前後，進而關注孩童的情感需求。這時候，父母擔心的不再只是可能將自己有問題的基因遺傳給孩子，而是擔心他們在成長發展中的每一階段，都有可能讓孩子落敗。

我自己的父母當然也擔心這個問題。在我還是青少女的時候，我媽媽就曾向我道歉。她向我承認：「妳爸爸和我都不太會和其他人打交道，我想我們可能把這種個性傳給妳了；我真的很抱歉。」雖然她可能認為這是在承認失敗，但對我這個容易覺得尷尬和困惑的十幾歲孩子來說，這意義重大。這讓我感到不那麼孤單。雖然她的態度有點宿命論的意味：「如果我的父母也是如此的話，那我永遠也不可能改變了。」但並不是這樣的。這反而讓我下定決心，要好好學習怎麼應對各種社交場合。儘管我發現與人接觸時非常不自在，但我還是訓練自己去接受和其他人擁抱。經過多年的努力，我現在不僅可以大方地和朋友擁抱，甚至可以不假思索地做出這個動作。這聽起來雖然不是件大不了的事情，但對我來說卻意義非凡。

兒童發展並非固定不變。孩子們總是有辦法用他們的想法和見解讓我們感到驚訝和感動。我們可能會因為他們得到不一樣的感受，或做出不一樣的行為而感到驚訝；或是在我們把孩子跟其他同年齡的人相比較時，他們也經常讓我們留下深刻的印象或引起我們的興趣。面對這些眾多的差異，我們要如何理解並定義正常的兒童發展？孩子若被貼上不正常的標籤，這對他們的發展是助力還是阻力？從踏出第一步到第一次約會，我們會將孩子的生活和一套標準進行比較，因為我們擔心，無論是我們做父母的，或是孩子自己，都可能表現不足。

胖娃娃才健康

我第一個外甥女在二〇一七年呱呱墜地。她是個健康又快樂的娃娃，睡得好、吃得好，也受到全家人的疼愛。但她的體形也比同期出生的嬰兒來得小。把她的體重放在生長曲線圖上來看的話，她都是介於第五十至第二十五百分位之間（意思就是一百個寶寶之中有五十至七十五個寶寶比她重）。我姊姊回憶道：「大家都會稱讚長得胖的寶寶，還會說『噢，媽咪的母乳真營養！』這雖然是好意，但如果生到一個體形小一點的寶寶，妳會覺得非常有罪惡感，即使依照生長曲線圖，就是會有一半的寶寶低於五十百分位。」她記得有一次帶剛出生不久的寶寶到兒童診所量體重，診所護理師皺了皺眉頭說：「她的生長曲線只有三十百分位，嗯……下星期再來一趟吧，我們要繼續觀察。」姊姊回家的整趟路上都焦慮不已，下定決心要多餵寶寶吃東西，讓她長胖一點。她隔週再回診時，是讓另一個護理師量體重，她卻說：「太好了！她的生長曲線在第二十八個百分位，從出生開始她的生長曲線都很平穩。看起來非常完美！」她的生長曲線百分位幾乎沒有變化，只不過是換個人解讀而已。姊姊搖搖頭，嘆了口氣說道：「我為了一張圖表白擔心了一整個星期。」但她還是花了一段時間才能接受寶寶的體形，甚至花了更長的時間才相信周圍的人也覺得寶寶一切健康正常。

我們最先為孩子評估的就是他們的成長。他們的成長狀況是否正常，是否攝取足夠的營養？雖然我們時常被灌輸「母乳親餵對新生兒健康最好」的資訊，但有很多母親仍會遇到困難。美國一項針對四百八十一位新手媽媽的研究發現，在生產後的頭幾天，有百分之九十二的人在哺乳時遇到困難。有的人是難以讓嬰兒好好吸附在乳房上，有的人是奶量太少或痛感太強烈。這些問題不見得都能緩解；兩個月後，這群研究對象中，將近有四分之一的女性放棄哺乳。[2]這當然不是現代才有的問題。英國作家薇拉．布里坦（Vera Brittain）在一九二七年生下第一胎後，曾經嘗試哺乳但未能成功，就像現在的一些女性一樣，她也歸咎於缺少專界人士的協助。[3]

在薇拉．布里坦的時代，母親會因為寶寶的體形受到更加嚴厲的批評。一九〇六年，倫敦芬斯伯里衛生所的主任喬治．紐曼（George Newma）就曾對外宣稱「嬰兒的死亡率是個社會問題」。英格蘭和威爾斯的生育率從一八八一年開始下降，但嬰兒死亡率卻沒有同步下降。在一八八九年，甚至每一千名兒童中就有一百六十三名在滿一歲前夭折，高出十年來的平均值。[4]在倫敦的貧困區域，如紐曼所處的芬斯伯里，新生兒死亡率較高。不過，紐曼不認為貧窮是造成嬰兒死亡的原因。他反而將這種現象稱為是「這些人家中惡劣環境的跡象」，並稱這種現象在英國「某方面和社會生活息息相關」。[5]依照紐曼的說法，嬰兒死亡率反而是反映了母親的狀態，而非嬰兒本身的狀態；他直言道：「坦白說，大部分的嬰兒夭折是出於母親的無知和疏忽」。[6]

紐曼和他的同事得出這樣的結論，導致嬰兒健康問題的罪魁禍首，被認為是因為母乳攝取不足以及飲用稀釋後的罐裝牛奶。這種過度簡化的結論忽略了更重要的問題，當時許多女性本身就已經營養不良，沒有足夠的母乳可以餵養嬰兒，而且對大部分勞工階級的家庭來說，品質不錯的牛奶也過於昂貴。[7]對於哺育嬰兒的關注也代表，嬰兒體重是否增加成為判斷健康狀況的新指標。德國在一八七八年開始定期為嬰兒量體重，[8]到了一八九〇年代，歐洲各地和北美的醫生也開始例行為嬰兒測量體重。不過，一直要到二十世紀初期，英國的衛生訪視員才將這種做法帶進每家每戶。一九〇五年。英格蘭和威爾斯有五十個城鎮開始聘用有薪的衛生訪視員，到了一九〇七年就立法要求新生兒的父母必須要在孩子出生後的六週內通報，好讓訪視員進行家庭訪問。[9]

衛生訪視員的業務內容包含為勞動階級母親提供新生兒照護建議，並檢查訪視嬰兒的健康狀況。葛麗塔・愛倫（Greta Allen）在一九〇五年出版的《衛生訪視員實務手冊》（*Practical Hints to Health Visitors*）中提供了兩種判斷嬰兒健康的方式：第一是測量體重，第二則是檢查糞便的顏色和質地（如果像「打散的雞蛋」還算正常；像「切碎的菠菜」就要擔心了）。[10]幾十年以來，訪視員把量嬰兒體重當作醫療工作來看待，這就表示我們可以用平均體重來界定「正常」體重。愛倫因此公布了一份零到十五歲的身高體重對照表，好讓衛生訪視員用來參考比對。這些數據來自一位紐約醫生寫的書，其實並不精準，因為這只是「大約採集自五百位新生兒」的平均值。[11] 這五百個神祕的嬰兒和幼童是否健康且攝取充足的營養呢？我們無從得知。這些嬰兒的平均體重就這樣成為正常嬰兒健康狀態的明確定義，卻毫無任何根據可言。

人們一旦有了可以參考的嬰兒體重表，很快就會忘記，根據比例原則，有些嬰兒的體形本來就相對較小。二十世紀的新生兒診所必須為每位就診的嬰兒填寫體重紀錄表。[12] 這些診所還會使用具體的數值當作每個年齡段的相對正常體重（通常使用體重平均值），這讓每個真實的嬰兒幾乎無法達到標準體重。給出建議很簡單，執行才是難事。聖潘克拉斯母親學校（St Pancras School for Mothers）成立於一九〇七年，當時有位「小媽媽」雖然「儘全力克服所有困難，努力遵照所有育兒指示」，但在得知她的寶寶體重下降時，還是難過地哭了起來。[13]

無論貧富，忙碌的母親都是醫界人士關注的對象。有位中產階級母親被醫生告知，因為她「大概是因為忙進忙出，所以自己的母乳受到『劇烈晃動』，以至於讓營養流失」。[14] 而在倫敦市中心擔任衛生訪視員主任和衛生督察的伊妮德・伊夫（Enid Eve）則發出警告，職場媽媽應該是造成小孩身上長頭蝨或跳蚤，成為「寄生蟲小孩」的主要元凶。[15] 伊夫堅持認為，衛生訪視員「應該儘全力說服母親留下家裡照顧小孩，讓托兒所顯得沒有必要。」[16]這在兒童輔導領域成為主流觀念，一直延續到第二次世界大戰後很長的一段時間。倫敦衛生所的官員對營養不良的問題尤其關注，比起父母疏於照顧而體重過輕的小孩之數量，貧困家庭中營養不良的小孩多出三倍之多，但有關當局仍指出「母親若外出工作，將無法為孩子準備中午的正餐」。[17]

有些改革者更加強調貧窮和環境因素對孩童成長的影響。從一九〇九年至一九一三年，由澳洲出生的社會主義者及女權主義者茉德．里夫斯（Maud Reeves）帶領的費邊社婦女會在倫敦南部

圖 6.1 倫敦東區貧困人家的小孩，約攝於一九九〇年。

蘭貝斯調查了四十二戶低收入家庭。婦女會將調查結果以《每週約一鎊》（*Round About a Pound a Week*）的題名發表，這也是參與研究的家庭平均薪資（二十先令）。有些政客認為，貧窮以及因貧窮導致的兒童營養不良都是因為這些人不負責，否則所有家庭都可以每週只靠一英鎊過活。然而，里夫斯研究的這些家庭以這樣的收入水準，也必須要謹慎地規劃預算。每節省一分錢，都有可能對家裡的健康衛生產生影響。里夫斯也發現，一間狀況不錯、通風良好的房間，租金是一間潮濕地下室房間的好幾倍，這讓某些家庭不得不在擁擠或衛生條件不佳的生活環境中做出選擇。若是租金越低廉，家中嬰兒的死亡率就會越高。[18]

里夫斯鎮重宣布，「健康產下的嬰兒到了三個月大的時候，其健康狀況一定會下滑，到了一歲時健康狀況會更差，到了學齡時，通常會因為完全可以預防的原因而罹患佝僂病或肺部疾病。」[19]她又更詳細地描述這些病童的情況。十歲的艾瑪穿襪子時有一百三十七公分，「她出奇地嬌小，在家中六個小孩裡排行老大，懷裡總是會抱著一個小嬰兒」。兩歲大的桃樂西是個「老嬰」，並且「渴望能像哥哥姊姊一樣去上學」，她母親在照顧剛出生的嬰兒時，她會在高腳椅上焦慮不安地掙扎。班尼十二歲，跟同齡的小孩比起來體形偏小，看起來「非常、非常嚴肅」。父親出門工作時，班尼自告奮勇要在上課前還有放學後的兩個小時幫當地的牛奶工人工作，且沒有告訴他的父母。[20]雖然他們住家環境不甚理想，也缺乏足夠飲食，但里夫斯指出，這些小孩「在禮貌、衛生、行為上都受到良好的教育」，而且「他們的母親也都對他們慈愛有耐心」。隨著這些孩子漸漸長大，他們最明顯的特點就是「缺少生活樂趣」。他們和母親一樣選擇承受施加在身上的枷鎖。里夫斯的結論是，「這些孩子從來沒有因為失望而反抗過。他們可能或多或少理解到，這就是他們生來的命運。」[21]

費邊社婦女會建議設定最低薪資、育兒補助、免費營養午餐並在學校設立保健室，以支持兒童健康的生理發展。不過，各種措施也在很長一段時間後才開始被實施。第一次世界大戰後，貧窮的問題仍十分普遍，一九三〇年代的失業潮和經濟大蕭條讓經濟狀況更惡化。但同時我們對於兒童健康的理解也因科學發展開始轉變。維生素（或「輔助食物素」）開始號稱是兒童健康和成長的關鍵。配方牛奶加入果汁和維洛（Virol，一個麥芽粹取物品牌）營養補充劑，以預防壞血病和佝僂病，一九二八年，葛蘭素藥廠（Glaxo）開始將維生素D添加至嬰兒配方奶粉中。[22]

維生素這種「每個人都聽說過的」新玩意似乎為兒童健康開啟一個積極的新時代。[23]舉例來說，當時在倫敦市常常看到有年輕人因佝僂症而骨骼畸形。到了一九二五年，沃爾珊斯托（目前倫敦東北部）衛生所主任宣稱，目前對於維生素的知識已經對學童健康產生顯著的影響。[24]但這種觀點有點言之過早，認識維生素這種輔助食品，並不代表每個孩子都能充分攝取。一九四三年，牛津營養調查（Oxford Nutrition Survey）針對三個區域的兒童生理及營養健康進行調查，沃爾珊斯托也是其中一個研究區域。伯明罕、沃爾珊斯托和牛津郡這三個區域的維生素C攝取程度「遠低於公認的最佳攝取量」，只有牛津郡中住在種植新鮮蔬果村莊的兒童才「在正常範圍內」。雖然把那些低於正常體重「但其他方面一切正常」的兒童歸類於健康兒童中，仍有超過百分之四十的兒童健康狀況不佳。[25]

在第二次世界大戰後，醫界開始強調健康兒童之間的巨大差異範圍。兒童健康教授羅納・伊林沃斯（Ronald Illingworth）在一九五三年曾說過，「只要知道年齡和性別，任何一個醫生都說得出某個年齡段兒童的平均體重和身高，但沒有人說得出要長多高、多重才正常，因為根本不可能定義出正常的身高、體重。」[26]即便有人定得出來，平均兒童的成長狀況也跟幾十年前不一樣了。一九五九年，根據英國衛服部發表的報告，一九二〇年代的正常體重表數字低於一九四〇年和一九五〇年代對嬰兒和兒童研究所得出的平均數字。這份調查建議更新圖表範圍，以因應目前的嬰兒和兒童以變得「更高、更重」的事實。[27]一九五〇年代的衛生官員對此普遍持樂觀想法，因為平均身材增加就代表孩童們「食物更加營養並受到更好的照顧」。[28]

然而，也有些人持反對意見。有些衛生醫療官員開始宣稱「營養過剩」和肥胖正在縮短人類的壽命。[29]到了一九六〇年代中期，如今已耳熟能詳的「兒童肥胖」一詞已經開始出現，人們將其形容成危險程度極高的流行病。一九六二年，《泰晤士報》報導，劍橋郡的地方教育機構為因應不斷升高的兒童體重，禁止學校福利社販售小餐包和甜甜圈，改售同樣高熱量的薯片和鹽味花生米。[30]同年稍晚，這份報紙再度報導「白白胖胖的嬰兒」這個觀念大錯特錯，也指出兒童過度肥胖的問題相當嚴重，診所應該張貼海報進行衛教宣導，以警告母親們肥胖的危險性。[31]

根據學校醫務官菲利斯．吉本斯（Phyllis Gibbons）的說法，肥胖症的上升與生活水準的提升以及飲食習慣的改變有關，現在有百分之五至十五的學童「體重與他們同年齡、身高和體形者相比，高出至少百分之十」。[32]當然，在正常體重的分布中，可能一直是這樣的情況。然而，在戰後時代，基於體重議題，人們又提出了新的看法。吉本斯描述了一九六五年在克洛敦對兩組青少女進行的節食實驗；四年後，她的實驗已經擴大到「全區內為學校學生控制體重的診所」。[33]在一九六〇年代末期，緊跟在一九六七年英國首次體重觀察（Weight Watchers）會議的腳步之後，倫敦其他地區也開始推行針對「超重」學子（對象通常是青少女）的減重計畫。這個計畫關注的焦點是兒童和青少年，而不是像一九三〇年代的減肥飲食計畫那樣只關注成年人。[34]

三十年後，西方世界的政府和健康倡導者重視「肥胖流行病」的概念。《泰晤士報》似乎忘記了自己曾在一九六二年首次聲稱出現肥胖危機，他們在二〇〇一年再次指出

「兒童肥胖症狀以驚人的方式增加」。這篇文章報導了發表在《英國醫學期刊》（*British Medical Journal*）的一項研究，該研究指出在一九八四年至一九九四年之間，經判定超重的兒童數量增加了百分之五十。[35]這個說法和一九六〇年代末的擔憂並沒有太大的差別，或許只是對變化範圍的關注少了一些。然而，這似乎引起了人們的共鳴，於是在二〇〇四年出現了「一系列針對肥胖問題（包括兒童肥胖問題）的諮詢和報告」，並描繪出一個反烏托邦的未來。[36]體重過重的問題和二十世紀初的嬰兒營養不良問題一樣，「從影響個人的問題轉變為影響社會和國家的問題」。[37]

就普通孩童的體形而言，這似乎對大家都是個困擾。在過去的一個多世紀以來，普通兒童（以及他們普通的母親）一直都是政治和文化關切的焦點，畢竟他們關係到國家的未來。從二十世紀初期體重過輕和母親未善盡職責妥善照顧的嬰兒，一直到肥胖和缺乏運動的千禧世代，普通孩童凸顯了我們對社會未來的擔憂。而我們在擔心兒童營養不良或體重過重時，其實反映了我們對其父母、貧困、性別、階級的憂心，而不是關心每個兒童的身材是否正常。如果我們光就一個孩子的生活條件來衡量他，他們可能還遠比所謂的標準還正常許多。兒科醫生楊·范艾斯（Jan van Eys）在一九七八年曾說道，如果一個社區中的兒童經診斷為不正常，通常是因為「社區本身就有基本的缺陷」。[38]正常兒童的歷史就證明了此一說法。

厄斯伍德療養院的天才

詹姆斯．普倫（James Pullen）住進皇家厄斯伍德療養院時才十五歲，當時這所療養院也被稱為國立弱智療養院。這座位於薩里郡紅山公地的療養院，是英格蘭和威爾斯第一家專為「弱智兒童」設立的慈善機構。普倫在一八五〇年入院，與他同行的還有他在科切斯特艾塞克斯堂（一所少數為特殊教育需求的兒童而設的學校）的同學。維多利亞時代的殘酷醫學術語將他們形容為「弱智和低能的兒童」，普倫和其他同伴一樣，在傳統環境中遇到學習困難。他的發育遲緩，一直到七歲才說出第一個單字。當時沒有學校願意收他，小普倫就這樣在家裡待到十二歲，才被送去艾塞克斯堂。在莎拉．皮爾斯（Sarah Pearce）老師的監督下，詹姆斯．普倫終於學會寫出第一個字：「人」。

時值青少年的普倫住進了他在厄斯伍德的永久居所。他在達斯頓一幢三層樓的舒適樓房中長大，跟此處截然不同。這座巨大且嚴實的建築物在建造之初可容納四百位住民，入住時的年齡必須介於八歲及十八歲之間。入院的孩子們必須經過判定，若能於此受益才能入住，而且他們也必須來自從未接受過《濟貧法》（*Poor Law*）救濟的「正派」勞動階級家庭。[39]「弱智」療養院類似於一八四〇、一八五〇年代在英格蘭和威爾斯各地興起的縣立精神療養院，每幢建築都是維多利亞時代慈善事業建造的宏偉建物。

圖 6.2 詹姆斯・普倫坐在木製手推車的一端，他把他的模型船放在上面。由肖特沃斯（G. E. Shuttleworth）拍攝，年份不詳（一八六七年後）。

當然，等到普倫入院時，人們對這些機構的態度已經改變許多。我們往往會將機構生活聯想到疏於照顧、虐待和消極對待學習障礙者等負面形象，所以厄斯伍德療養院於一九九七年關閉時，許多人都鬆了一口氣。然而在一八五〇年，這所機構被譽為美好年代的象徵。創辦人們高呼，這些孩子再也不會在家裡受到虐待和忽視；根據歷史學家西蒙・賈瑞特（Simon Jarrett）的說法，這種情況在精神病院建立之前並不普遍。[40]在療養院中，他們一定會吃得好，也住得舒服。他們還會學到如何融入社會，成為有用的人，也會接受家務技能和體力勞動的訓練，院方也會輔導他們學習與人互動的方式。

但這並不代表所有住進厄斯伍德療養院的孩子都喜歡住在那裡，也不代表他們真的受到良好的照顧。這些人就像普倫一樣，除了住進來之外，他們別無選擇。這些孩子曾被家人帶去醫院，經醫生判定為心智不正常，如果家人無法或不願意照顧他們，他們就會被送來厄斯伍德。為十歲大的羅伯特・坎貝爾（Robert Campbell）檢查的醫生表示，他「對於其他孩子深受吸引的事物有種『茫然的漠不關心』，行為也不像其他孩子」。[41]威廉・格林（William Green）的母親則抱怨她花了大把的時間想教他認字，但他就是學不會。[42]

普倫在厄斯伍德度過青少年時光，但對於正規學習仍然覺得很困難。他幾乎不會說話，也沒有學會閱讀和寫作。然而，他仍然成為厄斯伍德最知名的住民之一，甚至還被媒體譽為「厄斯伍德療養院的天才」。因為從他還小時，他就展現了他在素描和製作模型船的天賦。在厄斯伍德時，他接受了手工藝訓練，表現也十分優秀。到了二十歲時，普倫在療養院得到了自己的工作室，並賺取微薄的收入。他為醫院製作家具，同時也進行自己的創作，包含從布魯內爾設計的大東方號巨型郵輪（SS Great Eastern）精緻模型到工作室外的壯觀機械巨人。詹姆斯．普倫的機械才華和學習障礙的原因仍有許多爭議；然而，在普倫的時代，一般認為學習障礙是遺傳性障礙，也許也是退化的另一個跡象。

關於遺傳的假設和維多利亞時期其他分類系統一樣，都是奠基於種族主義和種族的分類，根據身體特徵將人類劃分為不同的群體。普倫的精神科醫生約翰．唐氏（John Down）起初診斷這種讓他得以成名的症狀時，他認為這是「弱智種族」的一部分。[43]唐氏認為，許多厄斯伍德的住民都可以「歸類在人類家族中的一個大分類，而不是依他們所屬的階級分類」。他表示，雖然所有的住民都擁有歐洲白人的血統，但他在這些住民的特徵中發現了「白種黑人的樣本」、「居住在南島家庭的類型」以及所謂「蒙古人的弱智類型」。最後一個類別是以他的姓氏來命名，也就是唐氏症（Down's Syndrome）。[44]唐氏聲稱觀察到的「種族」特徵是返祖現象的證據，這代表回到原始狀態。這些特徵也證明了「異常」狀態對於許多維多利亞時期的白人來說代表非西方人；唐氏分類法明明白白地歧視有色人種和有學習障礙的人。

不只有科學分類改變了人們對某些兒童的理解方式，正規教育的興起也是如此。[45]簡單來說，愈來愈多人學會讀書寫字，而像威廉．格林和詹姆斯．普倫這樣讀寫有困難的人，就變得更加明顯，也更早被發現。正是在學校課堂中，兒童正常智力的概念更加清晰。在英格蘭和威爾斯在一八八〇年開始實施義務教育。[46]同時間，不管對男性或女性來說，學習閱讀和寫作也變得更加重要，對工作上不需仰賴讀寫能力的人來說也是如此。[47]一八四〇年，英格蘭有三分之二的男性和一半的女性識字；到了十九世紀末，幾乎四分之三的男女都能閱讀和寫作。[48]

歐洲大部分地區也出現相同的情況，法國在一八八一年實施免費初等教育，到了十九世紀末，幾乎所有人都到達基本識字率。正是在這種背景下，法國公共教育部長在一九〇四年要求心理學家阿佛列德．比奈（Alfred Binet）提升學習程度落後的兒童的技能。為了將這些兒童區分出來，比奈和他的研究助理西奧多．西蒙（Theodore Simon）企圖測量學習的基本過程（正如他們所宣稱）：物品排序、理解能力、創造力和錯誤訂正能力。透過使用大量不同的測驗，比奈希望找到可以辨別每個兒童學習潛力的方法。但他的測驗方法並不是要為所有的兒童排名，而是要讓人更深入理解具有學習困難的兒童的能力。這會讓老師們知道如何協助並支持這些孩子，進而提升孩子們的智力。[49]我們所知的智力商數（Intelligence Quotient，亦稱 IQ）一開始並不被認為是一個天生、不變的特質。

然而，智商是和「正常」智力的相對值，這和先前聲稱有絕對結果的智力測驗不同。

今天，我們已經理解智力是會變化的平均數。但在一百五十年前，並不是所有人都能以這種方式理解智力，或將智力理解為能呈現常態分布的特質。法蘭西斯·高爾頓在一八六九年發表《遺傳天才》（*Hereditary Genius*），這本書以極少的證據聲稱天才是天生的，達爾文說這本書改變了他的看法。達爾文在同年十二月中寫給高爾頓的信如此說道：「我一直相信，除了真正的傻瓜以外，人們在智力上並沒有太大的差異，只有熱情和努力才會拉出差距。」[50]但在讀完高爾頓的書，達爾文改變了他的想法。當然，達爾文先前的立場相當合理。他對於進化論的研究顯示天擇是個漫長的過程。他曾經主張人類作為一個物種，在心智方面是集體進化的。但如果真的是這樣的話，為什麼人與人之間的心智有這麼大的差異呢？

高爾頓認為每個人都有不同的智力，在以此觀點成功說服他的表哥後，他嘗試推廣這個觀念，並證明智力可以用常態分布來衡量。他將劍橋學生的成績繪製在鐘形曲線上，並以此為基礎建立了人類智力的普遍原則，從底部的「弱智和低能」到頂部的「天才」。高爾頓充滿自信地宣稱，根據「從平均值偏差定理」，人類智力呈現鐘形曲線，其高峰就是人類的智力水準。[51]我們現在之所以會認定智力是個生來就註定好的特質，都要歸功於這位維多利亞時代的優生學家，這無疑有充分理由讓我們停下來重新思考這個概念。

回到阿佛列德·比奈。他的測試也是以「正常」的兒童為標準，包含比奈自己的孩子。在這個測試中，受測兒童需要完成一系列任務，並依照年齡區分難度，大多數的兒童可以完成各自年齡層的指定動作。根據比奈的測驗，四歲的正常孩子應該要能說出自己的性別、說出基本物品的名稱、重複三個數字並且比較兩條不同長度的線。七歲的孩子應該要能正確指出右手和左耳，描述一幅圖片的內容並舉出四種不同的顏色。正常的孩子到了十歲時，必須可以依照重量排序五個砝碼、憑記憶畫出一個圖案、指出荒謬陳述的錯誤之處、理解難度較高的問題。[52]比奈認為，這個年紀的孩子對死亡都很感興趣，所以他在題目中列出了「荒謬陳述」大多都跟可怕的事物或嚴重的身體傷害有關。這些讓人顫慄的例子有：「昨天在一個堡壘中發現一具年輕女孩的遺體，可憐的孩子被大卸十八塊，據說她是自殺的。」而正確的回答是這個可憐的女孩不可能把自己大卸十八塊。[53]但參與比奈測驗的孩童回家後是否做了惡夢，這就不得而知了。

那要是無法完成所處年齡層任務的兒童該怎麼辦？發展遲緩的兒童會再被分為三組，所有的組別都以科學術語命名，這些科學名稱很快就變成拿來汙辱人的話。若年齡較大的兒童只能通過一至兩歲級別的測驗，那他們就是「弱智」組。程度停留在三至七歲級別的兒童是「低能」組。在比奈量表上，八至十二歲則是「智障」組。四年後，一位叫做威廉·史特恩（William Stern）的德國心理學家修改了比奈量表，將兒童的智力年齡除以實際年齡。數字以百分比表示，也就是所謂的智力商數。[54]比奈測驗並不是測量平均值，而是測量「大多數」兒童的能力。但「正常的智商為一百」也不完全是反映人口平均值，只是表達兒童的智力及生理年齡一致的狀態。當一個十二歲兒童的智力年齡也是十二歲時，那商數就等於一（也就是百分之百）。

美國引入了比奈測驗時，不僅用在兒童身上，也用來評估每個人的智商。美國心理學家認為，智力測驗的分數和社會地位有關。心理學家路易斯・特曼（Lewis Terman）設計了史丹福-比奈智力測驗，他認為社會階級制度只是「常識」。[55]但除了眼前事物發生的樣貌之外，常識還會是什麼呢？精英階級出生時的優越條件和富裕父母可以提供給孩子的機會，確保法蘭西斯・高爾頓認為的天才能夠透過階級被複製。二十世紀初期設計智力測驗的人看到自己眼前的現況，就認為這是與生俱來的產物。

不僅如此，這些測驗還包含許多偏見。可能因為這些

圖 6.3 阿佛列德・比奈正對一名兒童進行測試，攝影師姓名不詳，一九〇七年。

問題包含了文化上的特殊意義，舉例來說：「Crisco 是一種：成藥、消毒劑、牙膏還是食品？」如果不查詢，你會知道答案嗎？這種偏見可能是因為特定階級的人才會熟悉某個話題，試問，每個人都買得起 Crisco 嗎？或者是因為這些問題呈現了某種特定的社會模式，這種模式優先將消費主義和品牌認同納入考量。*如果我們想要知道兒童是否擁有西方白人的中產階級生活方式，那一九一七年的陸軍甲種智力測驗就是一個非常好的標準，這項測驗讓其他測驗如雨後春筍般出現，而這裡提到的 Crisco 問題就是出自於此。如果我們想要測量的是個人心理中的某個特徵，那這項測驗就不太管用。儘管如此，這些測驗仍用來決定移民配額、工作角色和兒童的升學路徑問題。

如果我們將智商看成一個固定且與生俱來的特質，那其中最奇怪的一點，可能是測量智商的方式不斷推陳出新。從一九三二年以來，智商測驗不斷「重新調整」，以確保智商一百分仍位於鐘形曲線的中心。如果你分別在一九三二年及一九四七年都參加過智力測驗，那你在前一場測驗會得到較高的分數。心理學家詹姆斯．福林（James Flynn）在一九八四年指出，美國智力測驗受試者在四十六年的時間跨度中，竟有十三點八分的成

* Crisco 是一種食品（烘焙用）。你猜對了嗎？如果你在北美待過很長的時間可能就會知道。答不出來的話也只代表你沒有住過美國。

長，在許多國家的研究中也有一樣的現象。[56] 這代表人類愈來愈聰明了嗎？還是因為他們愈來愈習慣大同小異的題目？還是因為其他原因？福林推斷，智力測驗的結果無法準確呈現真實的智力。

但智力測驗並沒有因為這項認知而消失。人們持續以這類型的測驗支持階級、種族和社會偏見，例如心理學家理查·赫恩斯坦（Richard Herrnstein）和政治科學家查爾斯·莫瑞（Charles Murray）在一九九四年出版備受爭議的著作《鐘形曲線》（*The Bell Curve*）。赫恩斯坦與莫瑞和維多利亞時代的前輩一樣，他們認為常態分布是種族和社會階級之間的智力基因差異。兩位作者輕率地主張錯誤的觀念：「學者們認為」百分之四十至八十的智商具遺傳性。[57] 這兩人認為，如果較為富裕且教育程度較高的人具有更高的智商，這證明優秀的智力適得其所。然而，鐘形曲線又再一次讓人便宜行事地用來支持先入為主的偏見。

那麼，一世紀以來的智力測驗證明了什麼？我們的聰明才智是不是天註定，在年幼時就可以測得並且維持一生不變？還是像達爾文曾經認為的那樣，人和人之間的智力差異很小？雖然現今許多人仍然堅持人類擁有智力，並且可以測出智力高低，但心理學家對於智力測驗愈來愈多批評。智力的正常範圍應該為何，又應該如何定義？這個議題衍生出的問題遠遠多於專家可以給出的答案。[58] 隨著英國各地對特殊教育需求和殘疾機構的資金減少，比奈最初想用智力測驗來辨別每位兒童需要加強的項目，似乎仍是個遙不可及的夢想。在經過一個世紀的（過度）使用後，就算大家對鐘形曲線的意義莫衷一是，但智力鐘形曲線仍然會持續影響兒童的教育和生活機會。

問題兒童

「我覺得我今天遇到了人生中第一個連環殺手！」一位朋友當上小學老師不久後，就這樣向朋友宣布。「每個老師都會遇過一個這樣的學生！」她相當堅持這個看法，即便群組裡的人紛紛表示不太相信。「你就是會知道那個小孩不太對勁，信不信以後有天你打開新聞頻道，會看到他出現在螢幕上，惡狠狠地瞪著你。」後來我們才知道，她說的這個學生是五歲大的小哈利，小哈利把他的倉鼠沖進馬桶，也毫無悔意。我們朋友指出，連續殺人犯的鑑識檔案中，常常會看到他們從童年開始就會虐待動物。但哈利只有五歲，在這麼小的孩子身上貼上問題兒童的標籤，這樣合理嗎？

問題兒童是二十世紀初的產物，他們首先出現在法庭裡，後來在北美、歐洲和澳洲的學校、各個家庭和城市街頭上開始屢見不鮮。一般認為，問題兒童的身心正常，但常搞破壞、個性陰晴不定，也很難相處。他們可能會大肆叫囂、咒罵髒話、違抗父母、夜不歸宿或行竊、喝酒或抽菸——這些現在看來是一般青少年或前青春期孩童的正常表現。但在二十世紀初期，十到十五歲的「問題兒童」是家長、心理學家或政治人物心中浮現的擔憂。普遍認為，這些問題少年很有可能成為未來滋事犯罪的少年犯。就像小哈利有可能成為二十一世紀的連續殺人犯，一九三〇年代時，十二歲的喬西（Josie）時常暴怒，而十五歲的馬爾科（Malcolm）個性陰晴不定，當時也認為這是長大後有可能犯罪的跡象。[59]早期介入輔導是確保問題兒童擁有正常且幸福人生的關鍵。

當然，這種「三歲看大、七歲看老」的說法並不是新出現的概念。老年精神病學家喬治．布蘭福德（George Blandford）在一八九二年就曾解釋，我們應該嚴加教養「『神經質』、癲癇、歇斯底里、慮病症或情緒不穩定」的父母所生下來的孩子。在幼年時期，小孩若是有夜驚、怕黑、「易怒、任性」或「暴力且激動」等狀況，都是「神經遺傳」的跡象。[60]如我們所見，手淫一直是青少年健康問題的主要元凶之一。而在學校中過度學習或處於充滿競爭性的環境也成為新隱憂，這和學校系統的拓展有關係。布蘭福德認為，為了獲取獎學金的考試制度，註定無數的學生要承受「多年來的腦力勞動和其帶來的各種傷害，並因為精神上的失落和挫敗感而產生的一切惡果」。

一八九一年，二十七歲的法蘭克．維德金（Frank Wedekind）在他的第一部劇作《春之覺醒》（*Spring Awakening*）中探討了學校教育對年輕人造成的壓力。這部作品的故事背景設定在德國鄉村，主角是一位時值青春期的莫里茲．斯蒂斐（Moritz Stiefel），斯蒂斐在學校考砸以後便自殺。他最好的朋友梅希奧．加博（Melchior Gabor）則在強姦十四歲的凡德拉．貝格曼（Wendla Bergmann）後被送到少年感化院。貝格曼則因墮胎手術失敗後死去。維德金明白沒有劇院會願意演出這個劇本，所以他自費出版，一直到一九七四年，這齣劇才依照原著內容搬上舞台。

《春之覺醒》選擇以青少年的角度敘事，和一八九〇年代對於正常或健康兒童的醫學文獻有很大的不同。在這齣劇中，握有權威的成年人都非常滑稽搞笑，他們的名字荒謬，對小孩也漠不關心。父母用錯誤的方式儘力保持青春期孩子的童稚天真。凡德拉知道自己懷孕後相當震驚，她哭著問媽媽：「噢，媽媽，為什麼妳要騙我？」因為她的母親告訴她，只有在談戀愛時才會懷孕。[61] 一九〇六年十一月，經過編劇嚴格修改後的版本終於在柏林德意志劇院的小劇院搬演。這齣劇成為該劇院的定目劇長達二十年，讓維德金聲名大噪。那麼，一八九一年到一九〇六年之間究竟發生了什麼變化，讓我們得以討論青少年的焦慮？在很大程度上，這要歸功於我們對兒童心理學研究產生的興趣。

或許看到這哩，第一個浮現在你腦海的就是佛洛伊德的名字。佛洛伊德詳盡的精神分析案件細緻且深入地探究病人的過往，把成年人的精神官能症歸因於童年經歷，不過，佛洛伊德本人並不收治兒童患者。佛洛伊德在兒童性行為的觀點儘管受到諸多批評，但在精神分析界仍有深遠的影響。然而，大眾對問題兒童這個概念，也逐漸趨於這樣的想法：有問題的行為來自於早期的童年經驗，這也是心理問題的根源。二十世紀初期，美國率先吹起兒童輔導的號角，歐洲隨後跟進，而上述的說法就是這場運動的基調。這有點像為嬰兒秤重的診所，新興的兒童輔導住中心在一九二〇、一九三〇年代陸續成立，並為父母提供育兒建議，也為兒童提供支持。

兒童輔導的觀念源於第一家少年法庭，而少年法庭在一八九九年首創於伊利諾州。這個觀念讓大眾對「犯罪兒童」有了全新的理解。根據伊利諾州的法律，犯罪兒童指的是有以下各種行為的兒童，包含：與「惡劣且不道德之人」來往、翹家、流連於賭場、酒吧或撞球間、夜晚在街頭遊蕩、於「公共場所使用粗鄙、淫穢、褻瀆或有礙風化的語言」或有「不雅或淫蕩的行為」。[62]雖然有些行為是成年人做了也會被逮捕的輕罪，但大部分都不會。少年犯罪法目的在防止兒童做出不適宜的行為。這些少年犯「比暴力更令人討厭，也比犯罪更具社會攻擊性」。[63]

然而，新時代的少年犯比維多利亞時代立法者認為的更加無辜。他們不再是一個天生的罪犯，而是一個遭到誤解和忽視的少年，也容易受到旁人的煽動和影響。社會改革者珍・亞當斯（Jane Addams）浪漫地說道：「彷彿是我們忽略了一個充滿幻想而自負的小生命，他會走上街頭大喊：『我有青春的精神！有我在，什麼都辦得到！』。但我們無法理解他們想要什麼，甚至不理解他的行為，雖然他的行為理當充滿意義。」[64]因為目前傾向認為青少年的問題行為反映出他們的心理創傷，對他們施以嚴刑峻法反而是不理想的做法。改革者堅持認為，問題兒童需要接受輔導和再教育，而非受到懲罰。

這些兒童的背後往往都是一些悲傷的故事，尤其是來自不幸的家庭。索菲尼斯芭·布雷金里奇（Sophonisba Breckinridge）和伊迪絲·亞伯特（Eddith Abbott）在一九一二年對芝加哥少年犯進行的研究中，就發現多起這樣的案例。珂拉（Cora）的父母不但酗酒，還不讓她上學，要她在家裡照顧四歲的弟弟。家裡也一直都有來飲酒作樂的客人，她時常在深夜逃家，上街遊蕩。因為有人發現她「睡在人行道上」，所以被送上了少年法庭。[65]十三歲的波蘭男孩因為偷走掉落在鐵道上的穀倉門片而遭逮捕，但原因是他的父親罹患肺炎，家裡已經沒有食物和柴火，所以男孩和家人們已快要餓死。[66]一個十五歲的英國女孩在紙箱工廠工作時手指受了傷，無法繼續工作，但母親不讓她留在家裡，甚至逼迫她去賣淫。[67]

布雷金里奇和亞伯特將這些孩子犯的罪歸咎給他們糟糕的處境，諸如貧困、不幸、墮落、教育不良和疏於關心，而不是孩子的本性。這些惡劣的處境深深影響了貧困家庭，對新移民更是影響甚鉅。這兩位學者和珍·亞當斯一樣，她們擔心成年人無法理解孩童的想法，這個觀點後來受到了新一代兒童心理學家的推廣。其中一位知名的推動者正是威廉・希利（William Healy），他的父母在一八七八年從芝加哥搬到英格蘭，所以他本身就來自移民家庭。希利為了要幫忙分擔家務，從學校輟學，不過仍持續自學，並在二十四歲時以「特殊生」的身分前往哈佛大學就讀。他開始研究兒童心理學，卻發現學界缺乏有關兒童正常生理和行為的科學研究，讓他的研究更具挑戰性。[68]

希利在一九一五年曾出版過有關青少年犯罪的教科書《個體犯罪》（*The Individual Delinquent*），書中提出了「在隱藏的心理世界中，許多犯罪傾向在心理衝突的陰影下誕生」的觀念。[69]雖然維多利亞時代晚期的精神科醫生認為，只有精神官能症或不穩定的兒童才有犯罪的可能，但希利和其同事認為，如果把大部分的兒童放在不正常的環境中，這些孩子都有可能變得不正常。他們的環境顯示「『如果不是因為上天的恩典』，這種影響和反應也很可能出現在我們身上」。[70]這個觀點推動了兒童輔導運動的發展，也在讓美國在第一次世界大戰之後，在國內各地設立了三百五十家兒童輔導診所。[71]

這種對少年犯認知的轉變大大增加了人們對於兒童心理學的關注。一九一八年，美國只有三名心理學家專注在兒童心理學的研究，到了一九三七年，研究兒童心理學的專家增加到八十一人，到了一九五六年，「近千名的美國心理學學會會員和研究員把兒童或與兒童有關的研究列為他們首要的研究興趣」。[72]認為異常行為根植於童年經驗的這個觀點越趨普遍，這種情況不只發生在美國，英格蘭和澳洲也出現了相同的趨勢。[73]

透過少年犯的重新解釋，二十世紀出的美國改革者重塑了正常兒童的概念。維多利亞時代的人認為，只有少數像詹姆斯·普倫這樣的孩子在出生時發生意外，才會不幸出現智力障礙的狀況。二十世紀初期的心理學家則認為，雖然許多兒童生來「正常」，但由於環境的關係，他們有可能出現心理上的不適。這種兒童心理學的觀點，在第二次世界大戰後再次改變。戰後的心理學家認為，所有孩子都有可能出

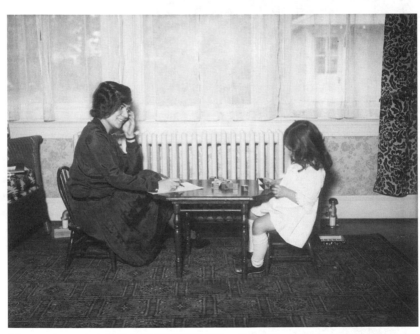

圖 6.4 一九三一年，在華盛頓兒童輔導診所的一名兒童與一位身分不詳的心理學家或社工。

現心理異常的狀況。而且父母親的行為，似乎也對兒童的情感和心理健康構成了最大的威脅。

情緒健康的崛起

「這是蘿拉（Laura），她在她家的院子裡。」戰後最具影響力的兒童發展紀錄片以這句旁白揭開序幕。兩歲半的蘿拉是個慧黠活潑的小女孩，有一對深愛她的父母，父母也時常驚訝於她成長發展之迅速。旁白說道：「這對父母有點自豪地表示『蘿拉很不愛哭。』」這部紀錄片《兩歲嬰兒上醫院》（*A Two-Year-Old Goes to Hospital*）是由社會工作者詹姆斯·羅伯森（James Robertson）和心理學家約翰·鮑比（John Bowlby）在一九五二製作。這部紀錄片詳細地記錄蘿拉在醫院治療臍疝氣的經過，正如鮑比所稱，這是一種「常見」的嬰幼兒疾病。整部影片「僅是記錄一個要動個小手術的兩歲半孩子，住在醫院八天，並在這段時間感到相當焦慮的故事」。[74]

《兩歲嬰兒上醫院》強調蘿拉的焦慮十分重要，並認為即使是常見的童年煩惱，也可能導致情緒失調。這也許是第一次有人如此重視兒童的情緒反應。影片並沒有聲音，我們只能透過旁白的敘述得知蘿拉在現場說了什麼，也一邊看這個孩子流淚。但旁白並沒有說明醫生和護理師如何安撫蘿拉，這讓他們的付出顯得遙不可及也相當疏離。這部紀錄片之所以這麼有影響力，是因為旁白不斷告訴觀眾，蘿拉是一個不尋常的孩子。她顯然是醫院工作人員隨機挑中的孩子，即便如此，紀錄片旁白仍稱她「在控制自己表達感受的程度相當不尋常」。[75]這強調了蘿拉在醫院受到的衝擊有多大，鼓勵觀眾把目光投向眼前所見以外的事物。

七十年後，我們從現在的眼光來看會認為，蘿拉想當然耳會因為被父母送進醫院而感到不安。但對於一九五〇年代的觀眾來說，這部紀錄片讓人大開眼界。因為影片是以幼童的視角呈現，這顛覆了許多成年人的臆想。當時，醫院有許多父母探視的限制，因為父母的出現會讓原本平靜的幼童突然感到煩躁不安。羅伯森和鮑比並不認同這種觀點，反而指出蘿拉不哭不鬧，也不會想要博取大家的關注，這反而不是個好現象。這並不代表她已經有辦法面對分離的焦慮，反而證明了她已麻木不仁，她的「焦慮」或「抗議」行為已經轉變成「絕望」。[76]

這種絕望是分離過程的第二階段，遠比第一階段更加危險。有個名叫羅迪（Roddy）的男孩在一至四歲期間被送往醫院和結核病療養院治療，他不僅和母親分開了三年，這更切斷了他和所有人之間的關係。[77]在他出院返家後「至少」有兩年半的時間都很難與母親好好相處。[78]但蘿拉、羅迪和其他被迫與母親分離的兒童原來並不是情緒不穩定或難以相處的兒童。我們可以預期他們的情緒反應，他們「像個正常孩子會受到外界影響」。然而，專家還是認為這些環境變化十分危險，會導致兒童情緒不穩定。鮑比將嬰兒與父母分離與十一歲的德斯蒙德（Desmond）這種較年長的問題兒童相比，德斯蒙德的暴力傾向包含了試圖放火點燃治療師的椅子、燒掉她的頭髮和絲襪或想要掐死她。鮑比推斷，嬰兒的焦慮顯示了「我們在德斯蒙德身上看到，那種想要建立關係的能力開始受到破壞」，這個驚人的結論嚇壞了幾十年來的父母。[79]

美國心理學家哈里．哈洛（Harry Harlow）著名的靈長類動物實驗進一步支持鮑比的理論。研究人員給孤兒猴寶寶兩個代理媽媽，一個是鐵絲網架成的媽媽，另一個是用軟布包著的假媽媽。讓半數的小猴從鐵絲網架上喝奶，另一半則是由毛巾媽媽身上喝奶。不論食物來源，所有猴寶寶大部分時間都會依偎在毛巾媽媽身旁。哈洛的實驗家喻戶曉，這對戰後的視聽觀眾來說相當完美。紀錄片呈現有著靈動大眼的猴寶寶環抱著假媽媽，甚至還會磨蹭或「親吻」假媽媽的臉頰。當哈洛將這個舉動解釋為「愛」時，觀眾很容易將他們看到的內容擬人化。哈洛表示，鋼絲網母親「可以構成生物學上的意義，但在心理學上則是毫無作用」，這也讓有著誇張微笑和大眼睛的毛巾媽媽成為母猴之愛的視覺表現。

鮑比提出的見解在一九五六年發展成為所謂的依附理論，而哈洛的實驗就為依附理論提供了理想的論證。[80]這個實驗似乎證明了猴寶寶需要身體柔軟的代理母親進行身體接觸，以發展情感，哈洛進一步推論，這也適用於人類身上。當研究人員把受鐵絲架隔離的獨居猴寶寶放在同齡猴寶寶遊戲室時，他們「看到受隔離的猴寶寶完全缺乏情緒調節的能力，也沒有任何正常社交技巧，因而感到大為驚訝」。[81]然而，雖然鮑比認為母親在孩童的情感發展中扮演主要的角色，「當蘿拉感到疲倦或受傷時，她會向母親尋求安慰」，但哈洛卻不同意這個看法。因為哈洛實驗中的代理母親什麼也沒做，她只是讓猴寶寶得到溫暖並感到舒適，即便沒有餵養寶寶，仍然成功提供安慰。哈洛總結道，「我們意識到美國男性在養育嬰兒上，可以和美國女性平起平坐，這十分讓人振奮。」[82]如果一個毛巾代理母親可以提供足夠的安慰和安全感，那所有的人類父母親都能平起平坐。

但並不是所有人都注意到這股父母平等的潛力。大家仍會指責外出工作的母親，就像一九二〇年代的居家訪視員會怪罪外出的母親將寄生蟲帶回家傳染給孩子一樣。然而這些「鐵絲網母親」忽略的不是孩子的身體健康，而是他們的情感需求。正如美國兒童教養專家斯波克（Spock）博士指出，「決定」外出工作的母親根本沒有意識到嬰兒的需求。[83]在英國，羅納·伊林沃斯認為，母親會請保母照顧自己的孩子，「是因為她不願意自己帶小孩，或是因為請保母才跟得上流行」，但這又忽略了母親可能需要或想要外出工作，也需要透過別人的協助來照顧孩子。[84]人們依舊認為，孩子的正常發展只是母親一個人的責任。

從害羞到過動

伊林沃斯教授強調「所有正常的兒童都有行為問題。並不是所有問題兒童都會表現出異常、調皮、緊張或不適應的情況。」而需要改變的往往是問題兒童的父母，並不是孩子本身，孩子如鮑比所說，都需要愛和安全感，尤其是「在他們最不可愛的時候」。[85]戰後時期兒童會出現的常見問題包含拒絕進食或睡覺、尿床、亂發脾氣、吸吮拇指、手淫、焦慮、害羞和口吃等等，在這些問題中，有個新出現的行為引起了人們特別的關注——過動行為。

「注意力不足過動症」一般簡稱為ＡＤＨＤ，這種功能障礙到目前仍具有爭議，部分原因是我們近期才將它納入正常兒童的表現。在一九五七年以前，臨床上並不會將過動症視為嚴重問題。那些沉默孤僻的孩子才是兒童輔導的對象：如鮑比研究中，那位因為和母親分離而感到痛苦的蘿拉。但在一九五七年以後，人們開始把注意力從害羞、神經質的兒童轉移到「過度活躍」的兒童身上。[86]從最一開始，一般認為「正常」的兒童都有過動傾向。正如精神病學家莫里斯．勞傅（Maurice Laufer）和艾瑞克．丹霍夫（Eric Denhoff）在一九五七年指出，並不是只有少數人才有「過度活躍行為症」，這種症狀常見於「智力正常」的兒童身上。[87]到了一九六二年，人們將其視為美國兒童中最普遍的行為問題，一九六八年，此症狀被納入第二版《精神疾病診斷與統計手冊》（DSM-II）以後，就被當作是流行病般的存在。[88]而ADHD只在一九八七年以後才出現：一九八〇年代僅稱其為注意力不足症（ADD, Attention Deficit Disorder）。

有許多因素讓經診斷患有ADHD的兒童數量急遽增加，包含製藥業的發展以及投放給消費者的廣告增加、家長團體的興起、注重症狀處置的新興精神病治療方式，以及對兒童飲食中使用添加物的擔憂。根據歷史學家馬修·史密斯（Matthew Smith）的研究，冷戰時期創造了讓過動症完美的發展環境。當時蘇聯成功發射人造衛星史普尼克一號，引起西方一陣恐慌，因此，改善美國教育系統的呼聲不斷，以確保美國科學能夠和蘇聯匹敵，讓兒童義務教育變得更加嚴格。孩子們需要待在學校更久，學習更多知識。學校也更加關注影響課堂秩序的學生，認為他們不僅影響自己的課業，還妨礙同學專心上課的權利。同時，新引入校園的輔導員制度則負責找出這些「過動」的學生，並予以治療。[89]從一開始，過動症的診斷就受到社會階級和種族的影響。在一九六〇年代，美國貧民和少數族裔的兒童更有可能被診斷為帶有汙名的「輕度智力障礙」，而具有相同症狀但來自富裕家庭的白人兒童則只是過動或「輕微腦功能障礙」。[90]雖然該時代使用的語言沒有維多利亞時代種族觀念那麼直接，但這個制度仍然帶有很深的種族主義色彩。在英國，格瑞那達作家伯納德·寇德（Bernard Coard）對於黑人兒童學習遲緩的過高比例感到十分震驚。當西印度群島的兒童在學校受情感或環境問題困擾（例如種族歧視）時，學校裡的白人老師不會將他們的行為和學習落後狀況視為對外在問題的正常反應，而是智力障礙。[91]

相較之下，到了二十世紀末，ＡＤＨＤ無可避免地讓人自動連想到白人中產階級，而這正是個被視為「正常人」的代表性族群，使得過動症的診斷成為一種身分地位的象徵。一九九七年一幅漫畫中，有個嘴裡含著銀湯匙的白人嬰兒嘲諷地問他父母：「要讓您那健康、正常、完美的小寶貝進入人生勝利組，還需要什麼呢？答案是一點小缺陷，這樣就能享受特殊待遇！」[92]

在戰後美國，被診斷出有過動症的兒童急速增加。簡單的神經學解釋加上使用利他能（Ritalin）就能迅速治療，雖然這種藥物的副作用很大，但仍深受父母、教師和精神科醫生的歡迎。畢竟，和鮑比與伊林沃斯在戰後推廣的社會心理學相比，求助於藥物更有立竿見影的效果。到了一九九三年，超過三百萬名美國兒童在服用利他能，而成人也開始被診斷出患有過動症。世界各地的醫生也開始將有類似症狀的患者診斷為過動症，這讓早期倡導過動症的人非常擔心。心理學家基斯・康納斯（Keith Conners）在一九六〇年代開發出一套評估過動症的評分量表，他要求《英國醫學期刊》在他自己的訃告上加入警語，提醒世人勿濫將患者診斷為過動症，並稱其為一場「國家級的災難」。[93]

我們都習慣於尋找行為背後的成因，有時候精神科的診斷會是個具有說服力的解釋，尤其我們知道自己的孩子並不壞，也不懶，我們只需要一個說法來向旁人佐證自己的小孩會有如此的表現只是事出有因。藥物治療可能就像心理治療一樣有幫助。然而回顧治療兒童問題的歷史，我們從研究兒童成長環境和人際關係轉而依賴藥物，或許我們可以用另外一個角度思考這些變化。我們從鮑比時代學到的教訓應該是，所有正常的孩子都容易遇到行為問題。但二十一世紀的看法則是，只要使用藥物治療，難以管束的孩子就可以迅速「修復」。但這真的能夠治本嗎？當我們為兒童的行為貼上過動、自閉症或其他不同的標籤時，不管這些兒童要服用哪些藥物，或接受哪些治療時，我們很容易忽視影響兒童的社會因素。畢竟，比起改變學校制度、因材施教，要一個學童服用利他能來得簡單許多。比起承認體制中的種族主義，並設法改善，直接將黑人兒童歸類為學習遲緩也更加容易。當然，萬般掙扎的家長和痛苦的孩子或許需要醫療或心理支持。但這不應讓我們對重要的成因視而不見。

到底是孩子正常還是父母不正常？

泰勒．佩奇（Tyler Page）在三十幾歲時，決定用一本圖像小說來探討他患有ADHD

的人生。他在一九八五年首次被診斷出患有過動症，當時他只有九歲，二十多年後，佩奇再重新翻閱他的就診病歷，發現這些紀錄反而引起他更多的疑問。他記憶中的生活片段，只是一個去看醫生、確診過動症，接受藥物治療並獲得改善的簡單故事，沒想到實際上並沒那麼簡單。他寫道，「我想起那些已經被我忘記的事情，主要是刀子事件（我用刀劃破校車座墊），還有我發現這和更深層的家庭問題有關係。在我的記憶中，這些都是彼此沒有關聯的事件。」佩奇認為，他的成長環境和童年經歷對於理解他的症狀是相當重要的線索。他總結道，被診斷罹患過動症對他有很大的幫助，因為這讓他理解自己過往的經驗，也知道能如何應對。但這並不代表他的所有疑惑都能找到解答。他想知道，「小時候服用過的藥物有沒有影響我現在的人生？最重要的是，這對我的孩子來說，有什麼樣的意義呢？」[94]

在我們有了孩子以後，不僅會重新審視我們要讓孩子擁有怎樣的生活，也會對自己的生活有新的思考。不久前，有位好朋友告訴我，他考慮接受自閉症測試。雖然他一直懷疑自己某些行為特徵和自閉症有關，但他和他年幼女兒之間的關係，又引發他新的憂慮。你的父母確實可能會對你造成傷害，但他們或許也花上半輩子在擔心這個問題。對維多利亞時代的人來說，父母會帶給孩子的傷害可能僅止於生理上的問題，例如神經質或某些缺陷的遺傳，但這通常和種族或社會階級有關。到了愛德華時代，人們更加重視兒童的成長環境。然而，這並不代表父母能擺脫責任，若生出身材特別嬌小的孩子，或讓孩子有健康問題，人們則會將炮口對準勞動階級的母親，予以責難。

順著這個脈絡，到二十世紀就出現了問題兒童的現象。人們時常把「問題兒童」的現象歸咎給這些「問題父母」，社會工作者認為他們疏於管教小孩、照顧不良或只是因為家境清寒所以導致這些問題。然而，隨著兒童輔導運動的發展以及兒童心理學逐漸坐上大位，即使是「悉心照顧」的兒童也可能出現不穩定的狀況。有時父母也無力回天。蘿拉的父母是否能阻止她不要開刀，或說服醫院修改規定，好讓孩子不用承受和父母分離時的焦慮呢？這都滿不可能的。所以，無計其數的父母開始擔心孩子的情緒健康，試圖找出孩子的行為問題，因為他們現在想知道的是哪裡出了狀況。

當我和朋友談到他們的恐懼時，我回想起一個我十幾歲時在農場打工遇見的小女孩，那是我第一次聽說有自閉症。雖然我們年紀差了幾歲，但在那個時候，我仍對我和她之間的差異感到非常驚訝。她在我人生中的低潮時期對我十分友善，我也依然記得她曾對我說過的話。如果我對她身上的標籤有更多的理解，那我對她會有不同的看法嗎？我也記得有個小學生團體來參觀我工作的博物館，那個班級提出幾個複雜問題和充滿創意的想法，我和我的同事都感到印象深刻。後來，帶隊老師才告訴我們，那些都是班上比較調皮、程度比較差的學生，表現比較好的同學則是參加更受歡迎的行程。但在沒有人知道他們是學校裡比較不聰明的學生時，老師也對他們的反應覺得驚訝。貼上標籤很容易，要撕下卻很困難。標籤可以幫助我們解釋和理解某些情況，但也會限制我們的想像。如果我知道我的基因讓我無法擁抱別人，或看著他們的眼睛，我還會花這麼多年的時間學習這樣做嗎？

兒童時期的平均標準或常見現象的差異非常大。如果我們用一個族群的標準來解釋另一個族群的行為，那來自其他背景的人當然會顯得不同，例如將中產階級白人的生活視為「正常」，就會出現陸軍甲種智力測驗的題目。正如我們所見，那些不符合這種武斷標準的人，往往會被判定為不正常的群體。需要改變的，會不會是我們環境呢？例如，免費營養午餐和免費提供的維生素這類社會介入措施，就可以讓以前常見的「不正常」現象消失。阿佛列德．比奈認為，教育可以提高學習能力較差的兒童的智商。或許有些兒童行為及能力與基因和生物學有關。但可以肯定的是，也有很多行為和能力並不能這樣理解。

第七章 我們的社會正常嗎？

二〇二〇年一月二十九日，我邊咳嗽邊上班。新年後不久，我就感冒了，雖然我的感冒快好了，但困擾我的咳嗽還是好不了。午餐時間前，我和一位同事坐下來開會，但我的一陣咳嗽打斷我們兩人的討論。她把眼睛瞇成一條線看著我。

她問：「妳得的該不會是新冠病毒吧？」說完我們倆都哈哈大笑。當時，這件事情還難以想像。那個星期是我第一次認真思考疫情的擴散，就算我從沒想過我有可能染疫。

和同事的會議五週後是三月十一日，世界衛生組織宣布新冠病毒進入全球大流行。那個時候，Covid-19（當時大家已經這麼稱呼這場疫情）已經擴散到一百一十四個國家，造成了超過四千人死亡。在英國，我們知道政府也即將宣布大流行病的到來，但似乎為時已晚。不過也沒有人看起來特別擔心。「你只要記得勤洗手就好，這本來就是常識！」同事和鄰居都不以為然地這樣說。

在宣布病毒全球大流行後的週末，我原本預計要去探望我姊姊和她剛出生兩週的寶寶，也就是我第二個外甥女。她在我要出發幾天前傳訊息給我，問我能不能提早去看她。

畢竟那週世界風雲變色。歐洲各地的辦公室紛紛開始要員工回家。義大利（目前是歐洲疫情爆發的中心）處於全面封鎖的狀態，其他國家也開始關閉邊境。旅遊業停擺。幾個朋友原本殷殷期盼的國外旅行也被迫取消。有個朋友還是硬去了智利，但差點回不了家。

政府呼籲出現症狀的人都要在家自我隔離，另外，超過七十歲的年長者、患有慢性病和懷孕婦女這些高風險族群也最好不要隨意外出。我父母在我回到倫敦的那天到我姊姊家短暫團聚，然後很快就回到他們在多賽特郡的小村子，準備開啟隔離生活。我媽媽還開心地跟我說，她打算把我去年聖誕節送給她地拼圖拆開，要重新再拼一遍。沒有人會預料到這場隔離封鎖會持續多久。

我在世衛宣布全球大流行病的週末回到倫敦，牛津街上擠滿了在逛街的購物人潮。當時口罩還是十分罕見的東西。不過，就在這種情況下，整個局面開始失控崩潰。世界各地的超市開始買不到捲筒衛生紙、義大利麵和番茄罐頭。我在幾週前就預訂好的超市生鮮快遞，在預定到達的幾個小時前被取消訂單。下一次可以送貨的時間已經是兩週以後。不過我很幸運還是搶到了我需要的生鮮雜貨。

此時社會上出現了更大的裂痕。量能已經過載的公立醫院難以接應大量湧入的病患。收治出院病患的護理之家情況更為嚴重，因為醫院病患沒有經過病毒檢測就能放行出院。這些地方的工作人員只好自己製作口罩，自己製作照顧確診患者的輪值表，並被迫在沒有檢測的情況下隔離輕症患者。若是低收入戶且工作合約毫無保障的人，根本無力負擔隔離的成本。到了二〇二〇年三月二十八日，英國醫療院所中已有七百五十九人死於新冠肺炎。[1] 本書付梓於疫情爆發兩年多以後，此時光在英國就有十七萬五千人死於這場大役。

酒吧、餐廳、健身房和餐廳通通都要關閉。公司行號開始裁員或強制員工放減薪假（英國政府因應新冠役情，補助八成的薪資）。但不是所有人都有這些福利，就算是有領到八成薪水的人，也不一定能維持生計，食物銀行的使用率也因此激增。有些人要勒緊褲帶才有辦法繳房租，也擔心隨時會失去容身之所。校園關閉更暴露了全國的數位落差。並不是所有學童都有辦法上網遠距上課，有些人家裡沒有寬頻網路或電腦。政府承諾向弱勢兒童提供一百萬台筆記型電腦，但說完轉身就忘。社會的變化超出所有人的想像。這不該成為常態，但卻用某種奇怪的方式成為普遍的現象。在瑪格麗特・愛特伍（Margaret Atwood）的反烏托邦小說《使女的故事》（*The Handmaid's Tale*）中，麗迪亞（Lydia）阿姨曾說過：「所謂正常，就是習慣成自然的東西。眼下對你們來說，這一切可能顯得有些不太正常，但過一段時間，你們就會習以為常，見怪不怪了。」[2] 遵守防疫規定的幾個月後，我們已經疲倦到不想要改變這些限制。我們開始習慣這種新的常態，防疫生活開始變得正常了。

這並不是說我們對於新冠疫情所揭示的社會問題和不公義之事已麻木不仁。全球大流行病暴露出社會內部的沉痾和弊病。也顯示了人與人之間的關聯有多脆弱，不費吹灰之力就能顛覆世間一切事物。我們已無法對於原本認為是自然秩序的事物抱持肯定的態度。朝九晚五的辦公室生活、穩定的工作、普及的教育、消費主義、醫療保健、個人自由。這些事物曾經那麼普通。然後，有一天，這些確確實實的東西突然就不復見。

但這要告訴我們的，或許是這些事情都不像我們原本認定的那麼理所當然或正常。包含法律、習俗和我們的期望，我們的社會結構就像我們對於正常身體或心智的理解一樣，都是經過重重的歷史建構而成的。

社會有機體的（殖民）起源

柯南・道爾（Conan Doyle）所著之《四個簽名》（*The Sign of Four*）是第二本福爾摩斯偵探小說，其中提到了福爾摩斯惡名昭彰的古柯鹼毒癮還有華生（Watson）醫生的未婚妻瑪麗・摩斯坦（Mary Morstan）。書中還提到了很多常態科學概念。正當福爾摩斯要出門調查案件的時候，他沒頭沒尾地告訴華生：「我這裡有本值得一讀的書，是溫伍德・里德（Winwood Reade）寫的《殉道記》（*Martyrdom of Man*）。」[3]那時華生心繫著未來的妻子，而無心閱讀，*但福爾摩斯在案件謎團即將解開之時，又回到里德受歡迎但又具爭議的文明演化史，並引述了里德的觀點：「雖然每個人都是難解之謎，但將人類聚集成一個整體就有統計學上的規律可循了」。[4]當然，自從凱特勒以來，這種想法在統計學界已經流傳許久。里德在一八七二年出版的著作，到了一八九〇年已經有了第十七版，並把這些想法帶給更多的讀者。同時，這本著作也更加鞏固一個信念，即社會本身**就是**這個整體。

愛發牢騷的哲學家赫伯特．史賓賽（Herbert Spencers）所謂的「社會有機體」，代表的是從正常科學中出現的新個體。[5]社會被視為一種生物，社會中的每個人成為在其體內居住和工作的細胞。[6]這意味著，就像每個人類一樣，社會也是一個有機的個體。達爾文在《人類的由來》（*The Descent of Man*）中提出，社會的演化是個自然過程，他借鑒了人類學家的研究，將非西方人視為「原始人」。[7]這些「扶手椅人類學家」（會這樣稱呼，是因為他們使用其他探險家蒐集來的田野調查資料，坐在豪華的廳堂裡寫下的研究）認

* 我二十多歲時照著福爾摩斯的建議讀了《殉道者》，但我跟華生一樣靜不下來看這本書。不過我的出發點跟華生不一樣，我是想知道這本書和福爾摩斯正在偵辦的案件有什麼關聯，或跟他的偵探工作有什麼關係。但想必這本書對於當時的柯南．道爾有很大的影響。

定，小型部落的社會風俗和習慣與考古遺跡中發現的遠古社會習俗相同。這種信念支持了一種既有的概念，也就是非西方社會相較西方白人社會的演化程度較低。受人敬重的人類學家愛德華．泰勒（Edward Tylor）概括道：「一般對低等種族的研究皆顯示，相對於無私和善良傾向，他們的自私和惡意傾向更加強烈，這種情況也和文化水準比較高的地區不同。」[8]達爾文用類似的關聯提出他的觀點，歷史上社會本能的發展會讓合作群體支配自私的群體。[9]然後，透過混雜了遺傳習慣、性擇和社會責難的奇異混合物，最具有社會情感的人才能爬上社會秩序的頂端。

正如我們一次又一次見證西方白人科學家的假設，他們生活的社會是最好的社會，把他們認為是正常的概念作為建立文化和物質統治的手段。泰勒評論道，「我們的政府最近一直在鎮壓英屬印度的罪犯部落或種姓；這些部落的道德法則在他們自己看來是正義良性的，但當局認為部落法則不容於社會福祉。」[10]此處的正常並不是指對特定族群而言的「理所當然」，而是指由統治文化強加的外在因素。泰特在此指的是一八七一年頒布的《犯罪部落法》（*Criminal Tribes Act of 1871*），這是一部用來威壓的法律，要求將印度各地的某些群體登記在案，並予以控管，因為當時的英國政府認為他們會習慣性犯罪。

根據這部犯罪法，當時住在所謂英屬印度的全體人民都必須監督這群慣犯族群，尤其是在英國政府極少涉足的偏遠村莊。有一千三百萬人受到這部法案的影響，一直到一九四七年印度獨立時這部法案才被廢除。[11]其中一個受到管束的「部落」是海吉拉（hijra）族群，這是一群非二元性別的人，目前在印度次大陸已經合法成為第三性。這個族群應該在十八世紀就獲官方賦予乞討權，也能合法索取部分的公共稅收。根據歷史學家勞倫斯・普里斯頓（Laurence Preston）的研究，英國當局反對的正是這兩項權利，所以才將這群海吉拉列為犯罪部落。[12]雖然這個族群是出於經濟原因才被列為異常的管束對象，但文獻內容卻將他們描述為對社會造成侮辱的對象。印度薩塔拉鎮的英國官員在一八五五年寫道，一個「男人」變成了「海吉拉，還穿著女性服飾出現在公共場所，這破壞了善良風俗和公共秩序，所以本政府有權立即褫奪其公民權。」[13]

當時海吉拉已經被駐印度英國政府列管為問題團體，一八五七年印度起義之後，其他族群也陸續遭到列管。事實上，福爾摩斯偵探小說《四個簽名》的謎底就是在這種殖民壓迫的背景下解開。原來，一個叫喬納森・斯莫爾（Jonathan Small）的英國人在「大叛亂」後獲得一批鉅額珠寶，當時他用極端種族主義的措辭描述：「有二十多萬名黑鬼掙脫束縛，把整個印度變成了人間煉獄」。[14]正如當時英國其他報導，柯南・道爾將印度起義描繪成原始之惡的釋放，當斯莫爾與兩名錫克教徒聯手謀殺一位富有的印度王侯，並盜走他的財產時，他也受到了這種惡性的感染。

然而，最終在三十年後，斯莫爾仍不用為另一名在倫敦死去的英國人負責。謀殺這位

圖 7.1 一群手持樂器的海吉拉，攝於印度，約一八六〇年代。

英國人的是斯莫爾的朋友湯格（Tonga），湯格是安達曼群島人，一個「在殺了人後還自認聰明的嗜血小惡魔」。[15]我們再次在小說和科學中目睹非西方人是如何以對西方文明有害的方式呈現。小說裡的湯格即便對斯莫爾相當忠誠，但卻毫無悔意，這就反映了泰勒的說法，認為「野蠻人的法則」是圍繞在小型部落而制定的，「不能在自己的部落殺人或偷盜，但對外人這麼做則無妨」。[16]依照這種邏輯，殖民者認為小型部落、部落式的社群以及遊牧民族對大型社會具有威脅，因此經常受到殘酷的鎮壓。

當然，這些籠統的觀念是由來自西方工業化社會中，受過良好教育的富裕白人男性所創造，這批人也同樣制定了用以強制鎮壓這群人的法律。這些觀念影響大眾小說的創作，顯示出有關社會規範和風俗的種族主義和殖民主義的觀念有多麼普遍。一直到二十世紀，人類學家才開始將不同的社會結構和其法律框架視為文化相對性。對於維多利亞時期的科學家來說，一個特定的社會就像一個個體一樣，只有健康或不健康、正常或不正常、理想或不理想的分別。他們認為，社會的進化就像人類演化一樣，最正常的社會就是他們自己所處的社會。他們在其他地方只會看見自己想看見的，一種支持先入為主的文明階級制度，而他們自己的風俗習慣也成為他們判斷世界其他地方的標準。

社會的中流砥柱

儘管如此，我們一般不會仔細檢視正常的西方社會；直到一九二四年一月，羅伯特與海倫．林德夫婦（Robert and Helen Lynd）才帶了一小群研究助理到美國印第安那州的曼西市。這對年輕的學術夫婦剛結婚不久，便進行第一個兩人合作的社會科學研究計畫《中央城鎮》（*Middletown*）。林德夫婦在曼西市住到一九二五年六月，透過日常觀察和無數的調查探訪來研究鎮民的生活。研究內容主要聚焦於該社會中常見的樣態。所謂的「中央」一詞通常意味著某種平均值，即便他們研究的事物無法以統計學方式進行測量（畢竟，平均的工作或平均的生活方式會是什麼概念呢？）。《中央城鎮》最後在一九二九年出版，並意外成為暢銷書，在第一年就印製到第六刷次，這對社會科學研究來說是驚人的銷售數字。[17]

《中央城鎮》究竟是哪一點讓美國讀者如此著迷呢？首先，這項研究是關於所謂的「正常」人。心理學家在第一次世界大戰後轉向研究日常生活，而林德夫婦則是第一批研究調查西方社會生活的人類學家。當然，社會學之祖涂爾幹（Emile Durkheim）也為定義正常做出許多研究，他在一八九五年聲稱：「無論個人或是整體社會，所有生命科學的主要目標就是要定義並解釋正常狀態，並得以和異常狀態區分開來」。[18]要判斷一個社會中的某種屬性或風俗是否正常，社會學家首先必須確定這是否經常發生。接著，他們必須觀察導致該風俗產生的條件，並檢查這些條件是否依然成立，換言之，該風俗是否具有某種社會功能或用途呢？如果這兩點都能滿足，那麼（涂爾幹所謂的）「社會事實」就是正常的。一方面，正常代表最常存在的事物，另一方面也是應該存在於社會中的事物。當我們討論到正常社會時，從對事物的描述轉變為對其評價或判斷，這種現象會反覆出現。

因此，雖然林德夫婦認為正常社會是個相對的概念，但他們卻不是用這種思維來理解「中央城

圖 7.2 史考特和莉莎貝爾・布蘭登堡（Scott and Lizabelle Brandenburg）坐在他們位於印第安納州曼西市的小屋床上。瑪格麗特・柏克－懷特（Margaret Bourke-White）攝影，生活雜誌（*Life* Magazine），一九三七。

鎮」，不過這也並不讓人意外。林德夫婦想要將一九二〇年代的美國生活視為「在這一特定條件下，人類行為所呈現的形式」。[19]這本書（以及書中研究的城鎮）並沒有著墨於某種特定型態的社會，也沒有要強調相對的常態，然而，這本書迅速成為代表「當代美國的縮影，以及『我們身分』的總結」。[20]雖然林德夫婦明確表示，他們的研究「應用於其他城市或一般的美國生活時需非常謹慎」，但讀者和評論家都認為「中央城鎮」像面鏡子，反映美國的常民生活。[21]在一九三〇年代，中央鎮就代表了典型的美國生活，所以各家廣告商湧向曼西市，認為這是一個吸引「中央鎮居民約翰夫婦」的試驗場。[22]

然而，正如歷史學家莎拉・伊戈（Sarah Igo）在她對「平均美國人」的研究中指出，曼西市並沒有大家想像的那樣典型。在百分之九十類似大小的城市之中，從事有薪工做的女性比例相較曼西市更高。[23]曼西市也缺乏種族多樣性。林德夫婦表示，曼西市有百分之九十二的人口是「土生土長的美國人」，但他們指的卻是在美國出生的白人。這個比例甚至高過其他中西部的所有城市。[24]

此外，林德夫婦還決定**只針對**曼西的白人人口進行研究調查。該城市約有兩千多名非裔美國人（約佔人口數百分之五點六），但是他們回答的答案並未被納入中央鎮的調查表格中。[25]就像在典型女性諾瑪的案例中，調查單位只用了美國白人的身材當成標準，並得出了一套偏頗的期望值，後來再將這些期望值強加於不在原始數據中的黑人和其他各地的移民上。

這種對種族問題的刻意迴避也影響外界對曼西市白人生活的理解。林德夫婦承認，約有三千五百位市民（約佔總人口百分之十）是三K黨成員（Ku Klux Klan），且三K黨「控制曼西市政府，並領導抵制天主教及猶太教企業的杯葛活動」。[26]然而，這些評論直到書中的後半部才出現，並未與城鎮中的工作、家庭和家庭生活一起納入討論。林德夫婦並沒有將市民生活受此種族隔離的影響納入考量，也沒有考慮到美國白人文化規範的塑造是如何透過對其他群體的系統性排斥而產生的。[27]他們反而把曼西市的黑人市民從他們的研究中剔除，從而加劇了這種種族排他性。就像維多利亞時代的人認為在世界各種文化中，特定類型的西方白人社會為「正常」一樣，《中央城鎮》進一步加強了這樣的觀點，也就是僅有特定的族群能代表工業化的美國。

林德夫婦忽略了「種族」這個塑造美國社會的因素，但他們確實寫了許多階級對於曼西市民影響的內容。他們主張，無論一個人是出生於白領或藍領階級，都是「影響一個人一生的日常勞動內容、結婚對象、起床時間、決定加入福音派或長老教會、駕駛福特或別克汽車的單一關鍵文化因素」。[28]在過去幾十年中，工作生活的改變加深了曼西市社會階層的分化。舉例來說，工廠和鑄造廠的機械化逐漸取代了人力勞動，也讓老年工人的生活更加困難。[29]儘管勞動階級婦女的薪水遠低於男性，但越來越多的婦女仍不得不工作。[30]

雖然林德夫婦看到了無所不在的階級分化，但中央鎮流行的中庸之道觀念也暗示讀者，**中產**階級才是這個社群的代表。《生活》雜誌在一九三七年派遣攝影師瑪格麗特．柏克-懷特前往曼西市捕捉當地風光時，當地人對她拍攝較為貧困的居民住家時大為憤怒。一位當地的記者抱怨道：「她呈現的不是曼西市的尋常人家，而是那些極端的情況」。「她『拍攝』了上層派皮還有下層（浸泡在餡料醬汁裡）的底層派皮，但卻沒有展示中央的餡料，」另一位居民如此反對，並表示中央的餡料「才是每個區域餡餅最精華的內容」。[31]

這種認為中產階級特別「正常」的想法並不是全新的觀點。在維多利亞時代晚期，布爾喬亞的成長已經將「一般人」塑造為中產階級的專業人士。然而，在「中央城鎮」的概念問世後，這種中產階級的常態概念開始變得普遍。而後，正常的美國社會便是由住在城裡、土生土長的白人中產階級居民為代表。就算大部分的居民不符合這種身分也無所謂，畢竟林德夫婦將七成的曼西市居民歸類在勞動階級。就算餡餅中央的餡料給得不夠大方，這種中堅份子仍舊成為美國社會的常態。我們現在還會聽到「中產美國」或「中產英國」的說法，這也許帶有些貶抑色彩，但都不約而同指向了特定的一群人：政治保守派的中產階級白人。這些人從來就不是任何社會中最常見的一群人，然而，他們是守護「正常」狀態的中流砥柱，也不斷加強了他們的文化主導地位，以及他們所代表的保守價值觀。當然，這只會讓那些不符合這種規範的人更加被邊緣化。

未來的領袖

一九三六年九月，約翰．甘迺迪（John Kennedy）進入哈佛大學就讀。年輕有為的甘迺迪出身於一個富裕且具有政治背景的家族，入學兩年後，哈佛大學開始進行「哈佛大學格蘭特研究」（Harvard Grant Study），甘迺迪儼然成為這項研究對象的不二人選。[32]這項科學研究計畫目的在於測量所謂「正常年輕男性」的每項特徵，包含其身體、心智、健康、個性、家庭背景和未來成就。[33]能夠參加這項研究的人絕非等閒之輩。*首先，他們都就讀於精英大學，並從這群頂尖的人當中挑選出身心健康，並且已達到一定學術成就的學生。其中三分之二的人曾就讀私立學校，而有三分之一的學生來自年收入超過一萬五千美元的家庭（一九四〇年美國男性年收入中位數為九百五十六美元）。雖然這項研究並沒有詳細說明，但這些參與者可能都是白人。即便有這麼嚴格的篩選，哈佛大學的「正常」男性在所有的生理和心理特徵上仍顯示出明顯的差異，從體溫到個性都不盡相同。歷史學家安娜．克里迪克（Anna Creadick）即指出，「他們唯一『正常』的共通點就是通過層層篩

* 這項格蘭特研究仍持續進行至今，並與由四百五十六名成長於波士頓市中心的男性所組成的格魯克研究（Glueck Study）並行。本書所討論的發表文獻皆聚焦於研究「正常年輕男性」的格蘭特研究。

選，歸類到貼著這些標籤的類別。」[34]

而獲選的年輕男性可以代表正常人的說法，是基於對這個類別本身的假設。根據「哈佛大學格蘭特研究」指出，正常人既不是統計學上的平均值，也不是處於完美健康狀態的人。這代表「其各種特點的組合，能讓此人用各種方式有效運作的**平衡**之人」。[35]這種正常的標準完全是建立在特定的群體之上，除了是要來自上層中產階級或上流社會且身體健康、心智健全的白人以外，還要是「陽剛」的男性，這比中央城鎮的居民代表更加偏限。[36]研究聲稱，這些年輕男性將成為未來的領袖，而這項主張毫無根據，唯一的依據就只是深深相信他們是「正常人」。

當然，至少在甘迺迪這個案例中，這項研究確實指出了一個領袖。甘迺迪從哈佛大學畢業二十一年後，在一九六一年成為美國第三十五任總統。但這種選擇反映出多少自我實現的預言呢？這項哈佛研究的結論主張「全民的領袖應該從健康的適者中產生」，並用優生學的語言連結正常人與社會和政治權力。[37]體質人類學家恩斯特·虎頓（Earnest Hooton）根據這項研究撰寫了一本暢銷書，更進一步建議「採取措施，防止基因明顯較差的人繁衍後代」。[38]正常人的概念不僅是透過強調某些特點，並排出其他特徵而形成，更被拿來將活生生的歧視正當化，就算到了第二次世界大戰結束之際仍是如此。

甘迺迪當上美國總統不到三年後就被暗殺，留下了傳奇性的色彩。他是一位支持民權運動的民主黨員，但他無疑體現了某種「正常」的美國化身，在這種常態之下，能夠領導全體民眾的人必須具有一套特定的特徵，讓他們看起來特別「健康且得體」。在甘迺迪時代，被排除在「正常社會」以外的人得到了更多發聲機會，世界上出現了黑人民權運動、同性戀權益、反精神醫學以及為身心障礙者打造的新的社會模式。但公共生活中，緩慢的改變步伐告訴我們，對於既得利益者來說，光是意識到社會對其他族群的排斥仍然不夠。在西方社會以及其他各地，我們都必須意識到，所謂正常的理想並不是本來就存在的實體，而是我們的社會和政治在過去幾世紀以來設計出的產物。

讓我們回到序文中西方社會的「不正常人」特質。事實上，由約瑟夫·亨里希（Joseph Henrich）、史提夫·海因（Steven Heine）和亞拉·諾倫薩揚（Ara Norenzayan）在二〇一〇年所提出的「不正常」大學生是一個與一九三〇年代哈佛格蘭特研究非常相似的年輕人族群。即便他們的生活與經驗屬於少數，但他們在心理學（以及醫學和社會學）中的測驗結果，在某種程度上被視為全體人類的「代表」。如果有夠多的人把這些經驗視為一個正常標準，那就算我們不符合這個標準，也很有可能會把這個標準拿來評判自己的生活。就像我們拿自己的身體和心智測量數值和虛構的平均值相比較時，我們望向的是一個無法達成的目標。拿正常的社會來說，這些平均值甚至不是從普通老百姓的統計數據得出，而是一系列可以滿足各種政治和文化目的的理想。

著名人類學家克利弗德・紀爾茲（Clifford Geertz）在一九七四年表示，「西方將人視為一個有界限的、獨特的、或多或少融合動機和認知的宇宙」，然而，在「世界文化的脈絡中，這是一個相當奇特的想法。」[39]換言之，將自己視為獨立的個體、與他人截然不同的個體是西方資本社會中的普遍信念，但這並不那麼正常。我記得我在高中讀心理學這科時，很難理解這個概念。對我來說，顯然我也是一個相對於他人的獨立個體。但當我們仔細思考後，生活中大多數的情況都可以從相關的概念來解讀。在越南語和日語等語言中，代名詞的使用取決於和談論對象的親疏遠近。自我可能不是一個不變的個體，而是會因為身處的環境以及相處的人的不同而有所不同。*

不過，即便是西方人可能也不像我們以為的那麼強調個人主義。其實許多戰後心理學研究都對這個說法提出質疑。到目前為止，最著名的是史丹利・米爾格蘭（Stanley Milgram）對於服從性的研究，這項研究的靈感是來自他和博士班指導教授所羅門・阿希（Solomon Asch）所做的從眾實驗。阿希發現，當人們所在的群體不斷給出錯誤的答案，其中的成員會受同儕影響，也給出錯誤的答案。至於米爾格蘭的電極實驗則更吸引大眾關注。他在實驗中使用一台外表逼真但完全不具傷害力的電擊器，並找來演員扮演實驗者和學習者的角色。實驗者告訴真正的受試者，他們將在一項關於學習和懲罰的研究中扮演老師的角色，並讓他們朗讀一系列的記憶測驗。如果學習者無法成功覆誦，老師就必須給予電擊處罰，電擊強度會隨錯誤次數增加，直到最強的四百五十伏特。這個強度在機器上的刻度被標記為「XXX」，比「危險：嚴重電擊」的刻度還要高上兩個等級。

在米爾格蘭最初的實驗中，有百分之六十五的受試者最終將虛擬電壓增加到四百五十伏特。這比研究前期，一組精神科醫師預測的一百二十到一百三十五伏特還要高出許多。[40]沒有人會預料到，即便實驗中的學生在三百伏特時已經拒絕回答問題，普通民眾扮演的老師還會繼續給予「電擊」。就算米爾格蘭的實驗多年來備受爭議和批評（大多是出於道德考量），但這項實驗仍引起許多人的興趣和不安。在聽到這項實驗後，很少有人不會問自己：「**我**可以承受多大的電擊？」米爾格蘭的結果似乎顛覆了正常社會的理想。

舉中產階級家庭主婦艾琳諾・羅森布姆（Elinor Rosenblum）為例**，羅森布姆太太擁

---

* 在不同語言中，表達事物的方式都值得深入玩味。例如在俄語中，並不會說「我有一個朋友」，而是會說「有個朋友存在於我身邊」，仔細想想，這種表達方式可能更為直觀。俄語表達方式裡，朋友是這個句子的主詞，但在英文中，「我」才是句子的主詞。這種句式結構就如亨里希所說，說明了許多「不正常人」的個人主義情結。在亨里希的個人主義地圖中，俄羅斯的個人主義表現只有中等程度，最具有個人主義的是北美、歐洲和澳洲等地。喬瑟夫・亨里希，《西方文化的特立獨行如何形成繁榮世界》（Joseph Henrich, *The Weirdest People in the World* (New York and London: Allen Lane, 2020), 26–7）。

** 這是米爾格蘭選用的化名，實驗中其他人名也都是化名。有人可能會想，米爾格蘭故意用艾琳諾・羅森布姆作為這為完美、典型的美國女人，是否有意影射艾瑟兒・羅森伯格呢（Ethel Rosenberg）？羅森伯格是一位平凡但受人尊敬的中產階級家庭主婦，但一九五一年突然被以蘇聯特務的罪名遭到逮捕，並於一九五三年和丈夫朱利安（Julian）一起接受死刑。

有大學學歷，並投身參與公共事務，自願擔任學校中輟生的輔導老師，協助女童軍團事務並積極參與親師會，她正處於青春期的女兒是個品學兼優的學生。然而羅森布姆太太卻堅持學生要回答所有的問題，並對學生擊發兩次四百五十伏特的電擊。米爾格蘭對此表示，羅森布姆太太向學習者展現的「稱職的公共表現」和在實驗者眼中的激動表現幾乎「判若兩人」。[41]

雖然羅森布姆太太表現出的行為似乎和她的價值觀不一致，但她是否還算個正常人呢？戰後評論家認為米爾格蘭的實驗證明了從眾的危險性，並將其與納粹德國或冷戰時期對共產主義的恐懼連結在一起。「如果希特勒要你電擊一位陌生人，你會這樣做嗎？」一九六三年的《君子》（*Esquire*）雜誌問道，結論是「可能會吧」。[42]解決方法是更加壯大的個人主義嗎？也許個人主義的生活催生了漠不關心的態度，並瓦解社群的功能，正如一九六四年三月十三日凌晨，一位名叫凱薩琳．吉諾維賽（Catherine Genovese，媒體將她化名為凱蒂）的義大利裔美國籍女子的謀殺案，正暗示了個人主義帶來的負面影響。三月二十七日，也就是吉諾維賽死後兩週，《紐約時報》報導：「在半個多小時中，三十八位住在皇后區受人尊敬、奉公守法的人民在丘園看見殺人兇手尾隨一位女性，並分別嘗試刺殺該名女性三次，目擊者卻視若無睹。」[43]這三十八位平凡市民成為奇聞，也成為都市人淡漠態度的軼事雜談，雖然實際目擊者人數從未被證實，但其實還是有兩個人報了警。[44]

Public Announcement

WE WILL PAY YOU $4.00 FOR ONE HOUR OF YOUR TIME

Persons Needed for a Study of Memory

•We will pay five hundred New Haven men to help us complete a scientific study of memory and learning. The study is being done at Yale University.

•Each person who participates will be paid $4.00 (plus 50c carfare) for approximately 1 hour's time. We need you for only one hour: there are no further obligations. You may choose the time you would like to come (evenings, weekdays, or weekends).

•No special training, education, or experience is needed. We want:

Factory workers	Businessmen	Construction workers
City employees	Clerks	Salespeople
Laborers	Professional people	White-collar workers
Barbers	Telephone workers	Others

All persons must be between the ages of 20 and 50. High school and college students cannot be used.

•If you meet these qualifications, fill out the coupon below and mail it now to Professor Stanley Milgram, Department of Psychology, Yale University, New Haven. You will be notified later of the specific time and place of the study. We reserve the right to decline any application.

•You will be paid $4.00 (plus 50c carfare) as soon as you arrive at the laboratory.

TO:
PROF. STANLEY MILGRAM, DEPARTMENT OF PSYCHOLOGY, YALE UNIVERSITY, NEW HAVEN, CONN. I want to take part in this study of memory and learning. I am between the ages of 20 and 50. I will be paid $4.00 (plus 50c carfare) if I participate.

NAME (Please Print)..............................

ADDRESS..............................

TELEPHONE NO. .... Best time to call you ....

AGE........ OCCUPATION.................... SEX......
CAN YOU COME:

WEEKDAYS .... EVENINGS ......WEEKENDS.........

圖 7.3 米爾格蘭在一九六三年發出的實驗宣傳中，徵求進行參與「記憶研究」的志願者，這些志願者其實就是他對於服從權威的實驗對象。

到了二十世紀中期，正常的社會狀態不只是值得慶祝的成就，也開始成為大眾關注並設法改進的議題。正常的事物不再令人嚮往。這是否因為正常的標準也正在改變呢？當吉諾維賽的女朋友瑪莉．澤倫科（Mary Zielonko）前去指認伴侶的屍體時，警察盤問了她數小時，包括要她回答「女同志都在床上幹些什麼」這類相當不妥的問題，[45]並暗指吉諾維賽的生活方式某種程度上也是造成她遭殺害的原因。那，最後誰才是正常人？是「冷漠」的旁觀者，還是受歡迎的年輕酒吧經理和她的同居女友？這個問題貫穿了許多二十世紀晚期不為人知的事件，雖然這些事件未經證實，當我們停下來思索時，依舊存在。

涂爾幹也曾思考過：「今日的常態，不一定能成為明日的常態，反之亦然。而對個人而言是病態的事物，在社會上卻可能是正常的。」[46]只有在我們找尋潛藏的「正常」狀態時，我們才能看到社會是如何隨現況改變。在工業化西方世界建構正常社會的方式，就像建構正常人的方式一樣，與大多數人的現實生活相悖。當行銷顧問凱文．歐基夫（Kevin O'Keefe）在兩千年代初期開始尋找「普通美國人」時，他很快就發現，原本以為很平凡的那些人其實並不一定符合平均數值。最典型的美國人畢竟不是在異性戀核心家庭的人，這類人只佔美國家庭的四分之一。典型中央城鎮對家庭的刻板印象是「由單薪的父親和家庭主婦與下一代」組成的家庭，根據二〇〇〇年的人口普查中，這種家庭只佔美國百分之七。[47]

真實的平均值或常例和我們認為的正常或普遍狀態之間的落差，凸顯出歷史上有意或無意形塑出正常狀態的方式。就像哈佛大學格蘭特研究最初的目的並不是用來篩選出未來的領袖，而是希望藉由這些人的形象塑造出一個理想社會。對於正常社會的假設也持續影響我們的思考及行為模式，影響政府機構、法律和公民結構。整個英國的法律結構都充斥著像「合理」這一類的術語，但這些詞語只是參照一個假設出來的普通人概念而定義。美國聯邦最高法院從一九七三年起使用「米勒測試」來判斷淫穢內容，其中也同樣提到了適用於當代社群標準的「正常人」概念。雖然兩種系統都承認常態的標準會發生變化，但他們卻深信在任何時代中都有一個平均的、合理的或「正常的」人。但這個所謂的「克拉珀姆公共馬車上的人」究竟是誰呢？正如本書所述，這樣的人實際上根本不存在。

新的常態？

在這個「新常態」中，我們將何去何從呢？二〇二一年春天，英國大部分的地區逐漸解除封鎖時，此書的撰寫也接近尾聲。每當我和其他人談起這個話題時，發現每個人內心都左右為難，一方面渴望「回歸正常狀態」，同時也害怕可能遇到的後果。一開始由人與人之間的互助、社區凝聚力而產生的樂觀態度似乎已經瓦解，取而代之的是一個分崩離析的世界，可以在家工作的人沉迷於網路購物，而不幸的人則處在食物銀行和紓困福利中交戰的困境。這幾十年來，法律制度、義務教育、醫療系統、朝九晚五的工作日還有不斷上漲的租金和房價早已被我們視為理所當然。在這個看似穩定的世界中，社會似乎是一股不會改變、也不可改變的力量，而這股力量環繞著其中的居民。不管是那些因為不符合正規標準而權利受到剝奪的人，或是受益於這些期待的人都同樣擁有這樣的假設。我們所受的教育、我們居住的屋舍、我們從事的工作和工時都受到我們對「正常」的觀念所支配，就像我們對於種族、性別、性取向或移民的態度一樣。

我們有多少次沒有發現我們對「正常」先入為主的觀念，而這些觀念貫穿我們的言行舉止、滲透我們周圍的世界？我還是十幾歲的青少年時，我自認說話沒有口音，所以我非常希望能擁有地方口音（可能是曼徹斯特口音或南威爾斯口音）。幾年前，有位美國朋友覺得我有肯特郡口音。我向他反駁我並沒有口音時，他立刻指出，我都會把「i」發生「oi」的音。現在我也開始察覺到自己說話時的口音了，但在他提出這個意見前，我以為我說話聽起來跟「其他人」一樣。但，誰又是這些「其他人」呢？十年前，可能會是國家電視頻道上字正腔圓的標準英音（received pronunciation），如果外國演員想要聽起來有英國腔的話，他們都會模仿這種標準口音。到了九〇年代，大部分像我這樣住在東南部的人，說的是一種較為不正式的河口英語（Estuary English）。這兩種都不是最多人有的口音，只不過你可能會被誤導，因為這是電視上最常聽到的兩種口音。對我來說，我從來沒有懷疑過自己說話不正常。只有在別人說話聽起來和我不一樣時，我才會覺得他們有口音。

有時候，我們只會在注意到其他人不同於我們的期待時，才會注意到社會上的正常標準。在這些標準和我們自己的信仰和生活方式有所衝突時，我們可能會更容易注意到這些規範。然而，在其他時候，我們看到的一切事物如此平常，一切都在預料之內，以至於我們根本不會注意到有什麼奇怪的地方。這種看不見的規範也有其歷史，正常社會的歷史甚至比正常人或普通人的歷史更短。在十九世紀末期，科學家、醫生和哲學家這些新的「正常人」開始假定，社會有機體和物種有著共同的法則。這表示，在這些人看來，維多利亞晚期的社會成為一種自然的狀態，所以財富和權力集中在少數人手中是正常的狀態。同時，少數的西方白人資本主義社會成為世界其他地區的代表，並透過殖民遺緒將西方規範強加於其他文化，直至今日。

然而，即使將焦點轉向西方本身，例如在「中央城鎮」中，這種排除和強調的過程仍然繼續揀選特定的人物當作社會的代表。一九二〇年的曼西城代表中產階級白人美國社會。與其說這是對「正常」生活的詰問，「中央城鎮」的作用是強化（抑或是創造）一個由少數人代表的正常社會概念。這項研究也顯示「正常」這個概念如何遭到扭曲及變造。在中央鎮，正常狀態有時候是統計數據的平均值，有時候是最常見的做法或習俗。在該研究出版後的讀者回饋中，「正常」通常被認為是一個理想狀態，並以鎮上公認表現、成就最好的人為藍圖（不管他們是不是三K黨成員都無所謂）。正常人是值得嚮往或追求的狀態。最後，加上「正常人」也需要身心健康的概念後，這種含意也被用在一九三八年參與哈佛大學格蘭特研究的年輕男子身上。

某種程度上，正是因為正常一詞背後所隱含的複雜意義，才讓此概念得以長期在我們心中佔有一席之地。正常狀態幾乎可以套在任何你想要的東西上，可以是日常生活的樣貌、平凡單調的事物，也可以是一種理想或期待。然而，正常的歷史最終表明，社會規範並不是散落的個體奇蹟似地集合成一個活生生的社會有機體（不管赫伯·史賓賽如何說服我們）。常態是從特定的意識形態話語權中出現，並用來支持這種話語權。

我們要如何解讀這段困難也不見得令人愉快的歷史呢？當然，我們必須要認知到，「正常」的概念一直以來都是以排除異己的方式定義，就像黑人、勞動階級、移民、城市居民和農村並不符合中央鎮的理想。不僅如此，我們也必須詰問並且揭示中間的空集合。我們應該問的是，在某個特定的時空環境下，正常狀態代表什麼意義，而這個狀態又是由什麼因素構成的？對涂爾幹來說，「社會事實」必須有用處，那正常規範的用處是什麼呢？規範支撐著演化及經濟階級制度，並讓一些人受惠，一些人犧牲。然而，今日的社會結構不會比赫伯·史賓賽時代的殖民主義政策更加自然和必然。如果我們從新冠肺炎的疫情中學到了些什麼，那應該就是要質疑我們是否真的應該尋求一種全新的正常狀態。

後記

非比尋常

我腦海中有個清晰的印象，站在倫敦北環線路上的一個公車站牌，當時我大約二十一歲。那天已經很晚了，每當有車呼嘯而過，車燈就會劃過寒冷的夜晚，留下耳邊的轟隆聲。要到達公車站牌，必須串過一條昏暗的之字形下坡小徑，兩旁是叢生的小樹叢。我不可能自己一個人走下去到公車站。

但那晚我並不是獨自一人。當時的男朋友和我在一起，他把手插進口袋，不耐煩地在滿是塗鴉的公車站中來回踱步，小小的公車站幾乎沒辦法阻擋冬日晚上撲面而來的寒風。那個時候行動電話還沒有攝影功能，更別說上網了，所以你永遠不會知道公車還要多久才會來。我覺得又冷又無聊，所以開始跳起舞暖暖身子。我可能還唱起歌來。我男友生氣地看著我，有點嫌棄地說：「為什麼我就不能有個正常一點的女朋友？」

他說的正常是什麼意思？他自己可能也說不上來。他那番話顯然只是想要羞辱我，他很累、很冷、心情不好，而且他可能也受夠我情神不太穩定而反覆出現的戲劇化情緒。現在回想起來，他可能也覺得壓力很大、疲憊不堪，雖然我當時不喜歡他這麼情緒化。但他那番話也是希望我能改變自己的行為，迎合別人眼中的某種理想狀態，儘管我們兩個都不知道那種狀態是什麼。幾年後，我和另外兩外室友從回夜店回家的路上，整趟路都在為誰是這個小團體裡面最正常的人而爭論不休。我和另一個室友都懶得贏得這項稱號，便反對道，「我們都不正常。所以我們才會是朋友！」

在日常生活中，根據自己的經驗來判斷正常或理想的狀態似乎是個常識，就像我們在歷史上不斷看到富裕的白人男性的所作所為。但，我們不僅來自不同背景、擁有不同視角，而且我們對於正常的定義很少有清晰又肯定的說法，但我們的生活經驗其實也是在歷史上對於正常的期待形塑而的。我們的日常生活、社會制度、醫療、政治和國際關係中已經有根深蒂固對於正常狀態的想像。無論我們是否符合「正常標準」，這些想像都不斷地在影響我們。

身為一個出生於白人中產階級家庭，並在英國南部郊區長大的女孩，這個成長經驗形塑我對「正常」的想像，這個身分讓我得到我所擁有的各種機會，但我同時也念了一所很好的公立學校，身邊全是充滿特權的年輕人，我反而是那個家裡不有錢的孩子。即便我經常受益於和維多利亞時代認為的正常人近距離接觸，但我仍然擔心自己不正常。當我們把正常狀態視為一個歷史範疇並加以批判時，我們必須解開這個概念和我們從出生到死亡的生命之間的結。這就是為什麼個人軼事在本書裡也是重要的部分，不管身為讀者的你是否能夠對這些軼事產生共鳴，或你們有非常不同的經驗。這些經驗都需要受到質疑或比較。

隨著我們爬梳完正常人的歷史，我們已經看到人類一再地錯失質疑「正常」這個概念的機會。從凱特勒的「平均人」到哈佛大學針對「正常」年輕男子進行的格蘭特研究，我們知道正常人這個類別並不只是平均值或自然界的一種表現，而是透過醫學、科學和流行文化所建構出來的價值。幾乎每個「正常人」的化身都有一套特徵。在西方世界中，「正常人」代表白人、男性、中產階級、四肢健全、順性別並且也是異性戀。這和統計學上的平均值不一樣，因為擁有這些特徵的人，在任何一地的人口中都不見得是最常見的族群。就連在一九二〇年代的中央鎮，中產階級的男性只佔總人口百分之十五。

就像根本沒有人能夠符合典型女性「諾瑪」的身材測量結果，符合這種「正常」理想的人可能比我們與其的還要少很多。最近我為工作參加了一個線上課程，要求我回答六個個人特徵，包括年齡、性別和婚姻狀況，最終結果會與二〇一一年人口普查的全國統計數據進行比較。最後，系統告訴我，在英國，只有五十萬人的答案和我一樣，而這佔不到人口調查的百分之一。我們以為有一個代表正常的多數人群體，但這只是種幻覺。同時，假設中的「正常」特徵並沒有任何內在價值。只是因為我們在探討的大部分歷史中，擁有這些特徵的人剛好是掌握權力的人。

當你被這正常的定義排除在外時，或許也最容易指認出這個定義的存在。從一八三〇年代到一九六〇年代，甚至更久遠之前，有無數不在「普通人」範疇裡的人被雙重排除。首先，他們從創造平均數的資料中排除，例如中央鎮和金賽量表就排除了非裔美國人，高爾頓和他的同儕則竄改女性數據以符合男性的測量結果，接著，他們發現這些人並不符合由平均數產生的正常理想。雖然有這種排斥，但歐洲、北美和國家所有國民的行為準則，都是建立在由種族、階級、性別和性取向的規範概念。正常狀態成為一種期待到達的成就，而不是對於變化的衡量，是一種無論你是否願意（或是否能夠）都要達成的理想狀態。

即便是在現代社會，這樣做也會帶來很大的後果。那些不符合早先設下的規範的人，可能會受到懲罰性的制裁。他們會被貼上標新立異的標籤，成為罪犯或精神病患。他們可能會被關進監獄或送進精神病院，失去國家的支持或醫療照護。整個社群可能會發現自己被殘酷地孤立在社會之外。

當然，和別人不一樣不見得都會受罰。有時候為了支持「『正常』是大多數的狀況」這個錯誤的觀念，人們會抹去這些差異，就像一九六〇年代的媒體絕口不提基蒂・吉諾維斯（Kitty Genovese）的女同志身分，一直要到整整五十年後，才有位研究者還原她的身分。[1]或是我們用「棄名錯稱」（deadnaming）這個當代的說法來說明這個爭議，這指的是用跨性別者改名前的名字稱呼他們。這種對跨性別者的不尊重不僅會傷害對方、影響關係；從更廣的角度來看，這個行為助長了正常人的觀念，當那些不符合或無法符合正常人定義的族群做出不同於常理的事情，我們可以透過剝奪其合法性，逼迫他們就範。

在一九六〇年代，正常人的概念在醫學、科學、哲學和大眾思潮中受到諸多質疑，不過今日的人們已經忘了這回事。矛盾的是，我們對正常兒童這個概念的討論也與日俱增。在英國、北美和歐洲，醫界不斷辯論是否有正常兒童的標準，也試圖定義正常的健康狀態、體重和血壓。心理學家研究「正常人」對於不愉快情況的反應或他們服從命令的意願。最近大家開始擔心，普遍或常見的行為並不一定是大家都想要的，有的甚至不可能做到。然而這些戰後的研究前所未有地投入討論「正常」這個概念，並認為，只要我們能夠得出某種一般或普遍的行為，那正常這個概念就一定成立。

正常的力量之所以這麼強大，其一是人們時常透過其相反概念，也就是「不正常」來定義。我們將普通人視為社會的重心，認為「社會性因素圍繞著普通人擺動」。[2] 這代表正常是不變且單一的狀態，是一種錨定其他變異狀態的固定點。「正常人」一開始代表普通人和理想狀態，但由於這個概念也是虛構的，所以我們很容易將其視為某種現況，認為這個宇宙中心的狀態就是富裕的白人男性。他們的地位主要來自他們將正常塑造成符合自己的形象，透過將所有人類和他們相比來判定評估。正常的標準是種信仰系統，是滲透到現代西方社會的整體幻覺。沒有完美女人諾瑪這種人，也沒有人符合凱特利的平均數值。

正常這個概念有點像是國王的新衣，我們或許會想質疑，但卻因為不好意思或不確定，而完全無法駁斥。

在撰寫這本書的過程中，我深刻認知到，我們在不自覺的情況下，有多容易複製那些價值判斷。有時候，我不假思索就接受從小到大加諸在我身上的規範，我不但沒有一分質疑，甚至還複製了二元對立的思維方式或價值判斷。就算有批判性的朋友會不留情面地指正我，但還是有可能發生這樣的狀況。在我們渴望用簡單而連貫的說法解釋事物的狀態時，我們可能會試圖強行把一個方塊塞進圓孔，單單只為了按照線性敘事前進。但，正如金賽所言，「世界並不是只分為綿羊和山羊」。

這本書可能沒有收錄其他能讓你產生共鳴的事件，但我希望這本書能發揮拋磚引玉的功用，還有無數的故事有待我們講述。而我們講述這些故事的方式和故事內容一樣重要。我們對於「正常」和「不正常」的假設，長久以來讓我們方便理解事物。有時候，我們之所以不假思索地接受這種說法，只是因為這是最容易的方式。我希望，下一次當你發現你處在這樣的十字路口時，這本書能提醒你不忘質疑您的旅程，並思索還能否用其他方式來看待。

最後，我想請各位讀者思考一下，我們提出的問題本身是如何影響我們對正常的看法和感受。在道格拉斯．亞當斯（Douglas Adams）的《銀河便車指南》（*The Hitchhiker's*

Guide to the Galaxy）中，一台名為「深思」的超級電腦花費七百五十萬年的時間來計算關於生命、宇宙和一切的答案，而最後答案卻是一個簡單的「四十二」。這台超級電腦說，這是因為一開始就沒有人理解關於生命、宇宙和一切的終極問題是什麼。和科幻小說一樣，現實世界中的問題和答案一樣重要，甚至更加重要。

那麼，我是正常人嗎？嗯……可以說是，也可以說不是。但，這究竟是不是我們應該問的正確問題呢？

謝誌

撰寫本書時，我把這本書的主題告訴我的乾女兒小柳，那時她才十一歲，她有點懷疑我說的是不是真的，後來她主動說要為我寫書。這本她用一張Ａ４紙摺成的小書，放在我桌子最顯眼的地方，並在往後漫長的三年中，一直鼓勵著我。「我正常嗎？」小柳的書封寫著這個問題，書的內頁有答案：「你不正常！好好面對吧。」她用一個美麗的回應總結這個複雜的主題。

在我撰寫本書以及進行相關研究時，受到了許多人的幫助。感謝以下提供檔案及文獻的單位和圖書館：惠康圖書館（Wellcome Library）、大英圖書館（British Library）、皇家護理學院圖書館及檔案館（Royal College of Nursing Library and Archive）、比利時皇家科學、文學暨美術學院檔案館（Archives of Royal Academy of Sciences, Letters and Fine Arts of Belgium）、倫敦大學學院特藏中心（UCL Special Collections）、救世軍國際遺產中心（Salvation Army International Heritage Centre）、伯利恆心智博物館（Bethlem Museum of the Mind）。特別感謝惠康圖書館的羅斯·麥克法蘭（Ross MacFarlane）和愛麗絲·懷特

（Alice White）提出的想法和建議，也感謝倫敦大學學院的蘇哈達拉·達斯（Subhadra Das）和漢娜·寇尼斯（Hannah Cornish）為我解說高爾頓的收藏。

我還要感謝在倫敦大學瑪麗皇后學院和皇家護理學院的同事給予我的支持，尤其是護理學院的安娜·西蒙斯（Anna Semmens）和皇后瑪麗學院的湯瑪斯·狄克森（Thomas Dixon）不斷支持我繼續這項計畫，以及撥冗閱讀並和我討論初稿及最終稿件的艾瑪·薩頓（Emma Sutton）和法蘭西斯·瑞德（Francis Reed）。我還想感謝其他閱讀本書草稿，並提出相當有幫助的建議和批評的朋友、家人和同事，他們是艾莎·詹森（Asa Jansson）、戴比·西普頓（Debbie Shipton）、貝姬·馬修斯（Becky Matthews）、英迪·萊麗（Indy Lalli）、蘿倫·奎克奈（Lauren Cracknell）、愛麗絲·尼寇斯（Alice Nicholls）、莎夏·羅伊（Sasha Garwood Lloyd）、莎麗·法普頓（Sally Frampton）、潔瑪·安潔（Gemma Angel）、蓋爾·羅伯森（Gail Robertson）、夏茲·拉克伍（Shaz Lockwood）、奈特·海頓（Nat Hayden）、塔拉和麥可·亞歷山卓（Tara and Mike Alexander）、珍·佛迪雷（Jane Fradgley）、布萊恩及凱西·錢尼（Brian and Kathy Chaney）、愛麗森·菲尼（Alison Feeney）和史都華·凱恩（Stewart Caine）。

我非常感謝本書編輯法蘭西斯·貝瑞（Frances Barrie），她在我撰寫本書的過程中提供許多建議、批評，以及對這個主題的熱情。這本書因為她而更加完整。我還要感謝惠康基金會和 Profile Books 的所有工作同仁，特別是負責文字編輯的山姆・馬修斯（Sam Matthews），以及惠康信託支持本書所參考的大部分研究。

孤獨地寫作可能會摧毀一個人的靈魂，我非常感謝在過程中不斷支持、鼓勵我的每一個人。感謝瑪麗皇后學院博士後研究小組的每週小聚，感謝皇家護理學院康樂部，我在填字遊戲和小測驗中得到很多樂趣。感謝蜜雪兒、莎迪和小柳款待的電玩遊戲和素食餐點，感謝凱特、李安娜和席拉遠端連線的陪伴。感謝根廷團隊的蓋爾、夏茲、奈特、塔拉和荷莉，過去幾年我有幸時常何他們相見。

最後，同樣要感謝我的家人一直以來的支持。感謝史都華不厭其煩地反覆閱讀以及比對我的草稿，幾乎沒有怨言（也感謝我的兩隻貓查爾斯和艾瑞克，讓我在需要時可以緊緊將他們擁入懷中）。感謝我的父母，他們給我許多建議和關心。感謝阿里，他對第六章的內容提出非常周詳的評論，並難得地帶我離開倫敦。

最後，我也對家裡的新成員致上深深的愛，與安納貝爾在線上烘焙是過去兩年的美好回憶，萊拉的笑容也總是深深感染著我。

量表及問卷

為了強調本書中提出的問題，以下收錄了部分原始的歷史問卷，這些問卷為十九、二十世紀所使用，包含一八八九年的幻覺普查到「大眾觀察」在一九四九年進行的性行為調查。醫生、科學家和社會學家都曾使用這些問卷，試圖找出身體、心智、情感和性生活等方面的正常值。也許這些問卷就證明了正常的概念有多麼難以論定，您可以嘗試回答問卷內容，並接受您「無法」達到正常標準的結果。

1. 國際健康博覽會人體測量實驗室（International Health Exhibition Anthropometric Laboratory）圖卡，出自 Francis Galton, *Anthropometric Laboratory*, 1884。
2. 「尋找諾瑪」報名表，出自 *Cleveland Plain Dealer*, 9 September 1945。
3. 幻覺普查，一八八九年，出自 'Report on the Census of Hallucinations,' *Proceedings of the Society for Psychical Research* 10 (1894), Appendix A。
4. 人格問卷調查（答案請見第302頁），出自 L. L. Thurstone and Thelma Gwinn Thurstone, 'A

Neurotic Inventory', *Journal of Social Psychology* 1, no. 1 (1930)。

5. 男性-女性氣質測驗／態度-性向分析測驗（答案分析請見第303頁），出自 Lewis M. Terman and Catharine Cox Miles, *Sex and Personality*, 1936。

6. 大眾觀察性行為量表，一九四九年三月二十八日。

7. 情感成熟度量表，一九三一年，出自 R. R. Willoughby, 'A Scale of Emotional Maturity', *Journal of Social Psychology* 3, no. 1 (1932)。

8. 同理心測驗，A試卷，由威勒・柯爾製作，一九四七年。

9. 比西智力量表：解決問題，一九〇五年（答案請見第303頁），出自 Alfred Binet and Théodore Simon, *The Development of Intelligence in Children*, 1916。

10. 陸軍甲種智力測驗（答案請見第303頁），出自 Clarence Yoakum and Robert Yerkes, *Army Mental Tests*, 1920。

一九八四年國際健康博覽會

人體測量實驗室

製表：法蘭西斯・高爾頓

性別　　　眼珠顏色

視力

右眼　　　左眼

閱讀「菱形」類字體的最大距離（英吋）

色彩感知

眼力

劃分 15 吋線條的誤差百分比　　劃分為三等份時　　劃分為兩等份時

直角估計落差

聽力

（由於現場的噪音和回音，難以測試聽力敏銳度）

可感知的最高音：每秒振動頻率區間　　0.000 到 0.000

肺活量

最大吐氣量（立方英吋）

日期　　　姓名縮寫

敏捷

每秒擊打手的速度（英呎／秒）

力量

握力（磅）　右手　左手　　拉力（磅）

手臂跨度

雙手指尖距離　　呎　　吋

身高

坐姿，從座位處測量　　呎　　吋

穿鞋子的站立高度　　呎　　吋

鞋跟高度　　吋

脫鞋身高　　呎　　吋

體重

穿著普通室內服飾時（磅）

上次生日年齡：

已婚還是未婚：

出生地：

職業：

居住在城鎮、郊區或是鄉村：

「尋找諾瑪」報名表

請在「尋找諾瑪」報名表中依照各部位測量結果填入對應數值。

姓名：______________________________

地址：______________________________

城市區域：__________________________

職業：______________________________

年齡：______ **已婚／未婚：**_________ **孩子數量：**______

尺寸表（英吋、磅）

身高	58	59	60	61	62	63	64	65	66	67	68
	58½	59½	60½	61½	62½	63½	64½	65½	66½	67½	68½
胸圍	30	31	32	33	34	35	36	37	38	39	40
	30½	31½	32½	33½	34½	35½	36½	37½	38½	39½	40½
腰圍	25	26	27	28	29	30	31	32	33	34	35
	25½	26½	27½	28½	29½	30½	31½	32½	33½	34½	35½
臀圍	34	35	36	37	38	39	40	41	42	43	44
	34½	35½	36½	37½	38½	39½	40½	41½	42½	43½	44½
大腿圍	15	16	17	18	19	20	21	22	23	24	25
	15½	16½	17½	18½	19½	20½	21½	22½	23½	24½	25½
小腿圍	10	10½	11	11½	12	12½	13	13½	14	14½	15
腳踝圍	8¼	8½	8¾	9	9¼	9½	9¾	10	10¼	10½	10¾
腳部	7¾	8	8¼	8½	8¾	9	9¼	9½	9¾	10	10¼
體重	118 119	120 121	122 123	124 125	126 127	128 129	130 131	132 133	134 135	136 137	138 139

測量說明

請於胸部最豐滿處測量胸圍，並於腰部最窄處測量腰圍。臀圍在腰部下方、髖骨正上方處。大腿圍則於髖骨及膝蓋骨中央處測量，測量小腿圍需平放腳掌，並於最豐滿處測量；腳踝圍於內側隆起處測量。腳部（右）則是平放腳掌時，腳跟到大腳趾的長度。測量尺寸時，請將量尺與地面保持平行。

請使用最接近的數值，在上表中劃記您的尺寸，並將格子塗滿。可使用本表格或清晰的影印本，填妥後請立即寄至「諾瑪編輯台」，地址為 508 Plain Dealer Building, Cleveland 16, O.

Cleveland Plain Dealer, 9 Sept. 1945

一八八九年幻覺普查

☛ **請在填寫完畢後將本問卷交還給劍橋大學席德維客（Sidgwick）教授。**

B **國際實驗心理學會議**

針對問卷 A 的問題，回答「是」者請繼續回答下列問題。

問：您是否曾在認為自己完全清醒的情況下，清楚地看到、被某個生物觸碰或聽到任何聲響；而就您所能了解，這種感受並非來自於任何外在的物理原因？

---

1. 請說明您所看見、聽見或感受到的事物，並盡可能詳細地提供發生的地點、日期和時間。
2. 您當是正在從事什麼行為，是否有身體不適、悲傷或焦慮的狀況？您當時幾歲？
3. 這種感受是否來自您經常見到的某個人，您知道當時他或她正在做什麼嗎？
4. 那時是否有人和您在一起，如有，他們是否以其他任何形式得到相同的感受？
5. 請說明您是否曾經有過多次這樣的經驗，如有，請提供各場合的詳細情況。
6. 如果當時您有任何文字紀錄或其他相關資訊，請不吝提供給我們。

簽名：＿＿＿＿＿＿＿＿＿＿＿＿＿＿＿＿

地址：＿＿＿＿＿＿＿＿＿＿＿＿＿＿＿＿

日期：＿＿＿＿＿＿＿＿＿＿＿＿＿＿＿＿

未經特別授權，本機構概不公開當事人姓名或地址等資訊。

人格問卷調查

（取自芝加哥大學心理實驗室，一九二八年版）

姓名：..

本頁中的問題目的在於辨識各種情緒與人格特質。您的答案可能會顯示您有良好的情緒生活，也有可能顯示您正處於緊張或擔憂的狀態，而您自己可能也無法完全理解。

在每個問題後，您會看到有「是、否、？」三種答案。

請在這三個選項中，圈選出每個問題的答案。請盡可能以「是」或「否」回答。

1b-1	你容易笑嗎？	是	否	？
1b-2	你曾過於擔心遭受其他人羞辱嗎？	是	否	？
1b-3	你是否說話小心，避免傷害其他人的感受？	是	否	？
1b-4	你在社交場合，有時會擔任領導人的角色嗎？	是	否	？
1b-5	你是否做過幾乎不可能實現的白日夢？	是	否	？
1b-7	你是否容易在新環境中感到困惑？	是	否	？
1b-8	即使身邊有人，你是否經常感到孤單？	是	否	？
1b-9	比起母親，你更喜愛父親嗎？	是	否	？
1b-10	你認為自己是個容易緊張的人嗎？	是	否	？
1b-11	站在高處時，你是否害怕會跌下去？	是	否	？
1b-13	你是否有興趣認識許多不同的人？	是	否	？
1b-15	有很多事情讓你感到害怕嗎？	是	否	？
1b-16	你曾經精神崩潰過嗎？	是	否	？
1b-17	情緒上你容易覺得受傷嗎？	是	否	？
1b-18	和性有關的話題以及粗鄙猥褻的故容易讓你感到震驚？	是	否	？
1b-19	在社交場合中，你是否傾向保持低調？	是	否	？

答案請見第 302 頁

男性 - 女性氣質測驗／態度 - 性向分析測驗

請先閱讀此說明

請您依照指示，仔細於本手冊中劃記。本測驗並非智力測驗，而是分析受測者對於職業、家庭環境和嗜好等的態度及性向。

姓名 .... 年齡 .... 性別 .... 種族 ....
居住城市 .... 州 ....
請以底線標示：單身、已婚、鰥寡、分居、離婚

測驗 2

說明：以下有幾張類似墨水渲染的圖案，這些圖案並不是特定的物品，但可能像雲朵的形狀一樣會引起您的聯想。每個圖案旁邊皆列出四個詞語，請以底線劃記您認為最符合畫面內容的詞語。

範例：

嬰兒
狗
男人
松鼠

手臂
火焰
花朵
尾巴

狗頭
手套
手
馬頭

			略過
1.	玻璃罐	0	0
	信箱	-	
	菸斗	+	
	墓碑	+	

			略過
2.	球拍	-	0
	火腿	0	
	西洋梨	+	
	蝌蚪	+	

			略過
3.	蠟燭	0	0
	咖啡杯	0	
	帽子	+	
	墨水瓶	-	

			略過
4.	魚	0	0
	鏡子	0	
	雪靴	+	
	湯匙	-	

出自《性與性格》（*Sex and Personality*, 1936），作者：路易斯·特曼（Lewis Terman）和凱瑟琳·邁爾斯（Catharine Miles）

答案分析請見第 303 頁

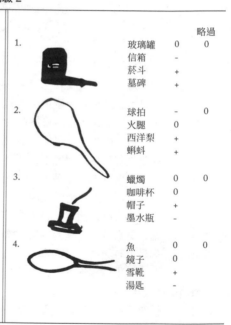

大眾觀察性行為量表

1949 年 3 月 28 日

a) 性別：________________
b) 年齡：________________
c) 結束全職學生身分之年齡：________________

20 a 您是否已訂婚，或曾經訂過婚？（請說明）________________
b 如果您現在沒有婚約，您是否有特定交往的男／女朋友？________________
c 如果非上述情況，您是否曾有過特定交往的男／女朋友？________________
21 a 您是否曾與任何男性／女性發生過性行為？________________
b 如有，您最後一次與任何男性／女性發生性行為是在何時？________________
22 a 您是否在做愛時只停留在性交的階段？是／否________________
b 若是，在這種做愛方式中，您達到性高潮的頻率為何？________________
25 a 您曾何多少不同的男性／女性發生過性關係？________________
b 您是否曾與這些人相愛過？________________
c 若您已訂婚，您是否曾與您的未婚妻／夫發生過性關係？________________
31 a 您是否曾與和您相同性別的人發生過性關係？是／否________________
b 若否，您是否曾與相同性別的人進行過任何形式的性關係？________________
c 若選擇以上其一答案，最後一次發生是在什麼時候？________________
過去一年內／過去五年內／過去十年內／過去二十年內／過去二十年以上
d 若選擇以上其一答案，發生性關係時，您達到性高潮的頻率為何？________________
32 a 您夜晚睡覺作夢時，曾體驗過任何性快感嗎？是／否________________
b 若是，最後一次是在什麼時候出現這個情況？________________
c 若是，您夜裡做春夢時，您通常達到性高潮的頻率為何？________________
33 a 您曾經自慰嗎？________________是／否________________
b 若是，您最後一次自慰是什麼時候？________________
c 若是，您在自慰時，通常會達到性高潮幾次？________________
d 若是，您在自慰時，會有性幻想嗎？________________
e 若您有性幻想，那內容通常是什麼？________________
36 a 整體來說，您認為您的性生活正不正常？若認為不正常________________
b 您認為您在性方面有哪些不正常的地方？________________

情感成熟度量表，一九三一年

想像以下的情境是您可能遇到的狀況。如果您同意以下情境中的反應，請圈選 3，不同意請圈選 0。如果您從未在類似情境中遇過這樣的狀況，但認為您同意這個反應，請圈選 2，反之，請圈選 1。請自行完成此量表，並請兩位朋友、家人或同事為您進行評分。量表得分較高者，代表情感成熟度較高。

1.	對親近社交圈的成員非常友好，但在危急關頭會變得煩躁不友善。	0	1	2	3
6.	對直系親屬非常關心。	0	1	2	3
7.	制定計畫時，若此計畫和自己的死亡有關，會用非常客觀的方式看待。並對此不會有強烈的情緒反應，態度就像是在計畫一般的旅行一樣。	0	1	2	3
9.	在穿著上非常講究，也願意為治裝費撥出較多的預算，哪怕這樣做會壓縮其他方面的開銷。	0	1	2	3
10.	做決定時，主要的考量是如何能為自己立刻來最大的滿足感。	0	1	2	3
11.	需要進行較為精確或邏輯性強的思考任務時，就會出現情緒上的困難，例如遇到數學問題時。	0	1	2	3
12.	當面臨有人違反你所遵守的規範時，你不會感到情緒上的衝擊，反而會引起理智上的好奇，且會試圖從對方的角度去理解其動機和違反規範所帶來的滿足。	0	1	2	3
15.	若錯過一個非常期待的機會，你會加倍努力去實現這個目標。	0	1	2	3
17.	在解決問題時，通常會尋求其他人的協助。	0	1	2	3
23.	當處在明顯比自己地位更高或更有聲望的人面前，會更有自我意識。	0	1	2	3
25.	在討論中，會致力於和對方一起探究討論主題的真理。	0	1	2	3
26.	在開車時，一般情況下可保持冷靜，但如果其他用路人妨礙交通，則會感到生氣。	0	1	2	3
29.	在白日夢中，會想像如何將現實生活中遇到的尷尬經歷反轉過來。	0	1	2	3
31.	原則上相信民主，但不太願意與異溫層的人密切交往。	0	1	2	3
34.	會在飯店、臥鋪火車等地方要求非常周到的服務。	0	1	2	3

Form A

同理心測驗 A 試卷

製作：威勒・柯爾

分數：
200 - _____ = _____
百分位數：

Form A

個人資訊

姓名：..
FIRST MIDDLE LAST

年齡：......................

日期：......................
MONTH DAY YEAR

說明

您對一般人的喜好了解多少？在以下的測驗中，請嘗試假設自己是一般大眾，並以一般人的看法回答問題，而非回答你自己的喜好。

---

1. 一般的工廠工人（非在辦公室辦公）在工作時喜歡聽什麼類型的音樂？請依照受美國工廠工人歡迎的程度排序下列音樂類型。「1」代表最受歡迎的音樂類型，「2」則代表次受歡迎的類型，依此類推，「14」代表最不受歡迎的音樂類型。

排名／音樂類型

_____ 波卡舞曲
_____ 古典音樂
_____ 華爾滋
_____ 快節奏舞曲
_____ 西部音樂
_____ 基督教音樂
_____ 流行音樂排行榜
_____ 鄉村音樂
_____ 南亞半古典樂
_____ 黑人靈歌
_____ 夏威夷音樂
_____ 方塊舞音樂
_____ 幽默、新奇曲風
_____ 藍調音樂

.... (fold here when you have finished the test) ....

2. 一般美國人會讀哪些雜誌？請依照總付費發行量由多至少排序。

排名／雜誌名稱

_____ 《草原農夫》
_____ 《銀幕雜誌》
_____ 《讀者文摘》
_____ 《大眾機械》
_____ 《星期六晚郵報》
_____ 《好管家雜誌》
_____ 《君子雜誌》
_____ 《大西洋雜誌》
_____ 《美國新聞與世界報導》
_____ 《財富雜誌》
_____ 《父母親雜誌》
_____ 《古董鑑賞》
_____ 《婦女家庭雜誌》
_____ 《國家地理雜誌》
_____ 《新共和雜誌》

3. 以下是 25 至 39 歲人士最常遇到的煩人狀況。請想像你是這個年齡區間內的一般人，然後將下列狀況依照煩人程度排序。

排名／煩人狀況

_____ 有人故意吵鬧吸引注意
_____ 聽到有人嚼口香糖的聲音
_____ 看到有人流鼻水
_____ 有人對著我的臉咳嗽
_____ 有人拍我的背
_____ 有人故意一直耍寶
_____ 有人一直說俗語
_____ 有人滔滔不絕，不讓其他人發言
_____ 口臭
_____ 正要做某件事情時被提醒要做同樣的事

比西智力量表：解決問題，一九〇五年

大多數十五歲的兒童應該都要能正確解決這些問題。
每個問題都必須正確回答。

1. 有位在楓丹白露森林散步的婦女突然停下來，她嚇了一大跳，急忙跑到最近的警察那裡，告訴警察她剛才看到掛在樹枝上的________________是什麼？

2. 我的鄰居剛剛接待了幾位奇怪的訪客，先是一位醫生，再來是律師和牧師。我的鄰居發生了什麼事情？

答案請見第 303 頁

陸軍甲種智力測驗，一九二〇年

請注意例句內容：

人們用　**眼睛**　**耳朵**　**鼻子**　**嘴巴**　聆聽

正確的答案是耳朵，因為這是真實的情況。

下列每個句子中的詞語有四個選項，只有一個是正確答案。請在正確的詞語上畫下底線。如果你不確定答案，那就猜猜看。下面兩個例句為答題示範：

例句：

人們用 { **眼睛**　**耳朵**　**鼻子**　**嘴巴**　聆聽
　　　 { **法國**在　**歐洲**　**亞洲**　**非洲**　**澳洲**

1. **美國**是由　**古拉爵**　**哈德遜**　**哥倫布**　**巴爾博亞**　發現的。………1
2. 遊戲**皮納克爾**（Pinochle）使用　**球拍**　**卡片**　**球瓶**　**骰子**。……2
3. **底特律**最著名的產業是　**汽車**　**釀酒**　**麵粉**　包裝。………………3
4. **懷恩多特**（Wyandotte）是一種　**馬**　**禽類**　**牛**　**花崗岩**。………4
5. **美國陸軍軍官學校**位於　**安納波利斯**　**西點**　**紐哈芬**　**伊薩卡**。‥5
6. **史密斯威森**（Smith & Wesson）　**史威福特**（Swift & Co.）　**威廉·路易斯·道格拉斯**（W. L. Douglas）　**巴比特**（B. T. Babbitt）　是食品製造商。………………………………………………6
7. **巴德·費雪**（Bud Fisher）以　**演員**　**作家**　**棒球員**　**漫畫家**　的身分聞名。…………………………………………………………7
8. **更賽**（Guernsey）是一種　**馬**　**山羊**　**綿羊**　**牛**。…………………8
9. **馬格麗特·克拉克**（Marguerite Clark）以　**婦女參政運動者**　**歌手**　**電影演員**　**作家**　的身分聞名。…………………………………9
10. **「還沒抓破！」**（Hasn't scratched yet）是　**除塵掃把**　**麵粉**　**刷子**　**清潔劑**　的廣告台詞。…………………………………………10

答案請見第 303 頁

測驗答案

人格問卷調查

取自芝加哥大學心理實驗室，一九二八年版

神經質傾向的回答：

1b-1	你容易笑嗎？	否
1b-2	你曾過於擔心遭受其他人羞辱嗎？	是
1b-3	你是否說話小心，避免傷害其他人的感受？	否
1b-4	你在社交場合，有時會擔任領導人的角色嗎？	否
1b-5	你是否做過幾乎不可能實現的白日夢？	是
1b-7	你是否容易在新環境中感到困惑？	是
1b-8	即使身邊有人，你是否經常感到孤單？	是
1b-9	比起母親，你更喜愛父親嗎？	是
1b-10	你認為自己是個容易緊張的人嗎？	是
1b-11	站在高處時，你是否害怕會跌下去？	是
1b-13	你是否有興趣認識許多不同的人？	否
1b-15	有很多事情讓你感到害怕嗎？	是
1b-16	你曾經精神崩潰過嗎？	是？
1b-17	情緒上你容易覺得受傷嗎？	是
1b-18	和性有關的話題以及粗鄙猥褻的故容易讓你感到震驚？	是
1b-19	在社交場合中，你是否傾向保持低調？	是

男性 - 女性氣質測驗／態度 - 性向分析測驗

正分數表示男性氣質，負分數表示女性氣質

A. 測驗二

項目	回答				
	a	*b*	*c*	*d*	略過
(1)	0	-4	+3	+1	0
(2)	-4	0	+1	+3	0
(3)	0	0	+3	-3	0
(4)	0	0	+1	-1	0

比西智力量表：解決問題，1905 年

1. 根據上下文的提示，唯一的正確答案是：上吊的人。
2. 第二個問題正確的答案是：鄰居重病瀕死。有人病得很嚴重，後來病死了。

不正確的回答：我不知道。錯誤的答案通常包括重複問題，例如，他接待過醫生和牧師去他家。

陸軍甲種智力測驗

1. 哥倫布
2. 卡片
3. 汽車
4. 禽類
5. 西點
6. 史威福特（Swift & Co.）
7. 漫畫家
8. 牛
9. 電影演員
10. 清潔劑

註釋

前言 我是正常人嗎？

1. Satadru Sen, 'Schools, Athletes and Confrontation: The Student Body in Colonial India,' in *Confronting the Body: The Politics of Physicality in Colonial and Post-Colonial India*, ed. James H. Mills and Satadru Sen (London: Anthem Press, 2004), 66–7.
2. 'About Us,' Bureau of Indian Education (US Department of the Interior), accessed 12 January 2022, www.bie.edu/topic-page/ bureau-indian-education.
3. Joseph Henrich, Steven J. Heine, and Ara Norenzayan, 'The Weirdest People in the World?,' *Behavioral and Brain Sciences* 33, no. 2–3 (June 2010): 61–83; Michael D. Gurven and Daniel E. Lieberman, 'WEIRD Bodies: Mismatch, Medicine and Missing Diversity,' *Evolution and Human Behavior* 41, no. 5 (1 September 2020): 330–40.
4. Kathryn B. H. Clancy and Jenny L. Davis, 'Soylent Is People, and WEIRD Is White: Biological Anthropology, Whiteness, and the Limits of the WEIRD,' *Annual Review of Anthropology* 48, no. 1 (21 October 2019): 169–86.
5. Michael Morris, 'Standard White: Dismantling White Normativity,' *California Law Review* 104, no. 4 (2016): 958.
6. Alyson J. McGregor, *Sex Matters: How Male-Centric Medicine Endangers Women's Health and What We Can Do About It* (London: Quercus, 2020), 78–9.
7. Henrich, Heine, and Norenzayan, 'The Weirdest People in the World?,' 61.

第一章 正常人簡史

1. Saul Stahl, 'The Evolution of the Normal Distribution', *Mathematics Magazine* 79, no. 2 (2006): 96–113; Donald Teets and Karen Whitehead, 'The Discovery of Ceres: How Gauss Became Famous', *Mathematics Magazine* 72, no. 2 (1999): 83–93.
2. Theodore M. Porter, 'The Mathematics of Society: Variation and Error in Quetelet's Statistics', *The British Journal for the History of Science* 18, no. 1 (1985): 58.
3. 原文法文書名為：*Sur l'homme et le développement de ses facultés, ou Essai de physique sociale.*
4. NatCen Social Research, UCL, *Health Survey for England 2016: Adult health trends*, Health and Social Care Information Centre, accessed 11 May 2022, healthsurvey.hscic.gov.uk/media/63757/HSE2016-Adult-trends.pdf.
5. Mark F. Schilling, Ann E. Watkins, and William Watkins, 'Is Human Height Bimodal?', *The American Statistician* 56, no. 3 (1 August 2002): 223–9.
6. Adolphe Quetelet, *A Treatise on Man and the Development of His Faculties*, trans. Robert Knox (Edinburgh: W. & R. Chambers, 1842), x.
7. Adolphe Quetelet, *Letters Addressed to HRH the Grand Duke of Saxe-Coburg and Gotha, on the Theory of Probabilities, as Applied to the Moral and Political Sciences*, trans. Olinthus Gregory Downes (London: C. & E. Layton, 1849), 93.
8. Quetelet, *Letters*, 90.
9. Quetelet, *Treatise*, v.
10. Martin Kemp, *Leonardo da Vinci: The Marvellous Works of Nature and Man* (Oxford: Oxford University Press, 2007), 22.
11. Alison Matthews David, 'Tailoring and the "Normal" Body in Nineteenth-Century France', in *Histories of the Normal and the Abnormal*, ed. W. Ernst (London: Routledge, 2006), 151.
12. Peter Cryle and Elizabeth Stephens, *Normality: A Critical Genealogy* (Chicago and London: University of Chicago Press, 2017), 3–4.
13. William McDowall, *History of the Burgh of Dumfries* (Edinburgh: A. & C. Black, 1867), 796–805.
14. Ian Hacking, 'Biopower and the Avalanche of Printed Numbers', *Humanities in Society* 5 (1982): 279–95.
15. 有關這些發展的更多資訊，請參閱：Jean-Guy Prévost and Jean-Pierre Beaud, *Statistics, Public Debate and the State, 1800–1945* (London: Pickering & Chatto, 2012); Alain Desrosiéres, *The Politics of Large Numbers: A History of Statistical Reasoning*, trans.

Camille Naish (Cambridge, MA and London: Harvard University Press, 1998); Theodore M. Porter, *The Rise of Statistical Thinking, 1820–1900* (Princeton: Princeton University Press, 1986); Kevin Donnelly, 'The Other Average Man: Science Workers in Quetelet's Belgium', History of Science 52, no. 4 (2014): 401–28.

16. 有關布魯賽的理論和實踐的更多資訊，請參閱：Ian Hacking, *The Taming of Chance* (Cambridge: Cambridge University Press, 1990), 160–66; Georges Canguilhem, *The Normal and the Pathological*, trans. Carolyn R. Fawcett (New York: Zone Books, 1989).
17. 引自：Canguilhem, *The Normal and the Pathological*, 49.
18. Robert G. W. Kirk and Neil Pemberton, *Leech* (London: Reaktion, 2013), 58.
19. Kirk and Pemberton, *Leech*, 58.
20. 此節參考：Mary Pickering, *Auguste Comte: An Intellectual Biography*, vol. 1 (Cambridge: Cambridge University Press, 1993).
21. Frederick James Gould, *Auguste Comte* (London: Watts, 1920), 26.
22. 詳見：Pickering, *Auguste Comte*, vol. 1.
23. Hacking, *The Taming of Chance*, 167.
24. Female Patient Casebook for 1898 (CB 159), Bethlem Museum of the Mind, entry 125.
25. Female Patient Casebook for 1881 (CB 119), Bethlem Museum of the Mind, entry 93.
26. Daniel Hack Tuke, 'Eccentricity', in *Dictionary of Psychological Medicine*, ed. Daniel Hack Tuke, vol. 1 (London: J. & A. Churchill, 1892), 419–23.
27. 奧古斯都・孔德被引用自：Canguilhem, *The Normal and the Pathological*, 49.
28. William Corner, *The Story of the 34th Company (Middlesex) Imperial Yeomanry* (London: T. Fisher Unwin, 1902), 1.
29. Corner, *Story of the 34th*, 11.
30. Vanessa Heggie, 'Lies, Damn Lies, and Manchester's Recruiting Statistics: Degeneration as an "Urban Legend" in Victorian and Edwardian Britain', *Journal of the History of Medicine and Allied Sciences* 63, no. 2 (2008): 182.
31. Arnold White, *Efficiency and Empire* (London: Methuen & Co., 1901), 101–2.
32. Charles F. G. Masterman, 'Realities at Home', in *The Heart of the Empire; Discussions of Problems of Modern City Life in England, with an Essay on Imperialism* (London: T. Fisher Unwin, 1907), 8.
33. 關於懷特的更多資訊，請見：Heggie, 'Lies, Damn Lies, and Manchester's Recruiting Statistics', 183–6.

34. William R. Greg, 'On the Failure of "Natural Selection" in the Case of Man', *Fraser's Magazine for Town and Country*, 1868.
35. Charles Darwin, *The Descent of Man, and Selection in Relation to Sex*, vol. 1 (London: John Murray, 1871), 158.
36. Robert Louis Stevenson, *The Strange Case of Dr Jekyll and Mr Hyde* (London: Penguin, 1994), 23.
37. 請參考線上地圖：https://booth.lse.ac.uk/.
38. Judith R. Walkowitz, *City of Dreadful Delight: Narratives of Sexual Danger in Late-Victorian London* (London: Virago, 1992).
39. William H. Kruskal and Stephen M. Stigler, 'Normative Terminology: "Normal" in Statistics and Elsewhere', in *Statistics and Public Policy*, ed. Bruce D. Spencer (Oxford: Clarendon Press, 1997), 84–5.
40. Porter, *The Rise of Statistical Thinking*, 110.
41. Desrosiéres, *The Politics of Large Numbers*, 113.
42. Karl Pearson, *The Life, Letters and Labours of Francis Galton*, 3 vols (Cambridge: Cambridge University Press, 1924), 2:228.
43. Francis Galton, 'Composite Portraits', *Nature* 18, no. 447 (1878): 97–100; Francis Galton, 'Typical Laws of Heredity', *Nature* 15, no. 388–90 (1877): 492–5; 512–14; 532–3.
44. Galton, 'Composite Portraits', 97.
45. Gina Lombroso and Cesare Lombroso, *Criminal Man: According to the Classification of Cesare Lombroso* (New York: Putnam, 1911), 7.
46. Galton, 'Composite Portraits', 97–8.
47. Cryle and Stephens, *Normality: A Critical Genealogy*, 215–16.
48. R. Percy Smith, 'Sir George Henry Savage, MD, FRCP', *Journal of Mental Science* 67, no. 279 (1921): 402, 395.
49. Paul A. Lombardo, ed., *A Century of Eugenics in America: From the Indiana Experiment to the Human Genome Era* (Bloomington: Indiana University Press, 2010); Daniel J. Kevles, *In the Name of Eugenics: Genetics and the Uses of Human Heredity* (Cambridge, MA: Harvard University Press, 1995), 99.
50. 案例參考：Stephen Jay Gould, *The Mismeasure of Man* (Harmondsworth: Penguin, 1984), chap. 2.
51. Patrick Brantlinger, 'Victorians and Africans: The Genealogy of the Myth of the Dark Continent', *Critical Inquiry* 12, no. 1 (1985): 166–203.
52. William Booth, *In Darkest England, and the Way Out* (London and New York: Salvation Army, 1890), 9.

53. Booth, *In Darkest England*, 11.
54. Kevin R. Fontaine et al., 'Years of Life Lost Due to Obesity,' *JAMA* 289, no. 2 (8 January 2003): 187–93.
55. 我在倫敦大學學院的一位同事主持了一個研究其遺產的博物館研究計畫，這是我第一次聽說這個毛髮標尺。有關這個計畫的結果，請見：www.ucl.ac.uk/culture/ ucl-science-collections/eugen-fischers-hair-colour-gauge.
56. Anna Fazackerley, 'UCL Launches Inquiry into Historical Links With Eugenics,' *Guardian*, 6 December 2018.
57. Bernard Rorke and Marek Szilvasi, 'Racism's Cruelest Cut: Coercive Sterilisation of Romani Women and Their Fight for Justice in the Czech Republic (1966–2016),' openDemocracy, accessed 2 August 2021, www. opendemocracy.net/en/can-europe-make-it/racisms-cruelest-cut- coercive-sterilization-of-roman/; Gwendolyn Albert and Marek Szilvasi, 'Intersectional Discrimination of Romani Women Forcibly Sterilized in the Former Czechoslovakia and Czech Republic,' *Health and Human Rights Journal* 19, no. 2 (4 December 2017): 23–34.

第二章 我有個正常的身體嗎？

1. 'British feet are "getting bigger and wider"', BBC News, 3 June 2014.
2. 在美國的尺碼為五到十一號。一九九八年購買的美國鞋碼平均尺碼為八點零七六（英國尺碼為五點五），標準差為一點四六八。
3. Paul Valéry, 'Aesthetics,' in *Collected Works in English*, vol. 13 (Princeton: Princeton University Press, 1964).
4. Shigehisa Kuriyama, *The Expressiveness of the Body and the Divergence of Greek and Chinese Medicine* (New York: Zone Books, 1999), 131.
5. Peter Cryle and Elizabeth Stephens, *Normality: A Critical Genealogy* (Chicago and London: University of Chicago Press, 2017), 296.
6. Anna G. Creadick, *Perfectly Average: The Pursuit of Normality in Postwar America* (Amherst and Boston: University of Massachusetts Press, 2010), 20–21.
7. Creadick, *Perfectly Average*, 28–36.
8. Alan Petersen, *The Body in Question: A Socio-Cultural Approach* (Abingdon: Routledge, 2007), 65; Sarah Grogan, *Body Image:*

Understanding Body Dissatisfaction in Men, Women and Children, 2nd edn (London and New York: Routledge, 2008), 3.

9. Karl Pearson, *The Life, Letters and Labours of Francis Galton*, 3 vols (Cambridge: Cambridge University Press, 1924), 2:458.
10. Pearson, *Life of Galton*, 2:341.
11. Charles Darwin, *The Descent of Man, and Selection in Relation to Sex*, vol. 2 (London: John Murray, 1871), 355.
12. Darwin, *Descent of Man*, 2:350.
13. William Winwood Reade, *The Martyrdom of Man*, 11th edn (London: Trubner & Co., 1886), 455.
14. Reade, *Martyrdom of Man*, 455.
15. Sander L. Gilman, *Making the Body Beautiful: A Cultural History of Aesthetic Surgery* (Princeton: Princeton University Press, 1999), 85–7.
16. Petrus Camper, *The Works of the Late Professor Camper, on the Connexion between the Science of Anatomy, and the Art of Drawing, Painting, Statuary, &c., &c*, trans. T. Cogan (London: C. Dilly, 1794), 99.
17. Samuel Roberts Wells, *New Physiognomy* (New York: Fowler and Wells, 1867), 535–8.
18. Frances Eliza Kingsley, *Charles Kingsley: His Letters and Memories of His Life* (London and New York: Macmillan, 1899), 236.
19. Shoma Munshi, 'A Perfect 10 – "Modern and Indian": Representations of the Body in Beauty Pageants and the Visual Media in Contemporary India', in *Confronting the Body: The Politics of Physicality in Colonial and Post- Colonial India*, ed. James H. Mills and Satadru Sen (London: Anthem Press, 2004), 162.
20. Munshi, 'A Perfect 10', 162.
21. Petersen, *The Body in Question*, 76.
22. Remi Joseph-Salisbury, 'Afro Hair: How Pupils Are Tackling Discriminatory Uniform Policies', *The Conversation*, 20 April 2021.
23. Adolphe Quetelet, *A Treatise on Man and the Development of His Faculties*, trans. Robert Knox (Edinburgh: W. & R. Chambers, 1842), 64–6.
24. Ancel Keys et al., 'Indices of Relative Weight and Obesity', *Journal of Chronic Diseases* 25 (1972): 329–43.
25. Amy Erdman Farrell, *Fat Shame: Stigma and the Fat Body in American Culture* (New York and London: New York University Press, 2011), 34.
26. Farrell, *Fat Shame*, 27.

27. Silas Weir Mitchell, *Fat and Blood and How to Make Them*, 2nd edn (Philadelphia: J. B. Lippincott & Co., 1882), 25.
28. William Banting, *Letter on Corpulence, Addressed to the Public*, 5th edn (New York: Mohun, Ebbs & Hough, 1865), 6.
29. Farrell, *Fat Shame*, 38.
30. *Life Magazine*, 3 December 1914, 1042.
31. William Howard Hay, *Weight Control* (London: George G. Harrap, 1936), 21.
32. 'Are our women scrawny?' *Harper's Bazaar*, 7 November 1896, 924.
33. Julien-Joseph Virey, *Natural History of the Negro Race*, ed. and trans. J. H. Guenebault (Charleston, SC: D. J. Dowling, 1837), 25.
34. Sabrina Strings, *Fearing the Black Body: The Racial Origins of Fat Phobia* (New York: New York University Press, 2019), 85–98.
35. Strings, *Fearing the Black Body*, 164.
36. Carl C. Seltzer, 'Limitations of Height–Weight Standards (Letters to the Editor)', *The New England Journal of Medicine* 272 (1965): 1132.
37. *Build and Blood Pressure Study* (Chicago: Society of Actuaries, 1959), 1.
38. Strings, *Fearing the Black Body*, 198.
39. Strings, *Fearing the Black Body*, 202.
40. Kevin R. Fontaine et al., 'Years of Life Lost Due to Obesity', *JAMA* 289, no. 2 (8 January 2003): 187–93.
41. Zuzanna Shonfield, *The Precariously Privileged: A Medical Man's Family in Victorian London* (Oxford: Oxford University Press, 1987).
42. *The Diary of Virginia Woolf*, ed. Anne Olivier Bell (New York: Harcourt, Brace, Jovanovich, 1980), 152.
43. George Croghan, *Army Life on the Western Frontier: Selections from the Official Reports Made Between 1826 and 1845*, ed. Francis Paul Prucha (Norman: University of Oklahoma Press, 2014), 59.
44. Robert Ross, *Clothing: A Global History* (Cambridge and Malden: Polity Press, 2008), 56–7.
45. 引自：Stanley Chapman, 'The Innovating Entrepreneurs in the British Ready-Made Clothing Industry', *Textile History* 24, no. 1 (1993): 14–16.
46. Ross, *Clothing*, 121.
47. Ross, *Clothing*, 109, 114.
48. Mass Observation Archive: File Report no. 2045 'Women's Clothes in Chester', March 1944. 當然，戰時配給無疑對那時家中製作

或改造的衣物比例產生了影響。

49. Cryle and Stephens, *Normality: A Critical Genealogy*, 314.

50. Ruth O'Brien et al., *Women's Measurements for Garment and Pattern Construction* (Washington, DC: US Dept of Agriculture, 1941), 47.

51. 'Freaks in Revolt', *Daily News*, 7 January 1899.

52. 'The Revolt of the Freaks', *Standard*, 16 January 1899, 2.

53. Rosemarie Garland-Thomson, *Extraordinary Bodies: Figuring Physical Disability in American Culture and Literature* (New York: Columbia University Press, 1997), 61.

54. Rachel Adams, *Sideshow USA: Freaks and the American Cultural Imagination* (Chicago: University of Chicago Press, 2001), chap. 2; Garland-Thomson, *Extraordinary Bodies*, 62–3.

55. Arthur Goddard, '"Even as You and I": At Home with the Barnum Freaks', *English Illustrated Magazine*, no. 173 (February 1898), 495.

56. Adams, *Sideshow USA*, 30.

57. Nadja Durbach, *Spectacle of Deformity: Freak Shows and Modern British Culture* (Berkeley and Los Angeles: University of California Press, 2009), 92–3.

58. Adams, *Sideshow USA*, 40.

59. Tod Browning, *Freaks* (1932; 1947 reissue), dist. Dwain Esper.

60. Susan M. Schweik, *The Ugly Laws: Disability in Public* (New York: New York University Press, 2009).

61. Schweik, *Ugly Laws*, 6.

62. Schweik, *Ugly Laws*, 4–5.

63. Oliver Wendell Holmes, 'The Human Wheel, Its Spokes and Felloes', *Atlantic Monthly*, 1 May 1863, 574.

64. Schweik, *Ugly Laws*, 1.

65. Schweik, *Ugly Laws*, 3.

66. Lucy Wright and Amy M. Hamburger, *Education and Occupations of Cripples, Juvenile and Adult: A Survey of All the Cripples of Cleveland, Ohio, in 1916* (New York: Red Cross Institute for Crippled and Disabled Men, 1918), 222–3.

67. Holmes, 'The Human Wheel, Its Spokes and Felloes', 574.

68. Frances Bernstein, 'Prosthetic Manhood in the Soviet Union at the End of World War II', *Osiris* 30, no. 1 (18 January 2015): 113–33; Katherine Ott, 'Introduction', in *Artificial Parts, Practical Lives: Modern Histories of Prosthetics*, ed. Katherine Ott, David Serlin, and Stephen Mihm (New York: New York University Press, 2002).
69. Wright and Hamburger, *Education and Occupations*, 19.
70. Joanna Bourke, *Dismembering the Male: Men's Bodies, Britain and the Great War* (London: Reaktion, 1996), 44.
71. Office for National Statistics, *Updated estimates of coronavirus (COVID-19) related deaths by disability status January to 20 November 2020* (London: Office for National Statistics, 2021).
72. Daniel J. Wilson, 'Passing in the Shadow of FDR: Polio Survivors, Passing, and the Negotiation of Disability', in *Disability and Passing: Blurring the Lines of Identity*, ed. Jeffrey A. Brune and Daniel J. Wilson (Philadelphia: Temple University Press, 2013), 15.
73. 這個故事是由休．加拉格（Hugh Gallagher）揭露的，他本身就是一位小兒麻痺倖存者。Hugh Gregory Gallagher, *FDR's Splendid Deception*, rev. edn (Arlington, VA: Vandamere Press, 1994).
74. Wilson, 'Passing in the Shadow of FDR.'
75. Wilson, 'Passing in the Shadow of FDR,' 28.
76. George Bernard Shaw, *Plays: Pleasant and Unpleasant* (New York: Brentano's, 1906), vii.
77. 較近期的估計中，將需要戴眼鏡或隱形眼鏡的人口比例略微降低，約為人口的四分之三左右。*Britain's Eye Health in Focus: A Snapshot of Consumer Attitudes and Behaviour towards Eye Health* (London: College of Optometrists, 2013).
78. Todd Rose, *The End of Average* (London: Penguin, 2015), 4.

第三章 我有正常的心智嗎？

1. D. L. Rosenhan, 'On Being Sane in Insane Places', *Science* 179, no. 4070 (19 January 1973): 379.
2. Robert L. Spitzer, 'On Pseudoscience in Science, Logic in Remission, and Psychiatric Diagnosis: A Critique of Rosenhan's "On Being Sane in Insane Places"', *Journal of Abnormal Psychology* 84, no. 5 (1975): 442–52; Susannah Cahalan, *The Great Pretender* (London: Canongate, 2020).

3. Rosenhan, 'On Being Sane in Insane Places', 380.
4. Nathan Filer, *The Heartland: Finding and Losing Schizophrenia* (London: Faber and Faber, 2019), 17.
5. Robert L. Spitzer et al., 'Schizophrenia and other psychotic disorders in DSM-III', *Schizophrenia Bulletin* 4 (1978): 493. See also DSM-III Task Force, *DSM-III: Diagnostic and Statistical Manual of Mental Disorders* (Washington, DC: American Psychiatric Association, 1980).
6. Henry Sidgwick et al., 'Report on the Census of Hallucinations', *Proceedings of the Society for Psychical Research* 10 (1894): 73–4.
7. 請見：Christopher Chabris and Daniel Simons's 2010 video at www. theinvisiblegorilla.com/gorilla_experiment.html.
8. Mary Boyle, *Schizophrenia: A Scientific Delusion?* (London: Routledge, 1990).
9. Michael MacDonald, *Mystical Bedlam: Madness, Anxiety, and Healing in Seventeenth-Century England* (Cambridge: Cambridge University Press, 1981), 200.
10. Daniel Hack Tuke, *Illustrations of the Influence of the Mind upon the Body in Health and Disease*, vol. 1, 2nd edn (London: J. & A. Churchill, 1884), viii.
11. Edmund Gurney, Frederic William Henry Myers, and Frank Podmore, *Phantasms of the Living* (London: Trubner and Co., 1886), x.
12. Sidgwick et al., 'Report on the Census of Hallucinations'. See also Christopher Keep, 'Evidence in Matters Extraordinary: Numbers, Narratives, and the Census of Hallucinations', *Victorian Studies* 61, no. 4 (2019): 582–607; Andreas Sommer, 'Professional Heresy: Edmund Gurney (1847–1888) and the Study of Hallucinations and Hypnotism', *Medical History* 55 (2014): 383–8.
13. Gurney, Myers, and Podmore, *Phantasms of the Living*, 499.
14. Boyle, *Schizophrenia*, 198.
15. 如欲了解詳細且具有個人色彩的描述，請見：Gail A. Hornstein, *Agnes's Jacket: A Psychologist's Search for the Meanings of Madness* (New York: Rodale, 2009).
16. 'HVN: A Positive Approach to Voices and Visions', accessed 12 January 2022, www.hearing-voices.org/about-us/hvn-values.
17. Theo B. Hyslop, *The Borderland: Some of the Problems of Insanity* (London: Philip Allan & Co., 1925), 1–2.
18. 如要大致瞭解西斯洛普的生平，請見：W. H. B. Stoddart, 'Obituary: T. B. Hyslop', *British Medical Journal* 1, no. 3764 (1933): 347. No one else has written much about him.
19. 請見：John MacGregor, *The Discovery of the Art of the Insane* (Princeton: Princeton University Press, 1992), 162–3.

20. Anonymous [Theo B. Hyslop], *Laputa, Revisited by Gulliver Redivivus in 1905*, 2nd edn (London: Hirschfeld, 1905), 39.
21. Theo B. Hyslop, *The Great Abnormals* (London: Philip Allan & Co., 1925), v.
22. Hyslop, *Great Abnormals*, 275.
23. Theo B. Hyslop, *Mental Physiology: Especially in Its Relations to Mental Disorders* (London: J. & A. Churchill, 1895), 469.
24. Andrew Wynter, *The Borderlands of Insanity* (London: Renshaw, 1877), 42.
25. George Savage, 'An Address on the Borderland of Insanity', *British Medical Journal* 1, no. 2357 (1906): 489–92.
26. 維多利亞時代的人們非常擔心錯誤關押在瘋人院中，這也是為什麼那麼多維多利亞時代的小說以錯誤診斷為轉折點的原因之一，這不是像現代讀者經常認為的那樣，類似蘭徹斯特案件的情況在當時很常見。'The Lanchester Case, of Insanity and the New "Morality"', *The Lancet* 146, no. 3767 (1895): 1175–6.
27. 'The Lanchester Case', *Journal of Mental Science* 42 (1896): 134–6.
28. Kieran McNally, *A Critical History of Schizophrenia* (Basingstoke and New York: Palgrave Macmillan, 2016), 199.
29. Samuel A. Cartwright, 'Report on the Diseases and Physical Peculiarities of the Negro Race', *The New Orleans Medical And Surgical Journal* (1851), 708.
30. Cartwright, 'Report on the Diseases', 708.
31. Silas Weir Mitchell, *Fat and Blood and How to Make Them*, 2nd edn (Philadelphia: J. B. Lippincott & Co., 1882).
32. Elaine Showalter, *The Female Malady: Women, Madness and English Culture, 1830–1980* (London: Virago, 1987).
33. George Miller Beard, *A Practical Treatise on Nervous Exhaustion* (*Neurasthenia*) (New York: E. B. Treat, 1889), 1.
34. Female Patient Casebook for 1895 (CB 152), Bethlem Museum of the Mind, entry 79.
35. Voluntary Boarders Casebook, 1893–5 (CB 147), Bethlem Museum of the Mind, entry 66.
36. George Savage, 'Marriage in Neurotic Subjects', *Journal of Mental Science* 29 (1883): 49.
37. Wynter, *Borderlands of Insanity*, 57.
38. Hyslop, *Mental Physiology*, 469.
39. Rocco J. Gennaro, 'Psychopathologies and Theories of Consciousness: An Overview', in *Disturbed Consciousness: New Essays on Psychopathology and Theories of Consciousness* (Cambridge, MA and London: MIT Press, 2015), 3.
40. Theo B. Hyslop, 'On "Double Consciousness"', *British Medical Journal* 2, no. 2021 (1899): 782–6.

41. Ian Hacking, *Rewriting the Soul: Multiple Personality and the Sciences of Memory* (Princeton: Princeton University Press, 1998), 166–7.
42. Pierre Janet, *L'automatisme psychologique: Essai de psychologie expérimentale sur les formes inférieures de l'activité humaine* (Paris: Félix Alcan, 1889), 89.
43. Sigmund Freud and Josef Breuer, *Studies on Hysteria*, ed. Angela Richards and James Strachey, trans. James Strachey, rev. edn (Harmondsworth: Penguin, 1991), 74.
44. Freud and Breuer, *Studies on Hysteria*, 77.
45. Freud and Breuer, *Studies on Hysteria*, 95.
46. Mikkel Borch-Jacobsen, 'Making Psychiatric History: Madness as Folie á Plusieurs', *History of the Human Sciences* 14, no. 2 (2001): 29.
47. 請見：Sonu Shamdasani, 'Psychotherapy: The Invention of a Word', *History of the Human Sciences* 18, no. 1 (2005): 1–22; Tuke, *Illustrations*, 2:231–85.
48. Letter from Freud to Carl Jung, 3 January 1913. *The Freud/Jung Letters: The Correspondence between Sigmund Freud and C. G. Jung*, ed. William McGuire, trans. Ralph Manheim and R. F. C. Hull (Princeton: Princeton University Press, 1974), 539.
49. *Mental Health: New Understanding, New Hope* (Geneva: WHO, 2001), 23.
50. Stephen Ginn and Jamie Horder, '"One in Four" with a Mental Health Problem: The Anatomy of a Statistic', *BMJ* 344 (22 February 2012).
51. Ginn and Horder, '"One in Four"', 2.
52. Jamie Horder, 'How True Is the One-in-Four Mental Health Statistic?' *Guardian*, 24 April 2010.
53. Paul C. Horton, 'Normality: Toward a Meaningful Construct', *Comprehensive Psychiatry* 12, no. 1 (1971): 57–9.
54. Alfred H. Stanton and Morris S. Schwartz, *The Mental Hospital: A Study of Institutional Participation in Psychiatric Illness and Treatment* (New York: Basic Books, 1954), 144.
55. Kwame McKenzie and Kamaldeep Bhui, 'Institutional Racism in Mental Health Care', *BMJ* 334, no. 7595 (31 March 2007): 649–50.
56. Care Quality Commission, 'Count Me in 2010: Results of the 2010 national census of inpatients and patients on supervised community treatment in mental health and learning disability services in England and Wales' (April 2011), www.mentalhealthlaw.co.uk/media/CQC_Count_me_in_2010.pdf.

第四章 我的性生活正常嗎？

1. Liz Stanley, *Sex Surveyed 1949–1994: From Mass-Observation's "Little Kinsey" to the National Survey and the Hite Reports* (London: Taylor and Francis, 1995), 166.
2. Samuel-Auguste Tissot, *Diseases Caused by Masturbation* (Philadelphia and New York: Gottfried & Fritz, 2015), 19–20.
3. Thomas Laqueur, *Solitary Sex: A Cultural History of Masturbation* (New York: Zone Books, 2003).
4. *Onania: or, the Heinous Sin of Self-Pollution, and All Its Frightful Consequences (in Both Sexes), Considered* (London: P. Varenne bookseller, 1716).
5. *Onania*, 99–101.
6. Laqueur, *Solitary Sex*, 17–19.
7. Robert Ritchie, 'An Inquiry into a Frequent Cause of Insanity in Young Men', *The Lancet* 77, no. 1955–60 (1861): 159.
8. James Paget, *Clinical Lectures and Essays*, ed. Howard Marsh (London: Longmans, Green and Co., 1879), 292.
9. David Yellowlees, 'Masturbation', in *Dictionary of Psychological Medicine*, ed. Daniel Hack Tuke, vol. 2 (London: J. & A. Churchill, 1892), 784.
10. Clement Dukes, *The Preservation of Health as It Is Affected by Personal Habits: Such as Cleanliness, Temperance, etc.* (London: Rivington, 1884).
11. Havelock Ellis, *Studies in the Psychology of Sex: The Evolution of Modesty; the Phenomena of Sexual Periodicity; Auto-erotism* (Philadelphia: F. A. Davis Company, 1901), 115.
12. Ellis, *Studies: The Evolution of Modesty*, 118.
13. George J. Makari, 'Between Seduction and Libido: Sigmund Freud's Masturbation Hypotheses and the Realignment of His Etiologic Thinking, 1897–1905', *Bulletin of the History of Medicine* 72, no. 4 (1998): 655–6.
14. 'Contributions to a Discussion on Masturbation' (1912), in *The Standard Edition of the Complete Psychological Works of Sigmund Freud*, ed. and trans. James Strachey, vol. 12 (London: Hogarth Press, 1958), 239–54.
15. Lesley A. Hall, 'Forbidden by God, Despised by Men: Masturbation, Medical Warnings, Moral Panic, and Manhood in Great Britain, 1850–1950', *Journal of the History of Sexuality* 2, no. 3 (1992): 386.

16. Quoted in Hall, 'Forbidden by God', 383–4. See letter dated 24 September 1927 (Wellcome Library PP/MCS/A.189).

17. Stanley, *Sex Surveyed*, 79–81.

18. Letter from Marie Stopes, typed postscript dated 27 September 1927 (Wellcome Library PP/MCS/A.189).

19. Eustace Chesser, *Grow Up – And Live* (Harmondsworth: Penguin, 1949), 243.

20. Katharine Angel, 'The History of "Female Sexual Dysfunction" as a Mental Disorder in the Twentieth Century', *Current Opinion in Psychiatry*, 23:6 (2010), 537.

21. Mass Observation Archive, MOA12, 12-12-A, img. 9426.

22. Hall, 'Forbidden by God', 386; Marjorie Proops, *Dear Marje ...* (London: Andre Deutsch, 1976), 60.

23. Neil McKenna, *Fanny and Stella: The Young Men Who Shocked Victorian England* (London: Faber and Faber, 2013), 6.

24. 引自：Michelle Liu Carriger, '"The Unnatural History and Petticoat Mystery of Boulton and Park": A Victorian Sex Scandal and the Theatre Defense', *TDR: The Drama Review* 57, no. 4 (2013): 135.

25. 'Police', *The Times*, 30 April 1870, 11.

26. Charles Upchurch, 'Forgetting the Unthinkable: Cross-Dressers and British Society in the Case of the Queen vs Boulton and Others', *Gender & History* 12, no. 1 (2000): 137.

27. McKenna, *Fanny and Stella*, 35.

28. Judith Rowbotham, 'A Deception on the Public: The Real Scandal of Boulton and Park', *Liverpool Law Review* 36 (2015): 126.

29. Rowbotham, 'A Deception on the Public', 127; 130.

30. 欲了解更多醫學作家在談論性時使用「正常」和「異常」的例子，請見：Peter Cryle and Elizabeth Stephens, *Normality: A Critical Genealogy* (Chicago and London: University of Chicago Press, 2017), 288.

31. Matt Cook, '"A New City of Friends": London and Homosexuality in the 1890s', *History Workshop Journal* 56 (2003): 36.

32. Jack Saul, *Sins of the Cities of the Plain* (Paris: Olympia Press, 2006).

33. Cook, '"A New City of Friends"', 40.

34. Cook, '"A New City of Friends"', 51–2.

35. *Criminal Law Amendment Act*, 1885, 48 & 49 Vict. c 69, section 11. 一八七一年德國仿效奧地利當時現有的法律，採納了類似的法律。

36. R. von Krafft-Ebing, *Psychopathia Sexualis, with Especial Reference to the Antipathic Sexual Instinct: A Medico-Forensic Study*, trans. F. J. Rebman, 2nd English edn (New York: Medical Art Agency, 1906), 196–7.
37. Krafft-Ebing, *Psychopathia Sexualis*, viii.
38. Renate Irene Hauser, 'Sexuality, Neurasthenia and the Law: Richard von Krafft-Ebing (1840–1902)' (PhD diss., UCL, 1992).
39. Krafft-Ebing, *Psychopathia Sexualis*, 294.
40. Krafft-Ebing, *Psychopathia Sexualis*, 382.
41. Catharine Cox Miles and Lewis M. Terman, *Sex and Personality: Studies in Masculinity and Femininity* (New York and London: McGraw Hill, 1936), 6.
42. Miles and Terman, *Sex and Personality*, 9.
43. Michael C. C. Adams, *The Best War Ever: America and World War II* (Baltimore: Johns Hopkins University Press, 1994), 78.
44. Samuel A. Stouffer, ed., *The American Soldier: Combat and Its Aftermath*, vol. 2, Studies in Social Psychology in World War II (Princeton: Princeton University Press, 1949), 523.
45. Anna G. Creadick, *Perfectly Average: The Pursuit of Normality in Postwar America* (Amherst and Boston: University of Massachusetts Press, 2010), 92.
46. Katie Sutton, 'Kinsey and the Psychoanalysts: Cross-Disciplinary Knowledge Production in Post-War US Sex Research', *History of the Human Sciences* 34, no. 1 (2021): 132.
47. Creadick, *Perfectly Average*, 93.
48. Tommy Dickinson et al., '"Queer" Treatments: Giving a Voice to Former Patients Who Received Treatments for Their "Sexual Deviations"', *Journal of Clinical Nursing* 21, no. 9–10 (2012): 1346.
49. Havelock Ellis, *My Life* (London and Toronto: William Heinemann, 1940), 250–51.
50. Ellis, *My Life*, 254.
51. Ellis, *My Life*, 263. 儘管如此，艾利斯其實在這個時候已經與賽門取得聯繫，並且在信件中討論這個話題，所以他的回憶錄對事件的順序可能不完全準確。
52. Ellis, *My Life*, 264.
53. Ellis, *My Life*, 179.

54. Ellis, *Studies: The Evolution of Modesty*, vi.
55. Ellis, *My Life*, 263.
56. Havelock Ellis and John Addington Symonds, *Sexual Inversion: A Critical Edition*, ed. Ivan Crozier (Basingstoke: Palgrave Macmillan, 2008), 34–5. 這是艾利斯被出版的第一卷研究（後來成為該系列的第二卷），與同性戀詩人和散文家約翰・阿丁頓・西蒙茲合著。
57. Havelock Ellis and John Addington Symonds, *Studies in the Psychology of Sex: Sexual Inversion* (London: Wilson & MacMillan, 1897), 94.
58. Patricia Cotti, 'Freud and the Sexual Drive before 1905: From Hesitation to Adoption', *History of the Human Sciences* 21, no. 3 (2008): 37.
59. Paul H. Gebhard and Alan B. Johnson, *The Kinsey Data: Marginal Tabulations of the 1938–1963 Interviews Conducted by the Institute for Sex Research* (Philadelphia: W. B. Saunders Company, 1979), 2.
60. Donna J. Drucker, *The Classification of Sex: Alfred Kinsey and the Organization of Knowledge* (Pittsburgh: University of Pittsburgh Press, 2014), 119.
61. Gebhard and Johnson, *The Kinsey Data*, 19.
62. Alfred C. Kinsey, Wardell B. Pomeroy, and Clyde E. Martin, *Sexual Behavior in the Human Male* (Philadelphia and London: W. B. Saunders Company, 1949), 637–9.
63. Kinsey, Pomeroy, and Martin, *Sexual Behavior*, 610.
64. Kinsey, Pomeroy, and Martin, *Sexual Behavior*, 666.
65. Drucker, *Classification of Sex*, 77.
66. Drucker, *Classification of Sex*, 118.
67. 所有完成的調查都可以在此找到：Mass Observation Archive 12, folders 12-2-C; 12-9-G; 12-12-A to 12-12-E; and 12-13-A to 12-13-F.
68. Stanley, *Sex Surveyed*, 199.
69. 有位受訪者沒有明確地表明他出生時的性別。
70. Mass Observation Archive: 12-13-D, img. 10734.

71. Bob Erens et al., 'National Survey of Sexual Attitudes and Lifestyles II: Reference Tables and Summary', 2003, 8.
72. Stanley, *Sex Surveyed*, 51.
73. Tim Cornwell, 'George Michael Arrested Over "Lewd Act"', *Independent*, 9 April 1998.
74. Krafft-Ebing, *Psychopathia Sexualis*, 381.
75. John Gray, *Men Are from Mars, Women Are from Venus* (New York: HarperCollins, 1992).
76. Laura Gowing, *Common Bodies: Women, Touch and Power in Seventeenth-Century England* (New Haven and London: Yale University Press, 2003).
77. Thomas Laqueur, *Making Sex: Body and Gender from the Greeks to Freud* (Cambridge, MA and London: Harvard University Press, 1990).
78. Laqueur, *Making Sex*; Carol Groneman, 'Nymphomania: The Historical Construction of Female Sexuality', *Signs* 19, no. 2 (1994): 345–6.
79. Groneman, 'Nymphomania', 350; Ivan Crozier, 'William Acton and the History of Sexuality: The Medical and Professional Context', *Journal of Victorian Culture* 5, no. 1 (2000): 12.
80. William Acton, *The Functions and Disorders of the Reproductive Organs*, 4th edn (London: John Churchill, 1865), 112.
81. Terri D. Fisher, Zachary T. Moore, and Mary-Jo Pittenger, 'Sex on the Brain?: An Examination of Frequency of Sexual Cognitions as a Function of Gender, Erotophilia, and Social Desirability', *Journal of Sex Research* 49, no. 1 (1 January 2012): 69–77.
82. Groneman, 'Nymphomania', 341.
83. Groneman, 'Nymphomania', 337–8.
84. Groneman, 'Nymphomania', 352.
85. Ornella Moscucci, 'Clitoridectomy, Circumcision, and the Politics of Sexual Pleasure in Mid-Victorian Britain', in *Sexualities in Victorian Britain*, ed. Andrew H. Miller and James Eli Adams (Bloomington: Indiana University Press, 1996), 61.
86. Moscucci, 'Clitoridectomy', 68.
87. Andrew T. Scull, '"A Chance to Cut Is a Chance to Cure": Sexual Surgery for Psychosis in Three Nineteenth-Century Societies', in *Psychiatry and Social Control in the Nineteenth and Twentieth Centuries* (London and New York: Routledge, 2006), 160.
88. Female Patient Casebook for 1888 (CB 135), Bethlem Museum of the Mind, entry 148.

89. Josephine Butler, *Recollections of George Butler* (Bristol: Arrowsmith, 1896), 183.
90. Judith R. Walkowitz, *City of Dreadful Delight: Narratives of Sexual Danger in Late-Victorian London* (London: Virago, 1992), 88–9.
91. Butler, *Recollections of George Butler*, 194.
92. Ruth Hall, *Dear Dr Stopes: Sex in the 1920s* (London: Andre Deutsch, 1978), 162.
93. Drucker, *Classification of Sex*, 163.
94. 出自勞倫斯的未發表自傳，引自：Sutton, 'Kinsey and the Psychoanalysts', 139.
95. Sutton, 'Kinsey and the Psychoanalysts', 139.
96. Hera Cook, *The Long Sexual Revolution: English Women, Sex, and Contraception 1800–1975* (Oxford: Oxford University Press, 2005), 179.
97. Stanley, *Sex Surveyed*, 139.
98. Stanley, *Sex Surveyed*, 139.
99. Mass Observation Archive: 12-9-G / A-9-4, img. 7365.
100. Cook, *Long Sexual Revolution*, 289.
101. Susanna Kaysen, *Girl, Interrupted* (New York: Random House, 1993), 11.
102. Kaysen, *Girl, Interrupted*, 158.
103. Diane Francis, 'Sex, Cancer and the Perils of Promiscuity', *Maclean's*, 6 October 1980.
104. Sabrina Strings, *Fearing the Black Body: The Racial Origins of Fat Phobia* (New York: New York University Press, 2019), 81–2.
105. Sue Jackson, '"I'm 15 and Desperate for Sex": "Doing" and "Undoing" Desire in Letters to a Teenage Magazine', *Feminism & Psychology* 15, no. 3 (2005): 301; 304.
106. Jackson, '"I'm 15"', 305–6.
107. Samuel Osborne, 'Study Suggests "Ideal Number of Sexual Partners" to Have', *Independent*, 21 January 2016.
108. Claire R. Gravelin, Monica Biernat, and Caroline E. Bucher, 'Blaming the Victim of Acquaintance Rape: Individual, Situational, and Sociocultural Factors', *Frontiers in Psychology* 9 (2019): 2422. See also Joanna Bourke, *Rape: A History from 1860 to the Present* (London: Virago, 2007).
109. Michael Warner, 'Introduction: Fear of a Queer Planet', *Social Text* 29 (1991): 6.

110. 若想深入探討性別與性取向研究中該術語被使用的多種方式，請見：Joseph Marchia and Jamie M. Sommer, '(Re) Defining Heteronormativity', *Sexualities* 22, no. 3 (2019): 267–95.
111. Mass Observation Archive, 'Sexual Behaviour 1939–1950', Topic Collection 12, Box 12, A9-2, 12-12-E, img. 9836.

第五章 這是種正常的感受嗎？

1. William James, 'What Is an Emotion?', *Mind* 9, no. 34 (1884): 188–205.
2. Georges Dreyfus, 'Is Compassion an Emotion? A Cross-Cultural Exploration of Mental Typologies', in *Visions of Compassion: Western Scientists and Tibetan Buddhists Examine Human Nature*, ed. Richard J. Davidson and Anne Harrington (Oxford: Oxford University Press, 2002), 31–2.
3. 翻譯自德聖－茹斯特未完成的文章，來自：William Reddy, *The Navigation of Feeling: A Framework for the History of Emotions* (Cambridge: Cambridge University Press, 2001), 177.
4. Thomas Dixon, *From Passions to Emotions: The Creation of a Secular Psychological Category* (Cambridge: Cambridge University Press, 2003), 98–134.
5. Entry for Tuesday, 26 March 1667, in *The Diary of Samuel Pepys*, ed. Henry B. Wheatley (London: George Bell and Sons, 1893).
6. Erin Sullivan, *Beyond Melancholy: Sadness and Selfhood in Renaissance England* (Oxford: Oxford University Press, 2016), 53.
7. Sullivan, *Beyond Melancholy*, 58.
8. Charles Féré, *The Pathology of Emotions: Physiological and Clinical Studies*, trans. Robert Park (London: University Press, 1899).
9. Daniel Hack Tuke, *Illustrations of the Influence of the Mind upon the Body in Health and Disease*, vol. 2, 2nd edn (London: J. & A. Churchill, 1884).
10. Peter Taggart et al., 'Anger, Emotion, and Arrhythmias: From Brain to Heart', *Frontiers in Physiology* 2 (2011): 67.
11. Johann Wolfgang von Goethe, *The Sorrows of Young Werther*, trans. Michael Hulse (London: Penguin Books, 1989), 23.
12. Michael MacDonald and Terence R. Murphy, *Sleepless Souls: Suicide in Early Modern England* (Oxford and New York: Oxford University Press, 1990), 190–92.

13. Charles S. Peirce, 'Evolutionary Love', *The Monist* 3, no. 2 (1893): 181.
14. Forbes Winslow, *The Anatomy of Suicide* (London: Henry Renshaw, 1840), 83.
15. Reddy, *Navigation of Feeling*, 216.
16. Thomas Dixon, 'The Tears of Mr Justice Willes', *Journal of Victorian Culture* 17, no. 1 (2012): 1–23.
17. J. A. Mangan, 'Social Darwinism and Upper-Class Education in Late Victorian and Edwardian England', in *Manliness and Morality: Middle-Class Masculinity in Britain and America, 1800–1940*, ed. J. A. Mangan and James Walvin (Manchester: Manchester University Press, 1995), 143.
18. Andrew Combe, *The Management of Infancy, Physiological and Moral*, revised and ed. James Clark, 10th edn (Edinburgh: Maclachlan and Stewart, 1870), 197.
19. H. Clay Trumbull, *Hints on Child-Training* (Philadelphia: J. D. Wattles, 1891), 95.
20. Thomas Dixon, *Weeping Britannia: Portrait of a Nation in Tears* (Oxford: Oxford University Press, 2015), 202.
21. Mass Observation Archive: Directive Replies, August 1950, participant 105.
22. William Moulton Marston, *Emotions of Normal People* (London: Kegan Paul, Trench, Trubner & Co., 1928), 1–2.
23. 兩位女性都與馬斯頓生了孩子，在馬斯頓早逝後的幾十年裡仍然一起生活。有關這個家庭非傳統的生活方式，請參閱：Jill Lepore, *The Secret History of Wonder Woman* (Melbourne: Scribe, 2015).
24. Marston, *Emotions of Normal People*, 394–6.
25. Lepore, *Secret History of Wonder Woman*, 180.
26. Karl A. Menninger, *Man Against Himself* (San Diego, New York and London: Harcourt, Brace, Jovanovich, 1985).
27. Frieda Fromm-Reichmann, *Principles of Intensive Psychotherapy* (Chicago: University of Chicago Press, 1950).
28. *Control Your Emotions I* (Buffalo, New York: Board of Education, 1950; n.p.: AV Geeks, 2020), avgeeks.com/control-your-emotions-1950.
29. Carol Zisowitz Stearns and Peter N. Stearns, *Anger: The Struggle for Emotional Control in America's History* (Chicago: University of Chicago Press, 1986), 4.
30. W. Lloyd Warner, *American Life: Dream and Reality* (Chicago: University of Chicago Press, 1962), 108–10.
31. Stearns and Stearns, *Anger*, 211.

32. Thomas Dixon, 'What Is the History of Anger a History Of ?', *Emotions: History, Culture, Society* 4, no. 1 (14 September 2020): 6.
33. Ferdinand J. M. Lefebvre, *Louise Lateau of Bois d'Haine: Her Life, Her Ecstasies, and Her Stigmata: A Medical Study*, trans. Charles J. Bowen and E. MacKey, ed. James Spencer Northcote (London: Burns and Oates, 1873).
34. 'Louise Lateau', *The Lancet* 97, no. 2486 (1871): 543–4.
35. Meredith Clymer, 'Ecstasy and Other Dramatic Disorders of the Nervous System', *Journal of Psychological Medicine* 4, no. 4 (1870): 658.
36. Pamela J. Walker, *Pulling the Devil's Kingdom Down: The Salvation Army in Victorian Britain* (Berkeley: University of California Press, 2001), 103–15.
37. Thomas F. G. Coates, *The Prophet of the Poor: The Life-Story of General Booth* (New York: E. P. Dutton and Co., 1906), 116.
38. 'Rowdy Religion', *Saturday Review of Politics, Literature, Science and Art* 57, no. 1492 (31 May 1884): 700.
39. 'Lord Curzon's 15 Good Reasons Against the Grant of Female Suffrage' (pamphlet; NLS 1937.21(82), *c*.1910–14), digital.nls.uk/suffragettes/sources/source-24.html.
40. Edward Raymond Turner, 'The Women's Suffrage Movement in England', *American Political Science Review* 7, no. 4 (November 1913): 600.
41. Herbert Spencer, 'The Comparative Psychology of Man', *Mind* 1, no. 1 (1876): 12.
42. William Winwood Reade, *Savage Africa: The Narrative of a Tour* (New York: Harper & Brothers, 1864), 426–7.
43. William Winwood Reade, *The African Sketch-Book*, vol. 2 (London: Smith, Elder & Co., 1873), 260.
44. J. D. Hargreaves, 'Winwood Reade and the Discovery of Africa', *African Affairs* 56, no. 225 (1957): 308.
45. William Winwood Reade, *The Martyrdom of Man*, 11th edn (London: Trubner & Co., 1886), 385.
46. British Association for the Advancement of Science, *Notes and Queries on Anthropology, for the Use of Travellers and Residents in Uncivilized Lands* (London: Edward Stanford, 1874), 13.
47. Spencer, 'The Comparative Psychology of Man', 8.
48. 'Louise Lateau', *The Lancet* 104.2669 (1874): 604.
49. Almroth Edward Wright, *The Unexpurgated Case Against Woman Suffrage* (New York: Paul B. Hoeber, 1913), 165–88.
50. Ethel Smyth, 'Mrs Pankhurst's Treatment in Prison', *The Times*, 19 April 1912.

51. Anna North, 'Attacks on Greta Thunberg Expose the Stigma Autistic Girls Face', *Vox*, 12 December 2019.
52. Joseph Henrich, *The Weirdest People in the World: How the West Became Psychologically Peculiar and Particularly Prosperous* (New York and London: Allen Lane, 2020), 50–52.
53. Edwin Balmer and William MacHarg, *The Achievements of Luther Trant* (Boston: Small, Maynard & Co., 1910), 38.
54. Balmer and MacHarg, *Achievements of Luther Trant*, foreword.
55. Balmer and MacHarg, *Achievements of Luther Trant*, 352.
56. William Davies, *The Happiness Industry: How the Government and Big Business Sold Us Well-Being* (London: Verso, 2015), 58.
57. W. Stanley Jevons, *The Theory of Political Economy* (London and New York: Macmillan, 1871), 13.
58. Francis Y. Edgeworth, *Mathematical Psychics* (London: C. Kegan Paul & Co., 1881), 101.
59. Charles Darwin, *The Expression of the Emotions in Man and Animals* (London: John Murray, 1872), 310.
60. Cesare Lombroso, *Criminal Man*, trans. Mary Gibson and Nicole Hahn Rafter (Durham, NC and London: Duke University Press, 2006), 210.
61. Geoffrey C. Bunn, *The Truth Machine: A Social History of the Lie Detector* (Baltimore: Johns Hopkins University Press, 2012), 146–7.
62. 'Lie Detector Test Proves Bloodhounds Are Liars', *The New York Times*, 11 November 1935.
63. Charles F. Bond et al., 'Lie Detection across Cultures', *Journal of Nonverbal Behavior* 14, no. 3 (1 September 1990): 189–204.
64. 例如 2015 年在伊斯坦堡開發的土耳其測謊儀。Belgin Akaltan and Ines Bensalem, 'Lie Detector Machine Designed Especially for Turks Being Developed', *Hurriyet Daily News*, 13 June 2015.
65. David T. Lykken, *A Tremor in the Blood: Uses and Abuses of the Lie Detector* (New York: Plenum Trade, 1998).
66. Daniel Hack Tuke, 'Case of Moral Insanity or Congenital Moral Defect, with Commentary', *Journal of Mental Science* 31, no. 135 (1885): 360–66.
67. Tuke, 'Case of Moral Insanity', 365.
68. Tuke, *Illustrations*, 2:285.
69. Tuke, 'Case of Moral Insanity', 363.
70. George Savage and Charles Arthur Mercier, 'Insanity of Conduct', *Journal of Mental Science* 42, no. 176 (1896), 1–17.
71. Albert Wilson, *Unfinished Man: A Scientific Analysis of the Psychopath or Human Degenerate* (London: Greening & Co., 1910), 3.

72. Wilson, *Unfinished Man*, 6.
73. Wilson, *Unfinished Man*, 3.
74. Wilson, *Unfinished Man*, 6.
75. Stephen Jay Gould, *The Mismeasure of Man* (Harmondsworth: Penguin, 1984), chap. 1.
76. Susanna Shapland, 'Defining the Elephant: A History of Psychopathy, 1891–1959' (PhD diss., Birkbeck, University of London, 2019).
77. *Understanding Aggression* (London: Ministry of Health, 1960).
78. David Kennedy Henderson, 'Psychopathic States', *Journal of Mental Science* 88, no. 373 (October 1942): 33.
79. David Kennedy Henderson, *Psychopathic States* (London: Chapman & Hall, 1939), 129.
80. Hervey M. Cleckley, *The Mask of Sanity*, rev. edn (New York: New American Library, 1982), 212–13.
81. Robert D. Hare, *Without Conscience: The Disturbing World of the Psychopaths Among Us* (New York: Pocket Books, 1993), 44.
82. James Fallon, *The Psychopath Inside: A Neuroscientist's Personal Journey into the Dark Side of the Brain* (New York: Current, 2013), 112.
83. Jon Ronson, *The Psychopath Test: A Journey Through the Madness Industry* (London: Picador, 2011).
84. Philip K. Dick, *Do Androids Dream of Electric Sheep?* (London: Orion, 2011), 2.
85. Carlos Crivelli et al., 'The Fear Gasping Face as a Threat Display in a Melanesian Society', *Proceedings of the National Academy of Sciences* 113, no. 44 (1 November 2016): 12403–7.
86. Tuan Le Mau et al., 'Professional Actors Demonstrate Variability, Not Stereotypical Expressions, When Portraying Emotional States in Photographs', *Nature Communications* 12, no. 1 (19 August 2021): 5037.

第六章 我的孩子正常嗎？

1. Philip Larkin, 'This Be the Verse', in *High Windows* (London and Boston: Faber and Faber, 1986), 30.
2. Nancy Shute, 'To Succeed at Breast-Feeding, Most New Moms Could Use Help', *NPR*, 23 September 2013.
3. Katharina Rowold, 'Modern Mothers, Modern Babies: Breastfeeding and Mother's Milk in Interwar Britain', *Women's History Review*

28, no. 7 (2019): 1163.

4. Anna Davin, 'Imperialism and Motherhood', *History Workshop Journal* 5 (1978): 10.
5. George Newman, *Infant Mortality: A Social Problem* (New York: E. P. Dutton and Co., 1907), vi.
6. Newman, *Infant Mortality*, 221.
7. Maud Pember Reeves, *Round About a Pound a Week* (London: Persephone Books, 2008), 90–91; Newman, *Infant Mortality*, 249.
8. George Rosen, *A History of Public Health*, rev. edn (Baltimore: Johns Hopkins University Press, 2015), 205.
9. Davin, 'Imperialism and Motherhood', 11.
10. Greta Allen, *Practical Hints to Health Visitors* (London: The Scientific Press, 1905), 5–6.
11. L. Emmett Holt, *The Diseases of Infancy and Childhood, for the Use of Students and Practitioners of Medicine* (New York: D. Appleton and Company, 1902), 18–21.
12. Enid Eve, *Manual for Health Visitors and Infant Welfare Workers* (New York: Wood, 1921), 80.
13. Davin, 'Imperialism and Motherhood', 41.
14. Rowold, 'Modern Mothers', 1168.
15. Eve, *Manual for Health Visitors*, 35.
16. Eve, *Manual for Health Visitors*, 33.
17. London County Council and W. H. Hamer, *Annual Report of the Council, 1914*, vol. 3, *Public Health* (London: London County Council, 1915), 96–7.
18. Reeves, *Round About a Pound*, 23–4.
19. Reeves, *Round About a Pound*, 169.
20. Reeves, *Round About a Pound*, 174–8.
21. Reeves, *Round About a Pound*, 84–5.
22. B. C. Stevens, *Annual Report on the Health, Sanitary Conditions, etc. of the Urban District of Barnes* (London: Urban District Council of Barnes, 1918), 21; Rowold, 'Modern Mothers', 1163.
23. 'Vitamines', *The Times*, 25 November 1919.
24. Walthamstow Urban District Council, *Report of the Medical Officer of Health and School Medical Officer for the Year 1925* (London,

1925), 90.

25. Mila I. Pierce, 'A Nutritional Survey of School Children in Oxfordshire, London, and Birmingham', *Proceedings of the Royal Society of Medicine* 37, no. 7 (1944): 313–16.
26. Ronald S. Illingworth, *The Normal Child* (London: J. & A. Churchill, 1953), 85.
27. Ministry of Health, *Standards of Normal Weight in Infancy* (London: HMSO, 1959), 1.
28. Roberta Bivins, 'Weighing on Us All? Quantification and Cultural Responses to Obesity in NHS Britain', *History of Science* 58, no. 2 (2020): 216–42.
29. Bivins, 'Weighing on Us All?', 8.
30. 'Buns Banned at the Tuckshop', *The Times*, 14 March 1961.
31. 'Fallacy of the Fine Fat Baby', *The Times*, 26 September 1962.
32. Phyllis M. Gibbons, 'An Approach to the Treatment of Overweight Adolescents', in *Public Health in Croydon 1965*, ed. S. L. Wright (Croydon: Public Health Department, 1965), 84.
33. Bivins, 'Weighing on Us All?', 11.
34. Bivins, 'Weighing on Us All?', 9.
35. 'Alarming Increase in Child Obesity', *The Times*, 5 January 2001.
36. Bivins, 'Weighing on Us All?', 24–5.
37. Bivins, 'Weighing on Us All?', 26.
38. Jan van Eys, ed., *The Normally Sick Child* (Baltimore: University Park Press, 1979), 24.
39. David Wright, '"Childlike in His Innocence": Lay Attitudes to 'Idiots' and 'Imbeciles' in Victorian England', in *From Idiocy to Mental Deficiency: Historical Perspectives on People with Learning Disabilities*, ed. David Wright and Anne Digby (New York: Routledge, 1996), 121.
40. Simon Jarrett, *Those They Called Idiots: The Idea of the Disabled Mind from 1700 to the Present Day* (London: Reaktion, 2020).
41. David Wright, *Mental Disability in Victorian England: The Earlswood Asylum, 1847–1901* (Oxford: Clarendon Press, 2001), 122.
42. Wright, *Mental Disability*, 125.
43. J. Langdon H. Down, 'Observations on an Ethnic Classification of Idiots', *Journal of Mental Science* 13, no. 61 (April 1867): 121–3.

44. Down, 'Observations'.
45. Wright, *Mental Disability*, 125.
46. Although, oddly, it was not free to everyone until 1891. June Purvis, *Hard Lessons: The Lives and Education of Working-Class Women in Nineteenth-Century England* (Cambridge: Polity Press, 1989).
47. Joan Burstyn, *Victorian Education and the Ideal of Womanhood* (New Brunswick, NJ: Rutgers University Press, 1984), 40.
48. Max Roser and Esteban Ortiz-Ospina, 'Literacy' (Oxford: Our World in Data, 2016), ourworldindata.org/literacy.
49. Stephen Jay Gould, *The Mismeasure of Man* (Harmondsworth: Penguin, 1984), 152–3.
50. Darwin to Francis Galton, 23 December [1869] (Cambridge: Darwin Correspondence Project, 2020), accessed 13 January 2022, www.darwinproject.ac.uk/letter/?docId=letters/DCP-LETT-7032.xml.
51. Francis Galton, *Hereditary Genius, an Inquiry into Its Laws and Consequences*, 2nd edn (London: Macmillan, 1914), 29–32.
52. Alfred Binet and Théodore Simon, *The Development of Intelligence in Children (the Binet–Simon Scale)*, trans. Elizabeth S. Kite (Baltimore: Williams & Wilkins, 1916), 7–9.
53. Binet and Simon, *Development of Intelligence*, 46.
54. Gould, *Mismeasure of Man*, 150.
55. Gould, *Mismeasure of Man*, 191.
56. James R. Flynn, 'Massive IQ Gains in 14 Nations: What IQ Tests Really Measure', *Psychological Bulletin* 101, no. 2 (1987): 171–91; James R. Flynn, 'The Mean IQ of Americans: Massive Gains 1932 to 1978', *Psychological Bulletin* 95, no. 1 (1984): 29–51.
57. Richard J. Herrnstein and Charles A. Murray, *The Bell Curve: Intelligence and Class Structure in American Life* (New York: Simon & Schuster, 1994), 298.
58. Ulric Neisser et al., 'Intelligence: Knowns and Unknowns', *American Psychologist* 51, no. 2 (1996): 86.
59. Kathleen W. Jones, *Taming the Troublesome Child: American Families, Child Guidance, and the Limits of Psychiatric Authority* (Cambridge, MA: Harvard University Press, 1999), 1.
60. G. Fielding Blandford, 'Prevention of Insanity (Prophylaxis)', in *Dictionary of Psychological Medicine*, ed. Daniel Hack Tuke, vol. 2 (London: J. & A. Churchill, 1892), 997–8.
61. Frank Wedekind, *Spring Awakening*, trans. Edward Bond (London: Eyre Methuen, 1980), 50.

62. Jones, *Taming the Troublesome Child*, 33.
63. Jones, *Taming the Troublesome Child*, 34.
64. Jane Addams, *The Spirit of Youth and the City Streets* (New York: Macmillan, 1920), 161.
65. Sophonisba Preston Breckinridge and Edith Abbott, *The Delinquent Child and the Home: A Study of the Delinquent Wards of the Juvenile Court of Chicago* (New York: Survey Associates, 1916), 113.
66. Breckinridge and Abbott, *Delinquent Child*, 87.
67. Breckinridge and Abbott, *Delinquent Child*, 83.
68. Alice Smuts and Robert W. Smuts, *Science in the Service of Children, 1893–1935* (New Haven and London: Yale University Press, 2006), 106.
69. William Healy, *The Individual Delinquent: A Text-Book of Diagnosis and Prognosis for all Concerned in Understanding Offenders* (Boston: Little, Brown and Company, 1915), 352.
70. Healy, *Individual Delinquent*, 353.
71. Smuts and Smuts, *Science*, 3.
72. Jones, *Taming the Troublesome Child*, 239.
73. Katie Wright, 'Inventing the "Normal" Child: Psychology, Delinquency, and the Promise of Early Intervention', *History of the Human Sciences* 30, no. 5 (2017): 54.
74. John Bowlby and James Robertson, 'A Two-Year-Old Goes to Hospital', *Proceedings of the Royal Society of Medicine* 46 (1953): 425.
75. Bowlby and Robertson, 'A Two-Year-Old', 426.
76. Bican Polat, 'Before Attachment Theory: Separation Research at the Tavistock Clinic, 1948–1956', *Journal of the History of the Behavioral Sciences* 53, no. 1 (2017): 59.
77. Polat, 'Before Attachment Theory', 61–2.
78. John Bowlby, 'Some Pathological Processes Set in Train by Early Mother–Child Separation', *Journal of Mental Science* 99, no. 415 (1953): 270.
79. Bowlby, 'Some Pathological Processes', 270.
80. Polat, 'Before Attachment Theory', 64.

81. Stephen J. Suomi, Frank C. P. van der Horst, and René van der Veer, 'Rigorous Experiments on Monkey Love: An Account of Harry F. Harlow's Role in the History of Attachment Theory', *Integrative Psychological and Behavioral Science* 42, no. 4 (1 December 2008): 362.
82. Harry F. Harlow, 'The Nature of Love', *American Psychologist* 13, no. 12 (December 1958): 685.
83. *Dr Benjamin Spock's Pocket Book of Baby and Child Care* (New York: Pocket Books, 1953), 270.
84. Spock, *Baby and Child Care*, 220.
85. Illingworth, *The Normal Child*, 216–19.
86. Matthew Smith, *Hyperactive: The Controversial History of ADHD* (London: Reaktion, 2012), 64.
87. Michael E. Staub, *The Mismeasure of Minds: Debating Race and Intelligence Between Brown and The Bell Curve* (Chapel Hill: University of North Carolina Press, 2018), 57.
88. Smith, *Hyperactive*, 52.
89. Smith, *Hyperactive*, 54–5.
90. Staub, *Mismeasure*, 59; 71.
91. Bernard Coard, *How the West Indian Child Is Made Educationally Sub-Normal in the British School System* (London: New Beacon, 1971); Bernard Coard, 'Why I Wrote the "ESN Book"', *Guardian*, 5 February 2005.
92. Staub, *Mismeasure*, 76.
93. Allen Frances and Bernard J. Carroll, 'Keith Conners', *BMJ* 358 (6 July 2017).
94. Tyler Page, *Raised on Ritalin: A Personal Story of ADHD, Medication, and Modern Psychiatry* (Minneapolis: Dementian Comics, 2016), 15.

第七章 我們的社會正常嗎？

1. Caroline Davies, Pamela Duncan, and Niamh McIntyre, 'UK Coronavirus Deaths Rise by 181 as Confirmed Cases near 15,000', *Guardian*, 27 March 2020. The number of deaths for this period reported on the UK government website is now considerably higher,

as it includes those outside hospitals.

2. Margaret Atwood, *The Handmaid's Tale* (London: Vintage, 1996).
3. Arthur Conan Doyle, *The Sign of Four* (Harmondsworth: Penguin, 1982), 22.
4. Conan Doyle, *The Sign of Four*, 99.
5. 歷史學家詹姆斯・摩爾稱之為維多利亞時代科學的「伊諾・睿」，這恰當地概括了史賓賽。James R. Moore, 'Herbert Spencer's Henchmen: The Evolution of Protestant Liberals in Late Nineteenth- Century America', in *Darwinism and Divinity: Essays on Evolution and Religious Belief*, ed. John R. Durant (Oxford: Blackwell, 1985), 85.
6. Herbert Spencer, *Social Statics; or the Conditions Essential to Human Happiness Specified, and the First of Them Developed* (London: Williams and Norgate, 1868), 493.
7. 詳見：George W. Stocking, *Victorian Anthropology* (New York: Free Press, 1987).
8. Edward B. Tylor, 'Primitive Society (Part I)', *Contemporary Review* 21 (1872): 716.
9. Charles Darwin, *The Descent of Man, and Selection in Relation to Sex*, vol. 1 (London: John Murray, 1871), 158–67.
10. Tylor, 'Primitive Society (Part I)', 716.
11. Arvind Verma, 'Consolidation of the Raj: Notes from a Police Station in British India, 1865–1928', in *Crime, Gender, and Sexuality in Criminal Prosecutions*, ed. Louis A. Knafla, Criminal Justice History 17 (Westport, CT: Greenwood Press, 2002), 124.
12. Laurence W. Preston, 'A Right to Exist: Eunuchs and the State in Nineteenth-Century India', *Modern Asian Studies* 21, no. 2 (1987): 372.
13. 引自：Preston, 'Right to Exist', 385.
14. Conan Doyle, *The Sign of Four*, 115.
15. Conan Doyle, *The Sign of Four*, 136.
16. Tylor, 'Primitive Society (Part I)', 717.
17. Sarah E. Igo, *The Averaged American: Surveys, Citizens, and the Making of a Mass Public* (Cambridge, MA: Harvard University Press, 2008), 69.
18. Émile Durkheim, *The Rules of Sociological Method*, ed. George E. G. Catlin, trans. Sarah A. Solovay and John H. Mueller (New York: Free Press, 1966), 74.

19. Helen Merrell Lynd and Robert S. Lynd, *Middletown: A Study in Contemporary American Culture* (New York: Harcourt, Brace and Company, 1929), 4.
20. Igo, *Averaged American*, 70.
21. Lynd and Lynd, *Middletown*, 9.
22. Igo, *Averaged American*, 87.
23. Igo, *Averaged American*, 58.
24. Lynd and Lynd, *Middletown*, 8; Igo, *Averaged American*, 56. Igo puts the figure of white American-born at a slightly lower – but still unusual – 88 per cent.
25. Igo, *Averaged American*, 57.
26. Lynd and Lynd, *Middletown*, 482–3; Igo, *Averaged American*, 59.
27. Igo, *Averaged American*, 59.
28. Lynd and Lynd, *Middletown*, 24.
29. Lynd and Lynd, *Middletown*, 74–5.
30. Lynd and Lynd, *Middletown*, 27.
31. Igo, *Averaged American*, 94.
32. 請參閱：Anna G. Creadick, *Perfectly Average: The Pursuit of Normality in Postwar America* (Amherst and Boston: University of Massachusetts Press, 2010), 48.
33. Clark Wright Heath, *What People Are: A Study of Normal Young Men* (Cambridge, MA: Harvard University Press, 1946).
34. Creadick, *Perfectly Average*, 58.
35. Heath, *What People Are*, 3. Emphasis in the original.
36. Earnest Albert Hooton, *'Young Man, You Are Normal': Findings from a Study of Students* (New York: Putnam, 1945), 186.
37. Heath, *What People Are*, 5.
38. Hooton, *'Young Man, You Are Normal'*, 209.
39. Clifford Geertz, '"From the Native's Point of View": On the Nature of Anthropological Understanding', *Bulletin of the American Academy of Arts and Sciences* 28, no. 1 (October 1974): 31.

40. Stanley Milgram, *Obedience to Authority: An Experimental View* (New York: Harper & Row, 1974), 29.
41. Milgram, *Obedience to Authority*, 79–81.
42. Ian Nicholson, '"Shocking" Masculinity: Stanley Milgram, "Obedience to Authority", and the "Crisis of Manhood" in Cold War America', *Isis* 102, no. 2 (2011): 262.
43. Martin Gansberg, '37 Who Saw Murder Didn't Call the Police', *The New York Times*, 27 March 1964, 1.
44. A. M. Rosenthal, *Thirty-Eight Witnesses: The Kitty Genovese Case* (Berkeley and London: University of California Press, 1999).
45. Marcia M. Gallo, *'No One Helped': Kitty Genovese, New York City, and the Myth of Urban Apathy* (Ithaca, NY: Cornell University Press, 2015), 34.
46. Émile Durkheim, *Suicide: A Study in Sociology*, ed. George Simpson, trans. John A. Spaulding and George Simpson (London and New York: Routledge, 2002), 332.
47. Kevin O'Keefe, *The Average American: The Extraordinary Search for the Nation's Most Ordinary Citizen* (New York: Public Affairs, 2005), 4.

後記 非比尋常

1. 有關這個抹除的完整故事，請見 Marcia M. Gallo, *'No One Helped': Kitty Genovese, New York City, and the Myth of Urban Apathy* (Ithaca, NY: Cornell University Press, 2015).
2. Adolphe Quetelet, *A Treatise on Man and the Development of His Faculties*, trans. Robert Knox (Edinburgh: W. & R. Chambers, 1842), 8.

國家圖書館出版品預行編目 (CIP) 資料

我是一個正常人嗎 : 兩世紀以來對於正常人的追索 , 以及正常人為何不存在 / 莎拉 . 查尼 (Sarah Chaney) 著 ; 官妍廷譯 . -- 初版 . -- 臺北市 : 英屬蓋曼群島商網路與書股份有限公司臺灣分公司出版 : 大塊文化出版股份有限公司發行 , 2024.05

336 面 ; 14.8×20 公分 . -- (For2 ; 66)

譯自 : Am I normal? : the 200-year search for normal people (and why they don't exist)

ISBN 978-626-7063-71-2(平裝)

1. 社會規範　2. 差異心理學　3. 個別差異

541.87　113005059